法律职业通用案例教材
总主编　王　轶

环境行政执法实案释法

主　编／竺　效
副主编／曹晓凡　宋海鸥　曹　炜
丁　霖　杨　帆

中国人民大学出版社
·北京·

法学教育必须重申理论与实践相结合

（代总序）

法学知识从哪里来，是中国法学教育必须要回答的核心问题。如果法学知识仅仅是从书本到书本的知识，从理论到理论的知识，从逻辑到逻辑的知识；如果法学知识回应的仅仅是书本设定的问题、理论演绎的问题、逻辑推导的问题，我们的法学教育就会是无源之水、无本之木。只有立足于中国实际，尊重国人传统，回应大多数中国人分享的取向、前见和偏好，并有效借鉴域外有益经验，由此获得的法学知识才能让我们的法学教育找到自己的根基，明确自己的方向。因此，必须重申法学是应用学科，法学知识应源于实践、服务实践，接受实践检验，并在实践中不断丰富和发展，法学教育必须注重理论与实践相结合。

实际上，注重理论与实践相结合也是全球法学教育的普遍经验。德国作为典型的大陆法系国家，发展出了以解释现行法为核心，为法律实践服务的法律评注文化。法律评注通过引用案例与学说解释、发展法律，成为法律人成长必不可少的学习资料，从而深深“嵌入”德国法学教育之中。美国作为典型的英美法系国家，则发展出了法律诊所教育这种独特的法学教育方式。美国法学院通常会邀请律师等实务界人士担任专职诊所教师，为学生开设专门的诊所课程，通过指导学生处理实际案例，来提高学生理论与实践相结合的能力，为学生未来从事法律实务工作做好准备。

从我国目前的法学教育实践来看，促进理论与实践进一步密切结合，也是法学教育改革的总体方向。作为新中国诞生后创立的第一所正规的高等法学教育机构，中国人民大学法学院自成立之日起就承担着为国家培养和输送高层次法律法学人才的神圣使命，为共和国法治的创建与发展和法学教育体系的建立与完善进行了不懈的探索。2018 年春季，为了进一步推进法学教育理论与实践相结合，适应新时代法治人才队伍建设的需要，在总结既有教学经验的基础上，中国人民大学法学院启动了“法律职业通用案例教材”教改项目，尝试以教材建设为突破口，推动法学教育改革，以求满足法科学生以及法律实务工作者的学习和工作需求。

“法律职业通用案例教材”拟覆盖法学二级学科，同时兼顾部分跨学科的法学新领域。教材通过“理论讲解”——“案例（事例）展示”——“案例（事例）点评”，力图使读者加深对理论知识的理解，提高读者在法律实践活动中运用知识的能力，从而实现推动法学教育理论与实践相结合的初衷。此套教材既适合法科学生研读以提高解决法律实务问题的能力、通过法律职业资格考试的能力，也能够满足执法、司法等法律实务部门工作人员的学习和培训需求。

这套教材的各单册主编以中国人民大学法学院各学科的优秀青年学者为主，编写上力图做到知识全面、准确，案例（事例）典型、新颖，案例（事例）点评深刻、精炼。但囿于时间以及其他各方面条件，错误和疏漏之处在所难免，尚祈法学法律界同仁批评指正。

中国人民大学副校长　王　轶

2022 年 3 月修订

序　言

当前我国国家统一法律职业资格考试（原国家司法考试）、法学本科教育、法律硕士教育都已经或正在进行较大的改革、调整。为了能带领学生参与环境法律实践，本人自2009年开始成为兼职律师，并着手筹备和建立中国人民大学环境法律诊所，至今持续探索案例教学等实践教学的方法。我们的环境法律诊所经历了从刚开始只招收法学专业本科生，到单独开班招收法律硕士生，再到根据当期教学案例的理论和学科背景需求实现本科生与法律硕士同堂教学的发展过程；我也曾尝试招收法学、环境管理、环境经济学、环境科学与工程、统计学、新闻学等不同专业的学生，探索环境法律诊所的跨学科发展，以适应环境法治跨学科知识和技能的实践需要。法科学生应学会如何与相关学科合作，以有效应对环境法实践的复合性要求。对于这一点，我感受颇深。2018年我参与办理了一个疑难的环境行政诉讼案件，在眼看“山穷水尽”之时，一份环境监测报告的证据效力竟然成为整个案件成败的关键。设想，如果不通过在校期间科学、有组织地培养跨学科合作意识，培育“半个环境科学家”的眼光，培训、调动技术专家参与和支撑环境法治实践，我们培养的法科学生将来哪能成为训练有素的环境法实践能手和专家？

说到环境法学研究，硕士生、博士生，甚至年轻的环境法学教师，如果不能对我国生态、环境、资源、能源领域的行政执法和相关司法实践有绝对准确、相对全面、比较深入的了解，何以找到环境法实践中的真问题？又何以进而提炼值得研究的环境法学课题？如果环境法作为一门实践性很强的法学二级学科，脱离了前述两个环境法学科学研究规律所决定的必要环节，我们何以开展有效、科学的环境法学研究？可能到时只能无奈开展跟风研究、命题研究。

有感于法学实践教学的重要性，以及我国环境法学实践教学的迫切需求，为了适应法学实践教学的能力要求与法律职业资格考试的案例分析能力要求越来越趋同的法律职业培养、考核改革的趋势和特点，我从 2015 年开始，就利用短暂的科研压力“喘息期”（或称“自我放纵期”）把这几年积累的案例实证教学的素材和经验进行梳理，以期为我国环境法治人才的培养和环境法学人才的吸引、中远期储备做一些微不足道的贡献。后来，根据法律诊所、法律硕士、法律职业资格考试的需要编写一套通用的案例教材的念头，逐渐在我脑海中萌生和发芽。我设想的这套案例教材，应以行政执法、司法实务的真实案例为基础，以案例及其争议点为实践教学知识点选取的主要依据，以知识点的内在逻辑和学理体系为纲，以真实的执法、司法案例解释法条，为学生解读法律实践中的知识重点、难点，填补本科生和研究生法律诊所教学教材的空白，提高学生和初学者的法律实务案例解决能力和法律职业资格考试应试能力。当然，除此之外，我设想这套案例教材也可以在一定程度上兼顾执法、司法等法律实务部门相关工作人员学习和职业培训的需求。

经与中国人民大学法学院、中国人民大学出版社相关领导和专家多次商讨论证，中国人民大学法学院决定编写“法律职业通用案例教材”。我们认为这套案例教材应以具有法律实践性的二级学科为主，每个实践性较强的二级法学学科中也无须为了覆盖理论体系而面面俱到，而应根据实践情况，以在实践中频率高、难度高、意义大为选题中心和标准，将二级学科再按照领域细分为若干单册。以前述思想为指导，受丛书编委会和总主编的委托，由我牵头组织和探索以环境与资源保护法学二级学科为范围编写丛书的第一个子系列。根据我的设想该子系列将包括“环境公益诉讼”“环境刑事”“环境侵权”“环境行政执法”“环境行政复议与诉讼”“环保公众参与”几个姊妹篇，我也提议以“实案释法”为该子系列的统一书名关键词，该建议得到了出版社相关同事的认可。

基于案例教学的基本思路和方法，系列丛书各册采分章的基础架构，在章下（或节下）以具体的知识点为最小编写单元，每个知识点下均设【知识点解析】【典型案例（典型事例）】【案例点评（事例点评）】三部分。

【知识点解析】主要阐述相关制度中的具体知识点，包括系统地阐释所涉及的环境与资源保护法理论知识、现行法律或者司法解释、政策文件等规定。个别知识点包括相关内容的历史或者域外经验、理论争议或者实务运用争议。对于部分存在一定争议的知识点，本书尽可能进行学理上的分析，并尽量采用理论或实务界的通说或一般观点，为读者提供清晰的指引。鉴于本人已经主编并由法律出版社出版了《环境法入门笔记》一书，为广大学员的环境法实践教学和研习提供了相对系统、完整的入门级、一本通式的教材，因此，本书的该部分内容，力求准确简明、易于掌握。

【典型案例（典型事例）】主要通过介绍知识点所涉及的相关司法实务案例或事例展现知识点在司法实务中的运用。本部分所选案例或事例主要来自北大法宝、威科先行、中国裁判文书网等案例库检索，两高公布的典型案例，部分环境执法机关或社会组织提供的相关案例以及新闻报道，均为真实案例、疑难案例，编写者努力追求准确、清晰、全面地诠释和展现其所对应的知识点中的法理和法律问题。本部分案例的选取侧重于解读知识点，不同知识点项下列举的典型案例或者典型事例数量不等，以能准确阐述知识点为目的。为方便系列丛书典型案例的查找，各册对援用的典型案例进行了统一编号，编号格式为“类型代码/年份/案例编号”。例如类型代码“XF”表示该案例属于《环境刑事实案释法》这一单册所涉及的案例；“年份”是指该案例判决文书等相关文档所原初诞生的年份，若为从新闻报道中整理的案例，则年份为原告起诉或者法院立案的年份；而“案例编号”则是指该案例在各单册图书该年份所有案例中出现先后的顺序号。每个案例在各单册中均只有一个唯一的统一编号。

【案例点评（事例点评）】主要对案例（事例）中的知识点进行再次释明，与知识点前后呼应，强调和重申重点理论和环境法律，并对正确适用的情况进行阐述，对于错误适用的情况进行澄清，尝试通过法律解释学和法理的运用尽可能解决法律冲突、法律漏洞问题。希望这一环节能加深读者对于知识点的理解，提高读者对于知识点的灵活运用能力。基于司法实践情况的多样性，本部分视情况分别采用“一案一评”或者“多案一评”两种方式。“一案一评”是指某一案件的相关内容可以说明某一知识点，故在该典型案例（典型事例）之后直接进行点评。“多案一评”是指某几个案例的相同内容或者相似内容可以说明或者可以对比说明某一知识点，或者是对于某一统一规定的规范在实践中遇到了不同的理解而导致适用不统一，故在几个典型案例之后统一进行点评。

诚然，这套环境法案例丛书属于“实案释法”系列，其立意与特点决定本书的章节安排和各章节知识点的选取必须以实际案例已经发生或已经呈现为决定因素，如果没有真实的案例，囿于“巧妇难为无米之炊”的困境，编者只能无奈地向读者和各位同行事先表示歉意，并盼日后根据实践的发展以为补充。不过，也因为编写者们的“孤陋寡闻”或虽千方百计找寻仍有遗漏，再或诸君有更合适的、更新颖的、能补充和扩展本书知识点的案例，我们也欢迎提供案例信息或案例研究文本，对此先予志同道合之谢意！

此外，本系列丛书在文前部分附有本书常用法律文件名称简称表，对各册案例书中所涉及的法律、司法解释、政策文件、复函、标准以颁布时间先后分别进行了排序汇总。正文中出现的法律或文件第一次用全称，并在第一次出现时标明后续再用的简称，之后视表述明确和方便读者的需要原则上选择使用简称，特殊情况下仍使用全称。无特殊情况，各册案例书所附的附录1为往年国家司法考试环境真题汇总表。编写人员对往年国家司法考试真题进行解析，列明真题的考试年份、考题编号、真题、参考答案、考查法条以及涉及的本书知识点，以方便读者对应真题学习相关知识点。但受制于已有真题所涉部分单册的知识点较少，部分单册的表格内容非常“单薄”。附录2则是各册案例书所选用的典型案例的信息索引表，以方便读者查找相关案例的原始信息，本系列丛书目前以该种附录的方式罗列所涉及的案例文档及其在各册中的编号、页码，未来待环境法实案释法系列案例教材的体系基本完整且初具规模后，再议专门统一编辑和提供所涉全部案例文档的全文。

竺 效

中国人民大学法学院教授、博士生导师

2018 年 6 月 18 日子夜于北京海淀初稿

2021 年 6 月 26 日修订

编写说明

环境行政执法是行政执法在环境领域的具体实践，是在行政执法相关实体与程序规范的约束下，结合环境执法领域的特殊规则所进行的行政行为。与传统行政执法不同，环境行政执法具有双重功能：既具有传统行政执法整顿生态环境管理秩序、惩处生态环境违法行为的功能，更具有及时制止生态环境违法行为、预防生态环境损害发生的功能。环境行政执法兼具技术性与规范性，在现场检查、抽样检测、取证等环节均受到行政法规以外的技术规范的约束。我国当前的环境治理以政府为主导，这决定了环境治理离不开环境行政执法。尤其是，2014年《环境保护法》修改后，环境行政执法机关被赋予了较之以往有所强化的行政执法权。与此同时，环境行政执法机关的执法行为也越来越受到关注。然而，伴随环境违法行为日益复杂多样的是环境法律法规数量较多、体系纷杂，这在一定程度上导致环境行政执法机关常常面临法条竞合或法律空白的处境，难以抉择。

为了推动环境行政执法活动的依法、有效进行，原环境保护部出台了《环境行政处罚办法》（2010年修订）和《环境行政执法后督察办法》，发布了《环境行政处罚案卷评查指南》（环办〔2012〕98号）、《环境行政处罚证据指南》（环办〔2011〕66号）、《环境行政处罚听证程序规定》（环办〔2010〕174号）等文件。实际上，在环境司法典型案例备受关注之时，环境行政执法实践中涌现出大量的难点和典型案例，这些案例为我们解析环境行政执法的实体与程序规则提供了素材。同时，部分环境行政执法机关的环境行政执法行为因合法性、合理性、程序性等问题被诉至法院，其中有部分环境行政执法行为被撤销或被确认违法。从学术研究和教学角度而言，这些案例多值得探讨，例如，如何运用法律解释学修补漏洞、发展规则，甚至引导环境行政立法更趋完善。因此，本书的选题将不仅有助于相关教学人员理解环境行政执法中的重点、难点问题，还可以为一线执法人员、法官、检察官、律师等实务工作人员提供宝贵的经验和教训支持。有鉴于此，本书旨在通过环境行政执法实务案例释明法律问题和法律规范。我希望本书能够确保使用者，无论是教学人员还是实务工作人员，通过阅读和分析案例理解其中所蕴含的环境行政执法的法理和法律知识，并尽快熟练掌握和运用环境行政执法规则的“敲门砖”和“指南针”。

本书的主要内容包括以下八章，涵盖了环境行政执法的主要领域：第1章为环境行政执法依据，主要介绍了环境行政执法依据的类型以及适用规则；第2章为环境行政执法管辖，介绍了环境行政执法管辖的概念与特征，并对职能管辖、级别管辖、地域管辖、委托管辖进行了全面解析；第3章为环境行政执法主体与行政相对人，全面介绍了环境行政执法主体的概念与特征、主体资格与执法权、执法主体与行政相对人的各种类型；第4章为环境行政处罚，对环境行政处罚的概念、特征，以及不同行政处罚方式，包括罚款、按日连续处罚、责令类行政处罚、没收违法所得、没收非法财物、行政拘留等，进行了较全面的介绍；第5章为环境行政命令，介绍了环境行政责令改正的性质与程序性规则，以及环境行政命令的具体措施；第6章为环境行政强制，介绍了环境行政强制权限的分配，以及环境行政强制执行的方式与环境行政强制措施；第7章为环境行政执法程序，概述了环境行政执法中的简易程序与一般程序规则；第8章为环境行政执法证据的搜集与使用，尝试较为详细地介绍环境行政执法过程中比较常见的证据类型，如调查询问笔录、现场检查（勘察）笔录、环境监测（检测）报告、自动监测数据等。以上各章从理论到实践、从一般到特殊、从实体到程序，通过大量案例全面展示了环境行政执法的规则与实践。对上述八章的学习，将有助于读者全面掌握环境行政执法中的知识重点、难点，并通过案例研习进一步提高对相关法律规范的准确理解和灵活运用能力。

遵循本套丛书的统一编写体例，本书在章下（或节下）以具体的知识点为最小编写单元，每个知识点下均设【知识点解析】【典型案例】【案例点评】三部分。

本书由本人担任主编，由河北环境工程学院曹晓凡副教授、宋海鸥副教授，中国人民大学法学院曹炜副教授、中国人民大学环境学院丁霖博士、中国人民大学法学院杨帆博士后担任副主编。本书编写时，先由主编提出章节设计框架，召集全体参编人员多次讨论各知识点的选取，由副主编查找并提出与各知识点对应的相关案例的初步选取方案，由主编补充和确定全书的知识点和对应的案例，商定各位编写者的分工后各自着手编写形成初稿。除非特别注明，原则上负责编写典型案例的编者同时负责对应知识点和案例点评的编写。参加本书编写的有竺效、曹晓凡、宋海鸥、曹炜、丁霖、杨帆、周利海、梁晓敏、何璐希、侯欣妤，每一典型案例后标注了具体的编写者。各部分初稿提交后，由主编审阅后提出修改和补充建议，退回各部分起草者完善。修改稿再次提交后，由副主编曹晓凡进行形式、体例的初步统稿，再依次经由副主编曹晓凡、宋海鸥、曹炜、杨帆、丁霖和主编竺效多个轮次的统稿、审稿、修改。

本书在介绍知识点时援引了部分著作、论文，特别感谢从事环境行政执法教学研究的所有学者，特别是本书所援引大作的各位著者，特此致敬和感谢！

全体编写者力争让本书成为一本能满足围绕案例展开的实践教学需求的新型教材或教辅用书，满足不同类型主体了解、学习环境行政执法、司法的基本需求。但由于编写者的学识和能力有限，编写任务和时间紧迫，本书还有很多不足，敬请读者批评指正。

竺　效

中国人民大学法学院教授、博士生导师，环境学院副院长

2021 年 6 月 26 日于中国人民大学

常用法律文件名称简称表

文件名称	本书使用的简称
《中华人民共和国环境保护法》	《环境保护法》
《中华人民共和国立法法》	《立法法》
《中华人民共和国刑法》	《刑法》
《中华人民共和国行政诉讼法》	《行政诉讼法》
《中华人民共和共国行政许可法》	《行政许可法》
《中华人民共和国行政处罚法》	《行政处罚法》
《中国人民共和国行政强制法》	《行政强制法》
《中华人民共和国民事诉讼法》	《民事诉讼法》
《中华人民共和国治安管理处罚法》	《治安管理处罚法》
《中华人民共和国环境影响评价法》	《环境影响评价法》
《中华人民共和国大气污染防治法》	《大气污染防治法》
《中华人民共和国水污染防治法》	《水污染防治法》
《中华人民共和国海洋环境保护法》	《海洋环境保护法》
《中华人民共和国土壤污染防治法》	《土壤污染防治法》
《中华人民共和国环境噪声污染防治法》	《环境噪声污染防治法》
《中华人民共和国固体废物污染环境防治法》	《固体废物污染环境防治法》
《中华人民共和国放射性污染防治法》	《放射性污染防治法》
《中华人民共和国城乡规划法》	《城乡规划法》
《中华人民共和国水法》	《水法》
《中华人民共和国渔业法》	《渔业法》
《中华人民共和国森林法》	《森林法》
《中华人民共和国草原法》	《草原法》
《中华人民共和国农业法》	《农业法》
《中华人民共和国野生动物保护法》	《野生动物保护法》
《中华人民共和国土地管理法》	《土地管理法》
《中华人民共和国循环经济促进法》	《循环经济促进法》
《中华人民共和国节约能源法》	《节约能源法》
《中华人民共和国清洁生产促进法》	《清洁生产促进法》

续表

文件名称	本书使用的简称
《中华人民共和国矿产资源法》	《矿产资源法》
《中华人民共和国水土保持法》	《水土保持法》
《中华人民共和国防沙治沙法》	《防沙治沙法》
《最高人民法院关于适用〈中华人民共和国行政诉讼法〉的解释》（法释〔2015〕9号）	《适用〈中华人民共和国行政诉讼法〉解释》
《最高人民法院关于审理人身损害赔偿案件适用法律若干问题的解释》（法释〔2020〕17号）	《人身损害赔偿司法解释》
《最高人民法院、最高人民检察院关于办理环境污染刑事案件适用法律若干问题的解释》（法释〔2013〕15号）	《环境污染刑事案件司法解释》
《最高人民法院关于审理环境侵权责任纠纷案件适用法律若干问题的解释》（法释〔2015〕12号）	《关于审理环境侵权责任纠纷案件适用法律若干问题的解释》
《最高人民法院关于执行〈中华人民共和国行政诉讼法〉若干问题的解释》（法释〔2000〕8号）	《关于执行〈中华人民共和国行政诉讼法〉若干问题的解释》
《最高人民法院关于规范行政案件案由的通知》（法发〔2004〕2号）	《最高人民法院关于规范行政案件案由的通知》
《环境保护主管部门实施按日连续处罚办法》	《按日连续处罚办法》
《环境保护主管部门实施限制生产、停产整治办法》	《限制生产、停产整治办法》
《环境行政处罚听证程序规定》	《听证程序规定》

本表内容使用的一般原则是：

（1）对于较为常用的法规或者司法解释可以用简称；

（2）对于经历修订、适用时间不同的法律文件，在使用简称时在其后注明开始施行年份；

（3）对于不同机构发布的名称相似的法律文件，在使用简称时保留机构和文件文号；

（4）对于不常用的法律文件，使用全称及文件文号。

目 录

第 1 章　环境行政执法依据

1.1　环境行政执法依据的类型

1.1.1　法律

【知识点解析】

依据通说，环境行政执法是国家执法活动的组成部分，是指有关国家机关按照法定权限和程序，将环境法律规范中抽象的权利义务变成环境法主体的具体的权利义务的过程。[①] 从性质来看，环境行政执法是行政主体依照行政执法程序及有关法律、法规的规定，对具体事件进行处理并直接影响相对人权利与义务的行政行为。环境执法必须遵循合法性、合理性、效率性以及公正性等原则。其中，合法性原则是最为基本的要求：环境行政执法主体必须是依法组成的，或依法授权执法的机关；环境行政执法机关必须在法定权限内执法；执法内容与执法程序必须合法。因此，环境行政执法活动首先必须以国家的环境保护法律作为执法依据，例如《环境保护法》以及《环境影响评价法》《大气污染防治法》等环境保护单行法。

---

① 竺效．环境法入门笔记．北京：法律出版社，2017：183.

【典型案例1】

某车桥有限公司新生产线未批先建并超标排放污水案①

2017年4月28日，某市环保局执法人员对某车桥有限公司进行执法检查，发现该公司在原物流配送车间里新建了一条罐体生产线。经现场调阅该公司环境影响评价批复文件，发现该公司新建的罐体生产线未批先建，同时对该公司总排口废水进行采样监测，检测结果显示外排生产废水超过国家规定的相关排放标准。某市环保局执法人员依法对该公司相关责任人进行询问，确定了其违法事实。

针对某车桥有限公司涉嫌未批先建的环境违法行为，2017年4月29日某市环保局依法立案查处，依据《环境保护法》（2015年）第25条之规定，于4月30日向该公司下达了《查封（扣押）决定书》，对该公司罐体生产线相关设施设备依法予以查封，查封时间为2017年4月30日至2017年5月29日。2017年5月22日，依据《环境影响评价法》（2016年）第31条和《水污染防治法》（2008年）第74条之规定，某市环保局向该公司下达《行政处罚决定书》，责令该公司停止罐体生产线的建设并处以罚款20.246万元。2017年7月10日该公司取得罐体生产线项目的环境影响评价批复文件，并足额缴纳罚款。某市环保局后督查情况显示其废水排放已达标。

【典型案例2】

某实业有限公司批建不符案②

2016年12月7日，某环保部门环保行政执法人员对某实业有限公司进行检查时发现，该公司已建成的2台30 000kVA工业硅矿热炉生产线的产品和规模与《某省环境保护厅关于某工业园煤电冶一体化建设项目环境影响评价报告书的批复》所载不一致。该项目环评报告书及批复文件批建的产品为硅锰铁合金，矿热炉规格为25 000kVA。检查时该公司已建成2台

① 长沙市生态环境局.（典型案例第十四期）较大环境行政处罚案例.（2017-10-24）[2019-10-19].http://hbj.changsha.gov.cn/zwpt/jczf_30400/zxxd/201710/t20171024_2084827.html.

② 本案为作者参考真实案例编写的虚假案例。

矿热炉，规模为 30 000kVA，其中 1 号矿热炉已试生产，生产产品为工业硅，已构成建设项目批建不符的违法行为。按照《环境影响评价法》（2016 年）第 24 条第 1 款之规定，应重新报批环评文件后再进行建设。某环保部门对某实业有限公司的违法行为处以罚款人民币 200 万元的行政处罚。

【典型案例 3】

吴某甲诉北海市环保局不履行环境监管职责案[①]

北海市某镍业公司是一家以镍矿开采为主要业务的公司，日常生产活动会产生工业废气。2015 年 5 月 20 日，原告该公司周边居民吴某甲等人向被告北海市环保局递交《关于强烈请求市环保局责令某镍业公司立即停止排放工业废气的紧急报告》，要求被告履行监管职责，责令某镍业公司立即停止排放工业废气。原告认为，根据《环境保护法》（2015 年）第 45 条之规定，未取得排污许可证的，不得排放污染物。由于国家没有正式颁布相关排污许可管理规定，直至 2015 年 2 月，被告才开展废气排污许可证的审批工作。因此，2011 年 3 月 15 日竣工投产至此 4 年有余的某镍业公司是一个未经排污许可便径行排放大气污染物的无证排污企业。被告于 2015 年 6 月 5 日对原告作出答复称：(1) 目前，国家对排污许可管理的法律规定未正式颁布实施，对各地执行排污许可证制度没有统一要求；(2) 自某镍业公司投产以来，被告严格按照国控企业监控要求，通过在线监控系统对废气排放情况实施实时监控，如出现排放超标即可及时发现处理；(3) 被告将继续加强对某镍业公司的环境监管，一旦发现其存在污染物超标排放或其他环境违法行为，将依法查处。

2015 年 6 月 25 日，原告向法院提起行政诉讼，请求法院判决被告履行监管职责。法院经审理查明，被告委托某市环境监测中心站对某镍业公司重金属废气进行监督性监测工作。2015 年 1 月至 7 月，被告对某镍业公司进行日常监督，并制作有《广西环境监察现场检查记录表》。根据原国家环境保护总局 1998 年 2 月 6 日《关于印发〈酸雨控制区和二氧化硫污染控制

---

① 广西壮族自治区北海市海城区人民法院（2016）桂 0502 行初 50 号行政判决书．

区划分方案〉的通知》(环发〔1998〕86 号)的规定，北海市不是国务院批准划定的酸雨控制区、二氧化硫污染控制区范围内的城市；此外，根据 2011 年 8 月 3 日《广西壮族自治区人民政府办公厅关于印发广西壮族自治区大气污染联防联控改善区域空气质量实施方案的通知》记载，广西壮族自治区人民政府大气污染防治实施方案要求达到规定的大气环境质量标准的区域也没有将北海市纳入其中。

法院认为，《环境保护法》是对环境保护、防治污染具有普遍性规定的普通法，适用于大气污染防治方面的专门法律应为《大气污染防治法》。2015 年修订后的《大气污染防治法》于 2016 年 1 月 1 日施行，原告是 2015 年 6 月 25 日向法院起诉被告不履行查处无证排放大气污染物法定职责的，因此，适用的法律应为修改前的《大气污染防治法》。根据修改前的《大气污染防治法》第 15 条的规定，大气污染物排放总量控制区内有关地方人民政府才有权核发主要大气污染物排放许可证。北海市不属于划定大气污染物排放总量控制区内的城市，核发大气污染物排放许可证没有法律依据。被告对某镍业公司大气污染物排放进行了监测，履行了监督管理的法定职责。原告没有证据证实某镍业公司超标排放，请求被告履行职责查处无证排放大气污染物及责令停止排放的诉讼请求，没有事实和法律依据。因此，法院认定，原告的诉讼请求不成立，依照《行政诉讼法》(2015 年) 第 69 条判决驳回原告诉讼请求。

【典型案例 4】

王某某诉山东省环保厅具体行政行为违法案[①]

2018 年 8 月，某能源化工集团有限责任公司拟在山东省某市沟李村旁化工产业园内建设包括“煤基联合化工园 80 万吨/年电石渣综合利用制水泥项目”(以下简称“制水泥项目”)等在内的建设项目。2018 年 9 月，该公司委托某设计研究院编制该制水泥项目环境影响报告书。2019 年 1 月 7 日、2 月 7 日，该公司分别在媒体上进行了两次建设项目环境信息公示，并向周

① 山东省济南市中级人民法院 (2014) 济行终字第 310 号行政判决书.

边群众发放200份《制水泥项目公众意见征询表》，93%的参与调查人员对该项目表示赞成和基本赞成。2019年3月1日，该公司召开制水泥项目建设厂址周围公众座谈会，邀请了相关单位及周边居民代表共计18人参与座谈。

2018年12月，某设计研究院编制完成环境影响报告书，报告书认为在落实相关污染防治措施后，该项目建设从环境保护角度来讲是可行的。2019年3月，该公司委托某省环境工程评估中心对上述环境影响报告书进行技术评审。同年4月16日，该评估中心完成技术评估报告，认为环境影响报告书对制水泥项目建设的环境可行性结论可信。2019年4月29日，山东省某市环境保护局作出审查意见，认为该制水泥项目属于资源综合利用项目，符合国家产业政策和环保政策，同意该项目环境影响报告书上报被告山东省环保厅审批。2019年8月13日，被告受理该制水泥项目环境影响评价审批后，作出环评批复，同意山东省某市环境保护局的审查意见。

2019年5月，原告沟李村村民王某某向法院提起诉讼，认为被告在环评批复之前没有举行听证程序，且未经行业主管部门预审，具体行政行为违法，请求法院撤销被告环评批复。法院经审理认为：(1)《行政许可法》(2019年)第46条规定：法律、法规、规章规定实施行政许可应当听证的事项，或者行政机关认为需要听证的其他涉及公共利益的重大行政许可事项，行政机关应当向社会公告，并举行听证。该规定赋予了行政机关在作出具体行政行为之前可以选择是否对预审批的行政许可事项举行听证的权力。(2)原告关于被告在作出环评批复之前应当先经行业主管部门预审的意见，因原告未提交相关的证据证明其主张，该意见缺乏事实依据和法律依据。(3)被告依据某公司提交的相关材料作出的环评批复符合法律规定，应予维持。综上，法院判决驳回原告诉讼请求。

【案例点评】

上述案例全面展示了环境行政执法活动中的主要法律依据。首先，《环境保护法》是我国环境法体系中的基本立法，规定了环境法的基本原则、制度和主要措施等，为了增加行政执法对于企业等行政相对人的威慑力，《环境保护法》在2014年修改过程中还增加了一些新的规范，授权环境行政机关在执法过程之中采取查封、扣押等行政强制措施以及按日计罚等行政处罚措施。正因为如此，在案例 1 中，某市环保局依据《环境保护法》（2015 年）第 25 条的规定，对某车桥有限公司罐体生产线相关设施设备予以查封，避免了在处罚期间该公司继续生产获取利益，也督促其尽快纠正违法行为。其次，除了《环境保护法》之外，《环境影响评价法》也是环境行政执法的重要法律依据。《环境影响评价法》的适用范围包括建设项目和规划。在实践中，建设项目“未批先建”情况十分普遍。在案例 2 中，某实业有限公司实际上可以变更其生产线上产品与规模，只要按照《环境影响评价法》（2016 年）第 24 条规定重新报批环境影响评价文件即可。但是该公司没有履行这一义务，而是直接变更生产线，属于典型的“未批先建”行为。基于此，环境行政机关依据该法对其进行了处罚，符合法律规定。再次，当环境违法行为涉及具体的环境保护单行法时，就必须依据单行法的规定进行执法。在案例 3 中，吴某某要求环境行政机关履行职责，依据的是《环境保护法》（2015 年）的相关规定，而法院则认定该案的执法依据应该是修订前的《大气污染防治法》的相关规定。依据 2000 年修改的《大气污染防治法》的规定，环境行政机关没有发放排污许可证的职责，因此，吴某某的诉求不成立，法院判决准确。最后，环境行政机关行政行为既属于环境法上的法律行为，也属于一般行政行为。因此，环境行政机关在执法活动中，往往需要依据行政法相关规定来作出行政行为。在案例 4 中，原告沟李村村民王某某向法院提起诉讼，认为被告山东省环保厅在环评批复之前没有举行听证程序，且未经行业主管部门预审，具体行政行为[①]违法，请求法院撤销被告环评批复。对于原告提出的理由，必须依据行政法规定判断是否成立。在该案中，法院依据《行政许可法》的规定判断行政机关是否需要履行这一程序，适用法律准确，裁判结果正确。

案例 1 编号：ZF/2017/001

案例 2 编号：ZF/0000/001

① 《行政诉讼法》（2017 年）第 2 条采用了“行政行为”的概念而没有采用“具体行政行为”的概念，这意味着行政诉讼的受案范围不以“具体行政行为”为限。

案例3编号：ZF/2016/001

案例4编号：ZF/2014/001

案例编辑人：曹炜

1.1.2　其他行政执法依据

【知识点解析】

按照《立法法》的规定，我国正式法律渊源除了全国人民代表大会及其常务委员会制定的法律之外，还包括行政法规、地方性法规、自治条例和单行条例、规章等，这些法律渊源也应当成为行政机关执法的依据。在实际的执法过程中，若法律规定较为抽象或者法律规定缺位时，则环境行政机关依据行政法规进行执法。在很多情况下，地方各级人民代表大会和各级地方人民政府也会根据本行政区域的实际情况，通过地方性法规及地方政府规章进行更为细化的规定。除此之外，国务院相关部门也会针对特定事项在本部门权限范围内制定部门规章。上述法律规范都可以成为行政机关展开执法活动的法律依据。此外，在环境行政执法实践中，环境行政机关也可以环境保护标准作为辅助执法依据。

【典型案例1】

某县某猪养殖专业合作社污染防治配套设施未正常运行案[①]

2017年12月5日某县环境监察大队执法人员联合某镇政府工作人员对采用规模养殖的某县某猪养殖专业合作社进行环境执法检查，发现该合作社东北侧堆粪场旁过滤池因连接沼气池的管道过小而堵塞，过滤池内养殖废水发酵后形成大量沼气，沼气的压力带动池内废液向外排放，业主在发现故障后，未及时采取有效的措施，致使处理设施不能正常发挥处理作用。最终导致未经处理的养殖废水通过过滤池顶部口向外部环境排放，造成下游部分水体污染。

---

① 我省公布上半年全省环境行政处罚优秀案例．(2018-08-24)［2019-10-19］．http://epmap.zjol.com.cn/jsb0523/201808/t20180824_8095318.shtml.

某县环境监察大队对该合作社外排养殖废水进行取样，经某县环境监测站检测，结果显示：过滤池下方5米水沟氨氮1 050mg/L、总磷84mg/L、化学需氧量4 390mg/L，养殖场下游水沟氨氮659mg/L、总磷57.2mg/L、化学需氧量2 990mg/L，养殖场下游与山斜溪交汇点小溪氨氮104mg/L、总磷26mg/L、化学需氧量210mg/L，养殖场下游山斜水潭氨氮28mg/L、总磷3.08mg/L、化学需氧量89mg/L，均超过《地表水环境质量标准》Ⅱ类标准限值标准。

该合作社违反了《畜禽规模养殖污染防治条例》第13条第3款的规定：畜禽养殖场、养殖小区自行建设污染防治配套设施的，应当确保其正常运行。根据《畜禽规模养殖污染防治条例》第39条规定，某县环保局责令该合作社停止使用污染物处理设施，并处人民币22 000元的罚款；同时，根据《环境保护法》（2015年）第63条规定，某县环保局将案件移交公安部门，建议公安部门对涉案人员处5日以上10日以下的行政拘留。

【典型案例2】

宁波某不锈钢制品有限公司不正常运行大气污染防治设施案①

2018年3月9日，宁波市象山县环保局对位于某村的宁波某不锈钢制品有限公司进行现场检查。该企业主要从事不锈钢精密铸造。现场检查时，该企业正在生产，铸造车间脱蜡池有工人在作业，烘箱内有膜壳正在烘干，配套的废气处理设施未运行，该设备开关的电线已经断开，在生产中脱蜡废气和烘干废气未经废气治理设施处理，直接排放环境。后经调查，该公司在2018年3月6日已发现铸造车间的脱蜡池、烘箱配套的废气治理设施配电箱损坏，导致废气治理设施不能启动，但该公司仍未停止铸造车间项目的生产。

该公司不正常运行大气污染防治设施的行为违反了《宁波市大气污染防治条例》第17条“排污单位应当保持大气污染物处理设施的正常运行”

① 我省公布上半年全省环境行政处罚优秀案例．(2018-08-24)［2019-10-19］．http://epmap.zjol.com.cn/jsb0523/201808/t20180824_8095318.shtml.

之规定，象山县环保局根据《宁波市大气污染防治条例》第53条第3项之规定对该企业作出行政处罚（象环罚〔2018〕20号），处以罚款10万元。

【典型案例3】

海南某水务有限公司诉儋州市环保局环保行政处罚纠纷案①

2013年6月5日，海南省环境监测中心站出具琼环监字〔2013〕第153号监测报告（以下简称《监测报告》）。被告海南省儋州市环保局根据《监测报告》，认为原告海南某水务公司涉嫌违法排放水污染物，于2014年4月16日拟对原告作出行政处罚。原告在法定期限内未提出陈述、申辩和听证的申请。同年6月16日，被告作出被诉儋土环资罚决字〔2014〕47号行政处罚决定书（以下简称“47号处罚决定”），对原告处以2013年5月应缴纳排污费二倍的罚款的行政处罚，计177 719元。儋州市人民政府经复议后对47号处罚决定予以维持。原告不服，遂诉至法院，请求撤销47号处罚决定。

海南省儋州市人民法院一审认为：被告作为儋州市环境保护工作的行政主管部门，具有对本辖区内违法排放水污染物的行为作出行政处罚的法定职权。根据《环境行政处罚办法》第34条之规定，采样是本案中监测的必经程序，但被告未能提供采样记录或采样过程等相关证据，无法证明其采样程序合法，进而无法证明送检样品的真实性，直接影响监测结果的真实性。因此，被告在没有收集确凿证据证实样品来源真实可靠的情况下，仅以海南省环境监测中心站出具的《监测报告》认定原告超标排放废水，主要证据不足。被告于2014年6月16日同时分别对原告2013年1月14日和5月22日超标排放行为给予2次处罚，程序违法。被诉47号处罚决定只给予原告罚款，未责令原告限期改正，行政处罚行为明显不当。一审法院判决撤销47号处罚决定，由被告承担诉讼费用。

被告海南省儋州市环保局不服一审判决并提起上诉。海南省第二中级

① 海南省第二中级人民法院（2016）琼97行终45号行政判决书.

人民法院审理认为：《监测报告》的合法性是审查本案被诉环保行政处罚事实认定是否清楚的基础。由于《监测报告》的取样程序违法，不能作为认定被上诉人（一审原告）存在环境违法行为事实的主要证据。而除《监测报告》外，上诉人（一审被告）没有进行相关调查，并且违反查处分离的规定，程序违法。47号处罚决定认定事实的主要证据不足，适用法律错误。法院最终判决驳回上诉，维持原判。

【典型案例4】

绍兴某化妆品包装有限公司超标排放水污染物案①

2018年3月16日，绍兴市环保局滨海分局执法人员对某化妆品包装有限公司进行执法检查。执法人员在该单位正常生产的情况下，对污水纳管排放池进行采样监测。所采水样经绍兴市环境监测中心站监测，氨氮浓度为39.6mg/L，超过了《工业企业废水氮、磷污染物间接排放限值》（DB 33/887—2013）的标准要求（氨氮≤35mg/L）。

该化妆品包装有限公司违反了《水污染防治法》第10条的规定，属于超标排放水污染物，根据《水污染防治法》第83条的规定，按照《绍兴市环保局行政处罚自由裁量权规定》和《绍兴市环境保护局行政处罚自由裁量权细化标准（根据水污染防治法调整）》的相关规定，并结合该单位积极配合检查，及时翔实提供相关证据，且系规模以下的小型企业的情况，绍兴市环保局对其责令改正，并处以罚款12万元。

【典型案例5】

北京某汽修店违反大气污染物排放标准案②

2017年8月，北京市石景山区环保局对辖区某汽修店进行日常执法检查，发现该店喷漆房闲置，在喷漆房外进行喷漆活动，导致废气直接排入大气环境。该环保局依法对该店处以罚款，并将此案移送区公安部门。公

---

① 我省公布上半年全省环境行政处罚优秀案例．(2018-08-24)［2019-10-19］. http://epmap.zjol.com.cn/jsb0523/201808/t20180824_8095318.shtml.

② 北京市公布十起环境污染典型案例．(2018-02-04)［2019-10-19］. https://www.sohu.com/a/220899973_660504.

安部门依法对该单位相关责任人予以行政拘留。

根据北京市地方标准《汽车维修业大气污染物排放标准》(DB 11/1228—2015) 中附录A (规范性附录) 工艺措施和管理要求A.4的规定，汽车维修业的喷漆和烘干操作应在喷烤漆房内完成，产生的挥发性有机物应集中收集并导入挥发性有机物处理设施，达标排放。

【案例点评】

上述案例展现了除了法律之外环境行政执法机关在执法活动中所依据的主要规范类型。畜禽规模养殖活动属于近年来发展比较迅速的具有较大隐蔽性的污染行为，看似没有严重污染，实际上会排放大量的氮磷污染物以及恶臭气体等。为了对畜禽规模养殖活动进行规范，国务院制定了《畜禽规模养殖污染防治条例》。在案例1中，某县某猪养殖专业合作社未正常运行处理设施，导致未经处理的养殖废水通过过滤池顶部口向外部环境排放，造成下游部分水体污染，属于典型的畜禽规模养殖导致的水体污染。因此，环境行政执法机关依据《畜禽规模养殖污染防治条例》的规定对其进行处罚，适用法律正确。在案例2中，宁波市人民政府根据本市具体情况制定了《宁波市大气污染防治条例》，因此，宁波市象山县环保局依据《宁波市大气污染防治条例》第53条第3项之规定对该企业作出行政处罚，适用法律准确。在案例3中，海南省儋州市环保局以海南省环境监测中心站出具的《监测报告》认定海南某水务公司超标排放废水，并作出47号行政处罚决定。但儋州市环保局未能提供采样记录或采样过程等相关证据，无法证明其采样程序合法，进而无法证明送检样品的真实性，直接影响监测结果的真实性。因此，法院按照《环境行政处罚办法》中的程序性规定，认定儋州市环保局环境执法中监测程序违法导致《监测报告》亦不具有合法性。法院审判案件的依据是法律、法规，在法律法规对相关事项无规定时，法院可参考规章的规定。因此，《环境行政处罚办法》也可以作为法院裁判的参考法律依据。在案例4中，由于涉及行政裁量，环境行政机关在依据相关法律法规作出处罚时，还可以援引地方环境行政机关颁布的自由裁量标准，这虽然属于规范性文件，但是也对规范行政机关的行政行为起到了重要的影响。最后，从案例5也可以看出，行政机关在认定行为是否违法时，也可以援引环境标准，特别是污染物排放标准中对于工艺流程的规定，同样具有法律效力。

案例1编号：ZF/2017/002

案例2编号：ZF/2018/001

案例3编号：ZF/2016/002

案例4编号：ZF/2018/002

案例5编号：ZF/2017/003

案例编辑人：曹炜

1.2 环境行政执法依据的适用规则

【知识点解析】

从环境法的立法现状来看，我国已经制定了大量关于环境的法律、行政法规、地方性法规、规章等，这些法律依据相互之间并非完全协调，且经常会出现立法修改，这使得实践中环境行政机关在进行行政执法时，经常需要“找法”，并且常出现法律依据之间相互矛盾、不一致、不相容等情况。为确保执法依据的准确性和统一性，在环境行政执法过程中，应当处理好三对基本的关系，即上位法与下位法的关系、特别法与一般法的关系以及新法与旧法的关系，每一种关系的处理法理分别有其规律。

(1) 对于上位法和下位法的关系，应当遵循以下几项具体的规则。

其一，“下位法与上位法相抵触”的法律适用规则。原则上，上位法优于下位法。当“下位法与上位法相竞合”时，其法律适用规则为：“严格法优于基准法”，即当下位法的规定比上位法规定的基准法更为严格时，在该严格的下位法效力范围内，应优先适用该严格法。

其二，“变通法优于被变通法”规则。《立法法》第90条规定：“自治条例和单行条例依法对法律、行政法规、地方性法规作变通规定的，在本自治地方适用自治条例和单行条例的规定。经济特区法规根据授权对法律、行政法规、地方性法规作变通规定的，在本经济特区适用经济特区法规的规定。”虽然这些自治法规和经济特区法规制定机关层级较低，且与上级机关指定的法律法规等不一致，但由于变通法是依法制定的，排斥了上位法的效力。变通法在其地域效力范围内优先适用。

（2）对于特别法和一般法的关系，需要首先识别特别法和一般法。一般法与特别法的关系应为“同一机关”制定的法律规范之间。两个法律规范之间应存在包容关系，且必须具有相同的时间效力和空间效力。特别法是一个相对性的概念，它与一般法的区分是相对而不是绝对的。相比之下，适用范围较窄者为特别规定，适用范围较宽者为一般规定。识别一般法与特别法的关系，应坚持“法律规范制定主体的同一性”、“法律规范事实构成要件的包容性”和“法律规范法律后果要件的排斥性”三个原则。

在具体适用时，特别法和一般法的适用应遵循以下规则。

其一，“特别法优于一般法”规则。《立法法》确立特别规定优于一般规定的法律适用规则，是因为特别规定是在考虑具体社会关系的特殊需要的前提下制定的，更适应它所调整的社会关系的特点，所以具有优先适用的效力。

其二，“有条件旧特别法优于新一般法”规则。旧特别法与新一般法的冲突，若适用“特别法优于一般法”或者“新法优于旧法”的规则，将出现不同的结果。在这种情况下，应当根据《立法法》规定解决。《立法法》第 94 条规定：“法律之间对同一事项的新的一般规定与旧的特别规定不一致，不能确定如何适用时，由全国人民代表大会常务委员会裁决。行政法规之间对同一事项的新的一般规定与旧的特别规定不一致，不能确定如何适用时，由国务院裁决。”第 95 条第 1 款第 1 项规定，地方性法规、规章之间不一致时，“同一机关制定的新的一般规定与旧的特别规定不一致时，由制定机关裁决”。由此可见，《立法法》将旧特别法与新一般法的冲突纳入了“有条件的裁决”的范围。所谓“有条件的裁决”，是指法律适用机关能确定如何适用时，可以直接予以适用，法律适用机关不能确定如何适用时，才按裁决程序予以解决。

（3）对于新法与旧法的关系，应当适用从旧兼从轻的规则，具体体现如下。

其一，“法不溯及既往原则”。该原则是我国法律的普遍效力规则，法不溯及既往是指新法不对过去的行为产生效力，法不溯及既往的价值在于维护法律秩序的稳定。法不溯及既往作为我国法律适用的主要效力规则存在例外情形[①]：首先，对法律的解释不适用“法不溯及既往原则”；其次，程序性法律规范因为其并不直接导致行政相对人权利义务的变化，因而采取一种“程序从新”[②] 的适用规则。

其二，“有利溯及原则”。该原则作为对“法不溯及既往原则”的修正，共同构成我国行政法“从旧兼从轻”的效力规则。有利溯及是指当新法的规定有利于行政相对人时应当适用新法的规定。此处对于“有利”的界定应当考虑法律规范整体的规定并着重考虑主要的法律效果。同时，由于对于法律的解释与程序性法律规范本身就不适用法不溯及既往原则，不需要考虑“有利”的情况即可适用于旧的行为。

其三，为维护法律秩序与社会关系稳定，并维护司法裁判的既判力，我国奉行“既判力强于溯及力”的原则，已经作出并生效的司法裁判无论如何都不会因法律的变动而失效。

【典型案例 1】

某市第一人民医院违反环境影响评价制度行政处罚案[③]

某市环境监察总队执法人员 2018 年 5 月对某市第一人民医院进行现场检查时发现，该单位新建成的 X 光照射室在放射性污染防治设施未投入使用的情况下，就启用了新的 X 光照射室。某市环保局认为该单位的上述行为违反了《建设项目环境保护管理条例》（2017 年 10 月 1 日起施行）第 23

① 胡建森，杨登峰．有利法律溯及原则及其适用中的若干问题．北京大学学报（哲学社会科学版），2006（06）：84－92．

② 参见《最高人民法院关于适用法发〔1996〕28 号司法解释问题的批复》和《关于审理行政案件适用法律规范问题的座谈会纪要》（法〔2004〕96 号）。

③ 本案为作者参考真实案例编写的虚假案例。

条第1款规定，决定对其处以30万元罚款，并责令限期改正。该单位不服，遂向环保机关提起行政复议。

【典型案例2】

某市某环境科学工程顾问有限公司违反环境影响评价制度行政处罚案①

某市某环境科学工程顾问有限公司是一家专门从事环境影响评价服务的法人单位。2019年2月，该公司为某市某化工集团某区新厂建设项目接受了该集团的赞助，在编写环境影响报告书过程中，故意违反国家环境影响评价标准，并编造公众意见，从而得出该项目符合环境影响评价要求的结论。某市环保局发现该行为之后，按照《建设项目环境保护管理条例》（2017年10月1日起施行）第25条的规定，对该单位处以所收取费用1倍的罚款。

【案例点评】

上述两个案例都存在适用法律依据错误的问题，都违反了处理上位法和下位法的一般规则。

案例1的特殊性在于该案中的主体设施是放射性设施。《放射性污染防治法》（2003年10月1日起施行）第51条规定："违反本法规定，未建造放射性污染防治设施、放射防护设施，或者防治防护设施未经验收合格，主体工程即投入生产或者使用的，由审批环境影响评价文件的环境保护行政主管部门责令停止违法行为，限期改正，并处五万元以上二十万元以下罚款。"而《建设项目环境保护管理条例》（2017年10月1日起施行）第23条第1款规定："违反本条例规定，需要配套建设的环境保护设施未建成、未经验收或者验收不合格，建设项目即投入生产或者使用，或者在环境保护设施验收中弄虚作假的，由县级以上环境保护行政主管部门责令限期改正，处20万元以上100万元以下的罚款；逾期不改正的，处100万元以上200万元以下的罚款；对直接负责的主管人员和其他责任人员，处5万元以

① 本案为作者参考真实案例编写的虚假案例。

上20万元以下的罚款；造成重大环境污染或者生态破坏的，责令停止生产或者使用，或者报经有批准权的人民政府批准，责令关闭。”《放射性污染防治法》属于旧的上位法，而《建设项目环境保护管理条例》属于新的下位法，按照新下位法与旧上位法相抵触时旧上位法优先的规则，应当适用《放射性污染防治法》的规定，故案例1存在法律适用错误嫌疑。

案例2属于从事建设项目环境影响评价工作的单位在环境影响评价工作中弄虚作假的情况。《建设项目环境保护管理条例》（2017年10月1日起施行）第25条规定：“从事建设项目环境影响评价工作的单位，在环境影响评价工作中弄虚作假的，由县级以上环境保护行政主管部门处所收费用1倍以上3倍以下的罚款。”而《环境影响评价法》（2018年12月29日起施行）第32条第2款和第3款规定：“接受委托编制建设项目环境影响报告书、环境影响报告表的技术单位违反国家有关环境影响评价标准和技术规范等规定，致使其编制的建设项目环境影响报告书、环境影响报告表存在基础资料明显不实，内容存在重大缺陷、遗漏或者虚假，环境影响评价结论不正确或者不合理等严重质量问题的，由设区的市级以上人民政府生态环境主管部门对技术单位处所收费用三倍以上五倍以下的罚款；情节严重的，禁止从事环境影响报告书、环境影响报告表编制工作；有违法所得的，没收违法所得。”“编制单位有本条第一款、第二款规定的违法行为的，编制主持人和主要编制人员五年内禁止从事环境影响报告书、环境影响报告表编制工作；构成犯罪的，依法追究刑事责任，并终身禁止从事环境影响报告书、环境影响报告表编制工作。”前者为旧的下位法，后者为新的上位法，因此《环境影响评价法》（2018年12月29日起施行）第32条应该被优先适用。

案例1编号：ZF/0000/002

案例2编号：ZF/0000/003

案例编辑人：曹炜

【典型案例3】

某市某机动车维修公司违反《大气污染防治法》行政处罚案[①]

某机动车维修公司设在某市一小区旁，其维修车间与小区某居民楼一墙之隔。自2018年12月开始，该居民楼住户发现该公司维修车间一直排放出大量浓烟废气，烟气导致该居民楼住户外墙变黑，悬挂衣物也沾满黑色颗粒，遂向某市环保局举报热线举报。2018年12月20日，某市环保局执法人员到现场检查时发现该公司维修车间已经设有废气处置装置，但是在进行维修检测时并未正常运转，导致废气直排产生污染。据此，某市环保局对该公司处以罚款1万元，并责令限期改正。

【案例点评】

该案中某机动车维修公司的行为属于未正常运行污染防治设施。对于这种行为，《大气污染防治法》中有若干规则可以适用。2018年修正的《大气污染防治法》第99条规定，违反本法规定，通过逃避监管的方式排放大气污染物的，由县级以上人民政府生态环境主管部门责令改正或者限制生产、停产整治，并处10万元以上100万元以下的罚款；情节严重的，报经有批准权的人民政府批准，责令停业、关闭。该条款属于一般规定。而该法第108条规定，违反本法规定，产生含挥发性有机物废气的生产和服务活动，未按照规定使用污染防治设施的，由县级以上人民政府生态环境主管部门责令改正，处2万元以上20万元以下的罚款；拒不改正的，责令停产整治。该条属于特别规定。该法第120条进一步规定，违反本法规定，从事服装干洗和机动车维修等服务活动，未设置异味和废气处理装置等污染防治设施并保持正常使用，影响周边环境的，由县级以上地方人民政府生态环境主管部门责令改正，处2 000元以上2万元以下的罚款；拒不改正的，责令停业整治。本案中，该公司属于从事机动车维修服务活动，没有保持废气处理装置正常使用，影响周边环境，应适用第120条。原因在于相对于第99条和第108条来说，第120条属于特殊规定，就此应该适用特殊规定。

---

① 本案为作者参考真实案例编写的虚假案例。

案例 3 编号：ZF/0000/004
案例编辑人：曹炜

【典型案例 4】

某市某新材料有限责任公司违反环境影响评价制度行政处罚案[①]

某市环保局于 2018 年 1 月 7 日对某新材料有限责任公司进行了现场检查，发现该单位两条浮法玻璃生产线（1 号生产线和 2 号生产线）自 2014 年 12 月正式投入生产至今，需要配套建设的环保设施未经验收。某市环保局遂以修改后的《建设项目环境保护管理条例》（2017 年 10 月 1 日起施行）第 23 条规定予以处罚，对其处以罚款 20 万元。

【典型案例 5】

C 市宏宇房地产有限公司违反环境影响评价制度行政处罚案[②]

C 市宏宇房地产有限公司总投资额为 1 亿元的河西房地产建设项目在没有办理任何环评手续的情况下于 2017 年 9 月 1 日开工建设，并于 2018 年 3 月 31 日建设完成。2018 年 5 月 15 日，C 市环保局在日常检查时发现 C 市宏宇房地产公司河西房地产建设项目未履行环评手续。据此，C 市环保局于 2018 年 5 月 16 日依据《环境影响评价法》第 31 条第 1 款的规定，对其处以 100 万元罚款。

【案例点评】

在案例 4 中，在某市某新材料有限责任公司的两条玻璃生产线违反环保设施“三同时”验收制度投入生产期间，其违反环保设施“三同时”验收制度的违法行为一直处于连续或者继续状态。修改后的《建设项目环境保护管理条例》施行时，该违法行为尚在继续之中，因此新法可以适用于该违法行为，这种适用不属于溯及既往，不应该适用修改前的《建设项目环境保护管理条例》第 28 条，而应适用修改后的《建设项目环境保护管理条例》第 23 条。

---

① 本案为作者参考真实案例编写的虚假案例。
② 本案为作者参考真实案例编写的虚假案例。

在案例5中，C市宏宇房地产有限公司的房地产建设项目按照当时的《建设项目环境影响评价分类管理名录》(2017年9月1日起实施)，应该报批环境影响报告表。《环境影响评价法》(2018年)第31条第1款规定："建设单位未依法报批建设项目环境影响报告书、报告表，或者未依照本法第二十四条的规定重新报批或者报请重新审核环境影响报告书、报告表，擅自开工建设的，由县级以上生态环境主管部门责令停止建设，根据违法情节和危害后果，处建设项目总投资额百分之一以上百分之五以下的罚款，并可以责令恢复原状；对建设单位直接负责的主管人员和其他直接责任人员，依法给予行政处分。"按照这一规定，未履行报批环境影响报告表手续的，应处100万元以上500万元以下的罚款。而按照生态环境部2018年4月28日公布并施行的《关于修改〈建设项目环境影响评价分类管理名录〉部分内容的决定》，该房地产项目已经被调整为需履行环境影响登记表备案程序项目。而对于未履行环境影响登记表备案程序的行为，按照《环境影响评价法》(2018年)第31条第3款的规定，应责令备案，处5万元以下的罚款。按照"从轻"规则，生态环境部门于2018年5月16日查处该房地产项目时，应该依据《环境影响评价法》(2018年)第31条第3款的规定责令其备案，处5万元以下的罚款，而不应处以100万元罚款，该案中行政机关执法依据适用错误。

案例4编号：ZF/0000/005

案例5编号：ZF/0000/006

案例编辑人：曹炜

第 2 章　环境行政执法管辖

2.1　环境行政执法管辖的概念与特征

【知识点解析】

环境行政执法管辖，是指依法享有环境行政执法权的环境行政执法主体之间就某一环境行政事务的首次处置所作的分工与权限划分。环境行政执法管辖是环境行政执法程序的一项重要制度，其目的是解决究竟应当由哪一级的哪一个具体的环境行政执法主体来行使环境行政执法权的问题，这种权限划分问题主要发生在纵向的同性质环境行政执法主体之间以及横向的不同性质的环境行政执法主体之间。

具体来说，环境行政执法管辖具有以下三个特征①：

第一，行政性。环境行政执法管辖具有行政性质，是环境行政机关系统内行政事务处置的一种权限划分。同一种类的环境行政执法一般由环境行政系统内不同层级的环境行政机关承担，不同种类的环境行政执法一般由环境行政系统内不同的职能部门分别承担。

第二，程序性。环境行政执法权限的划分只是解决某一环境行政事务应由哪一级环境行政机关管辖的问题，即只是解决处理环境行政事务的主

① 唐建华．行政执法实用教程．北京：法律出版社，2009：81；张水海，张显伟，尹口．行政执法实务与案例指导．北京：中国法制出版社，2011：81.

体资格问题，原则上不涉及具体环境行政事务的处理，也不会涉及对行政相对人实体权利的处置。因此，环境行政执法管辖权限划分属于行政程序的内容。由于我国没有专门的行政程序法典，所以，环境行政执法管辖规则分散在《行政处罚法》《行政许可法》《行政强制法》《环境保护法》《水污染防治法》《大气污染防治法》《土壤污染防治法》等法律中，《环境行政处罚办法》等部门规章对此予以细化。

第三，法定性。环境行政执法必须遵守法律规定，环境行政执法管辖权是法律根据有关原则对环境行政权限所作的划分，具有法定性。环境行政执法管辖的法定性具体表现如下：一方面，环境行政执法机关不得与行政相对人通过事前协议或者事后协商的方式来约定或变更环境行政执法管辖权；另一方面，环境行政执法机关之间也不得通过协议或协商的方式来约定或确定环境行政执法管辖权。这与民事活动中相关民事主体可以通过协商约定管辖有明显的区别。

【典型案例】

燃煤锅炉废气处理设施不正常运行直排大气行政拘留案①

2017年2月，北京市环境监察总队对平谷区某酒店燃煤锅炉房进行日常执法检查，发现该单位燃煤锅炉正在运行，废气处理设施喷淋系统的循环水静止、无流动迹象，用于提升循环水的水泵现场听不到运行声音，循环水泵未接通电源。经检查，发现该单位脱硫除尘系统的循环水泵没有正常开启，导致废气未经过脱硫除尘处理直接排放，环保部门依法对该酒店锅炉房运营单位处以罚款并将案件移送至公安部门，公安部门依法对该单位相关责任人予以行政拘留。

根据《行政主管部门移送适用行政拘留环境违法案件暂行办法》第7条第4项的规定，在生产经营或者作业过程中，停止运行污染物处理设施的，属于《环境保护法》第63条第3项所规定的通过“不正常运行防治污染设

① 北京市2017年固定源环境行政处罚超1.8亿 发布十起环保、公安联合执法典型案例. (2018-02-01)［2019-07-15］. http://sthjj.beijing.gov.cn/bjhrb/xxgk/jgzn/jgsz/jjgjgszjzz/xcjyc/xwfb/828990/index.html.

施等逃避监管的方式违法排放污染物”的情形。

【案例点评】

环境行政执法领域的行政拘留，是指环境行政处罚主体对行政相对人实施的在短期内限制人身自由的行政处罚。行政拘留是最严厉的行政处罚种类之一，通常适用于比较严重，但尚不构成犯罪的环境行政违法行为。

根据《行政处罚法》（2021 年）第 18 条的规定，限制人身自由的行政处罚权只能由公安机关和法律规定的其他机关行使。据此，《环境保护法》第 63 条规定，对所列举的尚不构成犯罪的四类违法行为，县级以上人民政府生态环境主管部门或者其他有关部门无权直接作出拘留的行政处罚，应当将案件移送公安机关，由公安机关依法处以拘留。移送主体包括：（1）县级以上生态环境主管部门；（2）其他负有环境保护监督管理职责的部门，即《环境保护法》第 63 条规定的“其他有关部门”，包括农业农村部门、工业和信息化部门、市场监督管理部门等。

案例编号：ZF/2017/004

案例编辑人：曹晓凡

2.2 职能管辖

【知识点解析】

环境行政执法中的职能管辖，又称职权管辖，是指同一行政区域内某一具体层级的不同种类环境行政执法主体依据各自法定的职权在初次查处环境行政案件方面所作的权限划分。职能管辖主要是根据各行政主体的专业主管范围来划分的。如《行政处罚法》第 17 条规定：“行政处罚由具有行政处罚权的行政机关在法定职权范围内实施。”《行政处罚法》的上述规定比较笼统，有待于其他法律法规予以详细规定。如《海洋环境保护法》第 5 条就规定：“国务院环境保护行政主管部门作为对全国环境保护工作统一监督管理的部门，对全国海洋环境保护工作实施指导、协调和监督，并负责全国防治陆源污染物和海岸工程建设项目对海洋污染损害的环境保护工作。国家海洋行政主管部门负责海洋环境的监督管理，组织海洋环境的调查、监测、监视、评价和科学研究，负责全国防治海洋工程建设项目和海洋倾倒废弃物对海洋污染损害的环境保护工作。国家海事行政主管部门负责所辖港区水域内非军事船舶和港区水域外非渔业、非军事船舶污染海洋环境的监督管理，并负责污染事故的调查处理；对在中华人民共和国管辖海域航行、停泊和作业的外国籍船舶造成的污染事故登轮检查处理。船舶污染事故给渔业造成损害的，应当吸收渔业行政主管部门参与调查处理。国家渔业行政主管部门负责渔港水域内非军事船舶和渔港水域外渔业船舶污染海洋环境的监督管理，负责保护渔业水域生态环境工作，并调查处理前款规定的污染事故以外的渔业污染事故。军队环境保护部门负责军事船舶污染海洋环境的监督管理及污染事故的调查处理。沿海县级以上地方人民政府行使海洋环境监督管理权的部门的职责，由省、自治区、直辖市人民政府根据本法及国务院有关规定确定。”职能管辖的最终确立依赖于有关法律、法规和规章的授权和明确规定。职能管辖离不开行政管理职权，这是不同的行政机关对不同的行政案件享有管辖权的基础。

在环境行政执法领域，职能管辖大概可以分为以下几种模式。

第一，规定某类事项由特定环境行政执法主体专属管辖。这是从其专业属性上进行规定。如《治安管理处罚法》第2条规定：“扰乱公共秩序，妨害公共安全，侵犯人身权利、财产权利，妨害社会管理，具有社会危害性，依照《中华人民共和国刑法》的规定构成犯罪的，依法追究刑事责任；尚不够刑事处罚的，由公安机关依照本法给予治安管理处罚。”

第二，规定某类事项由几个职能不同的环境行政执法主体分别管辖。如《大气污染防治法》第109条规定：“违反本法规定，生产超过污染物排放标准的机动车、非道路移动机械的，由省级以上人民政府生态环境主管部门责令改正，没收违法所得，并处货值金额一倍以上三倍以下的罚款，没收销毁无法达到污染物排放标准的机动车、非道路移动机械；拒不改正的，责令停产整治，并由国务院机动车生产主管部门责令停止生产该车型。违反本法规定，机动车、非道路移动机械生产企业对发动机、污染控制装置弄虚作假、以次充好，冒充排放检验合格产品出厂销售的，由省级以上人民政府生态环境主管部门责令停产整治，没收违法所得，并处货值金额一倍以上三倍以下的罚款，没收销毁无法达到污染物排放标准的机动车、非道路移动机械，并由国务院机动车生产主管部门责令停止生产该车型。”

第三，规定某类事项由两个以上的环境行政执法主体共同管辖。如《水污染防治法》第 89 条规定：“船舶未配置相应的防污染设备和器材，或者未持有合法有效的防止水域环境污染的证书与文书的，由海事管理机构、渔业主管部门按照职责分工责令限期改正，处二千元以上二万元以下的罚款；逾期不改正的，责令船舶临时停航。船舶进行涉及污染物排放的作业，未遵守操作规程或者未在相应的记录簿上如实记载的，由海事管理机构、渔业主管部门按照职责分工责令改正，处二千元以上二万元以下的罚款。”

第四，法律规范中没有具体指明具体的环境行政执法主体。如《环境保护法》第 65 条规定：“环境影响评价机构、环境监测机构以及从事环境监测设备和防治污染设施维护、运营的机构，在有关环境服务活动中弄虚作假，对造成的环境污染和生态破坏负有责任的，除依照有关法律法规规定予以处罚外，还应当与造成环境污染和生态破坏的其他责任者承担连带责任。”

【典型案例】

临邑县环境保护局取缔一家淘汰类土制木炭加工作坊案①

2016 年 3 月 3 日上午，临邑县环境保护局联合当地镇政府对其辖区内一处土制木炭加工作坊进行了依法拆除取缔。土法烧制木炭属于国家淘汰的落后生产工艺，生产时产生大量烟雾，污染空气环境。该作坊利用土窑

---

① 临邑县环境保护局依法取缔一家土制木炭加工作坊．（2016－03－07）［2018－11－08］．http://dezhou.iqilu.com/dzyaowen/2016/0307/2711581.shtml.

烧制木炭，共有五孔窑，无环保审批手续，无污染治理设施，属于非法生产企业。春节前，临邑县环境保护局已经给该作坊下达了限期自行拆除的通知书，并且督导其进行了拆除。春节过后，接群众举报，该作坊私自修复了两孔木炭窑，再次违法生产。了解这一情况后，临邑县环境保护局立即对这家木炭作坊进行了调查，并在当地镇政府的配合下，对该作坊的木炭窑依法进行了拆除取缔。

【案例点评】

对落后生产工艺和设备实行淘汰制度是我国环境保护领域的一项重要法律制度。这一制度的实施是通过国家有关部门公布限期禁止采用的工艺和设备名录来实现的，如《产业结构调整指导目录》。《环境保护法》第46条规定，国家对严重污染环境的工艺、设备和产品实行淘汰制度。任何单位和个人不得生产、销售或者转移、使用严重污染环境的工艺、设备和产品。禁止引进不符合我国环境保护规定的技术、设备、材料和产品。《大气污染防治法》第101条规定："违反本法规定，生产、进口、销售或者使用国家综合性产业政策目录中禁止的设备和产品，采用国家综合性产业政策目录中禁止的工艺，或者将淘汰的设备和产品转让给他人使用的，由县级以上人民政府经济综合主管部门、海关按照职责责令改正，没收违法所得，并处货值金额一倍以上三倍以下的罚款；拒不改正的，报经有批准权的人民政府批准，责令停业、关闭。进口行为构成走私的，由海关依法予以处罚。"《水污染防治法》第86条规定："违反本法规定，生产、销售、进口或者使用列入禁止生产、销售、进口、使用的严重污染水环境的设备名录中的设备，或者采用列入禁止采用的严重污染水环境的工艺名录中的工艺的，由县级以上人民政府经济综合宏观调控部门责令改正，处五万元以上二十万元以下的罚款；情节严重的，由县级以上人民政府经济综合宏观调控部门提出意见，报请本级人民政府责令停业、关闭。"《环境噪声污染防治法》第53条规定："违反本法第十八条的规定，生产、销售、进口禁止生产、销售、进口的设备的，由县级以上人民政府经济综合主管部门责令改正；情节严重的，由县级以上人民政府经济综合主管部门提出意见，报请同级人民政府按照国务院规定的权限责令停业、关闭。”《固体废物污染环境防治法》乃至《水法》等，均就违反落后生产工艺和设备实行淘汰制度的法律责任作出了规定。因此，凡是列入淘汰名录的工艺和设备，任何单位和个人不得继续采用，不得继续生产、销售、进口或者使用。对于被淘汰的设备，也不得转让给他人使用。

就这类违法行为的执法主体而言，主要包括三类：（1）县级以上人民政府经济综合主管部门。这是查处违反落后生产工艺和设备实行淘汰制度的最主要的执法主体。（2）海关。进口国家综合性产业政策目录中禁止的设备和产品或者进口行为构成走私的，由海关进行执法。（3）生态环境主管部门。根据《固体废物污染环境防治法》第102条规定，将列入限期淘汰名录被淘汰的设备转让给他人使用的，由生态环境主管部门进行执法。

案例编号：ZF/2016/003

案例编辑人：曹晓凡

2.3 级别管辖

【知识点解析】

环境行政执法中的级别管辖，是指对某一事项不同级别的环境行政执法机关之间在初次查处环境行政案件方面所作的权限划分。《行政处罚法》第23条规定：“行政处罚由县级以上地方人民政府具有行政处罚权的行政机关管辖。法律、行政法规另有规定的，从其规定。”对于县级以上环境行政执法机关之间的权限如何划分，《行政处罚法》及环境法律均没有单独明确的规定，关于级别管辖的规定散见于具体的环境法律规范中。一般来说，大部分环境行政案件都是由基层环境行政执法机关办理的。

确定环境行政执法级别管辖的一般规则如下：第一，以基层环境行政执法机关作为级别管辖的起点，管辖事项向上依次递减；第二，所有的环境行政执法事项应当以设区市级环境行政执法机关及其分局处理为主；第三，省级以上环境行政执法机关以进行业务政策的指导为主。

在环境行政执法领域，级别管辖大概可以分为以下几种模式。

第一，环境法律规范中的个别条款明确规定了级别管辖权限。如《水污染防治法》第87条规定："违反本法规定，建设不符合国家产业政策的小型造纸、制革、印染、染料、炼焦、炼硫、炼砷、炼汞、炼油、电镀、农药、石棉、水泥、玻璃、钢铁、火电以及其他严重污染水环境的生产项目的，由所在地的市、县人民政府责令关闭。"凡是建设不符合国家产业政策以及其他严重污染水环境的生产项目的，一律由所在地的市、县人民政府责令关闭。由于不符合国家产业政策以及其他严重污染水环境的生产项目都是国家明令淘汰、禁止建设的项目，这些项目耗能高、污染严重，对环境造成的危害性大，必须坚决禁止建设，因此本条规定的行政处罚只有一种，即责令关闭。需要注意的是，责令关闭必须由所在的市、县人民政府作出决定，环保部门等有关部门在执法过程中认为企业符合关闭的条件，应当报请有批准权的人民政府批准。①

第二，有些法律规范仅规定最高行政主管部门的管辖权。如《大气污染防治法》第109条规定："违反本法规定，生产超过污染物排放标准的机动车、非道路移动机械的，由省级以上人民政府生态环境主管部门责令改正，没收违法所得，并处货值金额一倍以上三倍以下的罚款，没收销毁无法达到污染物排放标准的机动车、非道路移动机械；拒不改正的，责令停产整治，并由国务院机动车生产主管部门责令停止生产该车型。违反本法规定，机动车、非道路移动机械生产企业对发动机、污染控制装置弄虚作假、以次充好，冒充排放检验合格产品出厂销售的，由省级以上人民政府生态环境主管部门责令停产整治，没收违法所得，并处货值金额一倍以上三倍以下的罚款，没收销毁无法达到污染物排放标准的机动车、非道路移动机械，并由国务院机动车生产主管部门责令停止生产该车型。"《海洋环

① 许安标．中华人民共和国水污染防治法释义．北京：中国民主法制出版社，2017：238.

境保护法》第86条规定：“违反本法第五十五条第三款的规定，将中华人民共和国境外废弃物运进中华人民共和国管辖海域倾倒的，由国家海洋行政主管部门予以警告，并根据造成或者可能造成的危害后果，处十万元以上一百万元以下的罚款。”《放射性污染防治法》第52条规定：“违反本法规定，未经许可或者批准，核设施营运单位擅自进行核设施的建造、装料、运行、退役等活动的，由国务院环境保护行政主管部门责令停止违法行为，限期改正，并处二十万元以上五十万元以下罚款；构成犯罪的，依法追究刑事责任。”

第三，大多数法律规范规定的是由“县级以上人民政府环境保护主管部门”负责管辖环境行政案件。如《环境保护法》第62条规定：“违反本法规定，重点排污单位不公开或者不如实公开环境信息的，由县级以上地方人民政府环境保护主管部门责令公开，处以罚款，并予以公告。”

第四，有些法律规范仅规定了由相应的环境行政执法主体管辖某一事项，但是没有明确级别管辖问题。如《环境保护法》第61条规定：“建设单位未依法提交建设项目环境影响评价文件或者环境影响评价文件未经批准，擅自开工建设的，由负有环境保护监督管理职责的部门责令停止建设，处以罚款，并可以责令恢复原状。”《大气污染防治法》第106条规定：“违反本法规定，使用不符合标准或者要求的船舶用燃油的，由海事管理机构、渔业主管部门按照职责处一万元以上十万元以下的罚款。”

此外，有些部门规章、地方性法规突破了《行政处罚法》的规定，如《环境行政处罚办法》第14条规定：“县级以上环境保护主管部门在法定职权范围内实施环境行政处罚。经法律、行政法规、地方性法规授权的环境监察机构在授权范围内实施环境行政处罚，适用本办法关于环境保护主管部门的规定。”再如，《重庆市环境保护条例》第114条规定：“市、区县（自治县）环境保护主管部门行使的行政处罚权，分别由市、区县（自治县）环境行政执法机构实施。区县（自治县）环境行政执法机构可以委托乡镇人民政府、街道办事处实施有关行政处罚。”

【典型案例】

山东某汽车制造有限公司因污染控制装置造假被原环境保护部行政处罚案[①]

经调查核实，山东某汽车制造有限公司在2016年1月1日至2016年5月31日期间生产的8台车辆型号为KMC1033A25D4（发动机型号4L18CF）的轻型柴油货车排放的碳氢＋氮氧化物、一氧化碳排放超过《轻型汽车污染物排放限值及测量方法（中国Ⅲ、Ⅳ阶段）》（GB 18352.3—2005）中第Ⅳ阶段限值要求，违法所得为12 786.80元，货值金额为257 279.76元；318台车辆型号为KMC1042LLB33P4（发动机型号4DW93－84E4）的重型柴油货车的车载诊断系统（简称“OBD系统”）功能性检测不符合《车用压燃式、气体燃料点燃式发动机与汽车（OBD）系统技术要求》（HJ 437—2008）标准要求，污染控制装置弄虚作假、以次充好，冒充排放检验合格产品出厂销售，违法所得为718 194.05元，货值金额为15 248 281.26元。

按照《大气污染防治法》（2016年）第109条第1款规定，原环境保护部决定责令该公司改正生产超过污染物排放标准的机动车违法行为，没收违法所得12 786.80元，并处货值金额2倍的罚款514 559.52元，罚没款合计527 346.32元。按照《大气污染防治法》（2016年）第109条第2款规定，原环境保护部决定责令该公司针对污染控制装置弄虚作假、以次充好，冒充排放检验合格产品出厂销售的违法行为停产整治，没收违法所得718 194.05元，并处货值金额2倍的罚款30 496 562.52元，罚没款合计31 214 756.57元。以上罚没款共计31 742 102.89元。

【案例点评】

《大气污染防治法》（2016年）第109条规定：“违反本法规定，生产超过污染物排放标准的机动车、非道路移动机械的，由省级以上人民政府环境保护主管部门责令改正，没收违法所得，并处货值金额一倍以上三倍以下的罚款，没收销毁无法达到污染物排放标准的机动车、非道路移动机械；

① 环境保护部环法〔2017〕108号行政处罚决定书.

拒不改正的，责令停产整治，并由国务院机动车生产主管部门责令停止生产该车型。违反本法规定，机动车、非道路移动机械生产企业对发动机、污染控制装置弄虚作假、以次充好，冒充排放检验合格产品出厂销售的，由省级以上人民政府环境保护主管部门责令停产整治，没收违法所得，并处货值金额一倍以上三倍以下的罚款，没收销毁无法达到污染物排放标准的机动车、非道路移动机械，并由国务院机动车生产主管部门责令停止生产该车型。”该条明确规定了级别管辖权，在这一情形下应由省级以上人民政府环境保护主管部门或国务院机动车生产主管部门进行相应查处。

案例编号：ZF/2017/005

案例编辑人：曹晓凡

2.4 地域管辖

【知识点解析】

环境行政执法中的地域管辖，也称属地管辖，是指不同行政区域内的同级环境行政执法主体首次处理环境行政执法事务的权限划分。任何行政机关都有其独立的行政管辖区域，除了中央人民政府及其所属部门具有在全国范围内（香港特别行政区、澳门特别行政区和台湾地区有例外规定）的行政管辖权以外，地方各级人民政府及其所属部门都只有管辖本行政区域范围内行政事务的权力。环境行政执法中的地域管辖与级别管辖关系密切，地域管辖是在级别管辖的基础上发生的，只有先确定级别管辖，才能进而确定地域管辖。

确定地域管辖原则的原因主要有以下几个方面[①]：

第一，便于确认和节约成本。确定管辖地必须要便于管辖机关迅速、准确地发现不法行为；便于对违法行为的调查取证和对违法后果的评估、

① 唐建华．行政执法实用教程．北京：法律出版社，2009：85－86；张水海，张显伟，尹口．行政执法实务与案例指导．北京：中国法制出版社，2011：99－100.

测定；便于最终认定违法事实及具体进行环境行政执法。而这一切都能让环境行政执法机关以最低的成本管理环境行政事务。

第二，便于处理。及时有效地处理违法行为，是确定环境行政执法管辖权的目的所在，也是环境行政执法机关实施行政管理的主要方式。只有及时有效地处理一切环境违法行为，有力地保护一切正当合法的行为和行政相对人的合法权益，公平、公正地进行环境行政执法，才能有效地惩戒、矫正和预防环境违法行为并鼓励守法、服法、护法，才能真正维护环境法律的权威、尊严和统一。

第三，便于执行。环境行政执法管辖权的确定，不仅要有利于公正、合理地作出环境行政处理决定，而且要有利于环境行政处理决定的执行。在环境行政执法实践中，执行难的现象还很多见。如果作出环境行政处理决定而不便于甚至不能执行，那么该环境行政处理决定就毫无意义。

第四，便于维护行政相对人的合法权益。环境行政执法的目的是制止各种环境违法行为，维护国家、社会和公民的各种合法权益和利益。确定环境行政执法管辖时除了必须充分考虑环境行政执法的方便和效率外，还必须充分考虑如何最大限度地保障行政相对人的合法权益，如行政相对人的陈述申辩权，提起行政复议、行政诉讼的权利等。在环境行政执法过程中依法保护各方当事人的合法权益，也是依法行政的主要内容。

【典型案例】

赵某诉汶上县环境保护局不履行法定职责案①

一审法院经审理查明：原告所在的宁阳县东疏镇小伯村与汶上县白石镇相邻。2013年夏季，原告的农用地被粉尘污水侵蚀，受到了一定的经济损失。2014年3月12日，原告等人联名向被告申请，请求查处排放污水的汶上县白石镇辖区内石材加工企业并责令其赔偿原告经济损失。被告接到原告等人的举报后，到污染农田的现场进行调查，制作了现场检查（勘察）笔录，并拍摄了现场照片。被告经调查，以未发现白石镇辖区的石材加工

① 山东省济宁市中级人民法院（2015）济行终字第83号行政判决书.

企业排放污水，且原告所反映的污染案件因时间间隔较长，无法查找污染源为由，未对原告等人所举报的污染案件进行立案。

一审法院认为，《环境行政处罚办法》第17条第2款规定，造成跨行政区域污染的行政处罚案件，由污染行为发生地环境保护主管部门管辖。第22条第2款规定，环境保护主管部门“经审查，符合下列四项条件的，予以立案：（一）有涉嫌违反环境保护法律、法规和规章的行为；……”本案中，原告等人的受侵蚀土地位于泰安市宁阳县辖区，而该污染案件的污染行为发生地在汶上县辖区，系跨行政区域的污染案件，汶上县环境保护局对该案件具有管辖权。2014年3月12日，原告等30人申请被告对汶上县白石镇辖区内石材加工企业于2013年夏季排污问题予以查处，并赔偿其损失。被告接到该申请后，即到污染土地的现场进行调查，制作了现场检查（勘察）笔录，并拍摄了现场照片，履行了相应的法定职责。被告提交的其对白石镇石材加工企业污水处理的日常监察记录，能证明石材加工企业有相应的污水处理设备，没有向厂外排放污水。原告提交的录像资料亦不能证明系石材加工企业排出了造成其土地污染的含有白石灰及颗粒的污水。被告经调查，未发现白石镇辖区的石材加工企业向外排放污水造成原告农田污染，据此未立案，符合上述法律规定。因此，原告请求确认被告不履行查处污染企业的法定职责行为违法，判令被告限期履行法定职责的诉讼请求，应不予支持。故依照《执行〈中华人民共和国行政诉讼法〉若干问题的解释》（现已失效）第56条第1项的规定，判决驳回原告的诉讼请求。案件受理费50元，由原告负担。

二审法院认为，《环境行政处罚办法》第22条第1款规定，环境保护主管部门对涉嫌违反环境保护法律、法规和规章的违法行为，应当进行初步审查，并在7个工作日内决定是否立案。第2款规定，环境保护主管部门“经审查，符合下列四项条件的，予以立案：（一）有涉嫌违反环境保护法律、法规和规章的行为；……”上诉人2014年3月10日向被上诉人提交申请，要求查处2013年夏天造成其农田被污染的排污企业。被上诉人接到上诉人的举报后，到污染农田的现场进行调查，拍摄了现场照片，制作了现场检查（勘察）笔录，调取了其2013年度对白石镇辖区的石材加工企业日常监察记录，未能发现白石镇辖区的石材加工企业在2013年夏天排放过污水。结合上诉人所反映的污染事件与申请查处时间间隔较长这一客观情况，以未发现有企业向外排放污水造成上诉人的田地污染为由，未对上诉人所举报的污染案件进行立案。被上诉人已履行了立案前的初步审查职责，被上诉人未予立案的行为符合《环境行政处罚办法》第22条的规定。被上诉人应当以适当的方式将不予立案的结果告知上诉人。被上诉人主张其将未予立案的结果多次口头告知过上诉人，但没有证据证明，应视为其在告知程序上存有瑕疵。鉴于上诉人后期已获得不予立案的结果，被上诉人亦及时将调查情况函告汶上县白石镇政府，要求该镇政府责成石材园区综合治理办公室与上诉人方对接，处理赔偿诉求，上诉人要求确认被上诉人拒不履行查处污染企业的法定职责行为违法，并判令其限期履行法定职责的诉讼请求应当驳回。一审法院判决认定事实清楚，法律适用正确，判决并无不当。上诉人的上诉请求不当，本院不予支持。综上，依据《行政诉讼法》（2015年）第89条第1款第1项之规定，判决如下：驳回上诉，维持原判。二审案件受理费50元，由上诉人赵某承担。本判决为终审判决。

【案例点评】

在环境行政处罚方面，《行政处罚法》（2009年）第20条规定："行政处罚由违法行为发生地的县级以上地方人民政府具有行政处罚权的行政机关管辖。法律、行政法规另有规定的除外。"《环境保护法》（1989年）第7条也规定，县级以上地方人民政府环境保护主管部门，对本辖区的环境保护工作实施统一监督管理。《行政处罚法》（2009年）的规定与《环境保护法》（1989年）的规定是一致的。《环境行政处罚办法》第17条规定："县级以上环境保护主管部门管辖本行政区域的环境行政处罚案件。造成跨行政区域污染的行政处罚案件，由污染行为发生地环境保护主管部门管辖。"按照上述规定，违法行为发生在何地就应由何地的环境行政执法机关查处。违法行为发生地一般不会引起很大的歧义，因为大多数环境行政违法行为的着手地、经过地、实施地、危害结果发生地是重合在一起的。但是，也有一些环境行政违法行为的发生地分布于不同的行政区域，所以《环境行政处罚办法》第 17 条第 2 款进一步规定，造成跨行政区域污染的行政处罚案件，由污染行为发生地环境保护主管部门管辖。原环境保护部有权对相关法律在具体适用时作出行政解释，而且该解释并未超出法律的合理范围。本案中，赵某等人的受侵蚀土地位于泰安市宁阳县辖区，而该污染案件的污染行为发生地在汶上县辖区，系典型的跨行政区域的污染案件，按照前述法律规定，汶上县环境保护局对该案件具有管辖权。

案例编号：ZF/2015/001

案例编辑人：曹晓凡

2.5 委托管辖

【知识点解析】

环境行政执法中的委托管辖，是指环境行政执法主体依法委托其他环境行政执法主体或者具有管理公共事务职能的组织，由受委托环境行政执法主体或者组织对委托范围内的环境行政案件或者环境行政管理事务实行管辖。如《行政处罚法》第 20 条规定："行政机关依照法律、法规、规章的规定，可以在其法定权限内书面委托符合本法第二十一条规定条件的组织实施行政处罚。行政机关不得委托其他组织或者个人实施行政处罚。委托书应当载明委托的具体事项、权限、期限等内容。委托行政机关和受委托组织应当将委托书向社会公布。委托行政机关对受委托组织实施行政处罚的行为应当负责监督，并对该行为的后果承担法律责任。受委托组织在委托范围内，以委托行政机关名义实施行政处罚；不得再委托其他组织或者个人实施行政处罚。"其第 21 条进一步规定："受委托组织必须符合以下条件：（一）依法成立并具有管理公共事务职能；（二）有熟悉有关法律、法规、规章和业务并取得行政执法资格的工作人员；（三）需要进行技术检查或者技术鉴定的，应当有条件组织进行相应的技术检查或者技术鉴定。"《环境行政处罚办法》第 15 条规定："环境保护主管部门可以在其法定职权范围内委托环境监察机构实施行政处罚。受委托的环境监察机构在委托范围内，以委托其处罚的环境保护主管部门名义实施行政处罚。委托处罚的环境保护主管部门，负责监督受委托的环境监察机构实施行政处罚的行为，并对该行为的后果承担法律责任。”

另外，环境行政执法主体依法委托其他环境行政执法主体或者具有管理公共事务职能的组织对委托范围内的环境行政案件或者环境行政管理事务实行管辖，必须有书面委托手续。

【典型案例】

王某某与赤壁市环保局环境行政处罚案[①]

一审、二审人民法院均认定，原告王某某于2008年在赤壁市某镇某村筹办塑料颗粒加工厂，2012年在赤壁市工商局注册登记，办理了个人独资企业营业执照，企业名为赤壁市明亮再生资源加工厂，经营范围及方式为“收购、销售再生资源；废旧塑料破碎加工”，年度检验期限为2012年至2013年7月1日。2013年4月11日原告在赤壁市国税局办理了临时税务登记证，该税务登记证没有载明证件有效期。2013年，赤壁市开展依法取缔违法塑料加工厂行动，鉴于废旧塑料加工行业环境影响评价报告书由咸宁市环保局审批，处罚权在咸宁市环保局，被告于2013年9月1日向咸宁市环保局申请受委托处罚权。2013年10月17日，咸宁市环保局作出《关于由赤壁市环保局行使对赤壁市境内违法塑料加工场行政处罚权的批复》，将依法由咸宁市环保局行使的对违法塑料加工场的行政处罚权授权赤壁市环保局行使。2013年9月10日，被告赤壁市环保局在对原告经营的塑料加工厂现场检查管理过程中，查明原告没有取得环境影响评价审批文件，且未建设配套的环保设施，却持续从事塑料加工生产。被告于2013年10月17日对原告作出赤环罚字（2013）11号行政处罚决定书，责令原告停止生产。原告对该处罚决定不服，向法院提起行政诉讼。

一审法院认为，依照《建设项目环境保护管理条例》（1998年）第28

① 湖北省咸宁市中级人民法院（2014）鄂咸宁中行终字第27号行政判决书．

条、湖北省人民政府办公厅《湖北省建设项目环境影响评价文件分级审批办法》第6条第4项、《建设项目环境影响评价分类管理名录》（2008年）中U类第15项“废旧资源回收加工再生”的规定，咸宁市环保局依法对废旧塑料加工生产具有行政管理的职能，其授予赤壁市环保局对赤壁市境内违法塑料加工场的行政处罚权合法有效。本案中，原告王某某在办理工商营业执照前没有依法申请报批建设项目环境影响评价文件，亦未依法建设环境保护配套措施。故被告受委托依法对原告作出行政处罚决定的事实清楚，程序合法，适用法律正确，依法应予维持。依照《行政诉讼法》（1990年）第54条第1项的规定，判决：维持被告于2013年10月17日作出的赤环罚字〔2013〕11号行政处罚决定。

二审法院认为，依照《建设项目环境保护管理条例》（1998年）第28条、湖北省人民政府办公厅《湖北省建设项目环境影响评价文件分级审批办法》第6条第4项、《建设项目环境影响评价分类管理名录》（2008年）中U类第15项“废旧资源回收加工再生”的规定，咸宁市环保局依法对本行政区域内的废旧塑料加工生产具有行政管理的职能，咸宁市环保局在其法定权限内授予赤壁市环保局对赤壁市境内违法塑料加工场的行政处罚合法有效。依照《行政处罚法》（2009年）第18条第3款的规定，受委托组织在委托范围内，应以委托行政机关名义实施行政处罚。本案中，被上诉人对上诉人的违法塑料加工场实施行政处罚是以自己的名义进行的，该具体行政行为超越了被上诉人的职权。被上诉人对上诉人作出的赤环罚字〔2013〕11号行政处罚决定超越职权，依法应予撤销。原审判决维持不当。依照《行政诉讼法》（1990年）第54条第2项第4目、第61条第2项的规定，判决如下：（1）撤销赤壁市人民法院（2014）鄂C行初字第00004号行政判决。（2）撤销被上诉人赤壁市环保局赤环罚字〔2013〕11号行政处罚决定。

【案例点评】

《行政处罚法》（2009年）第18条和第19条对委托处罚的受委托组织的条件、委托程序、委托机关责任等均作了严格规定。委托处罚应当注意以下几点：第一，委托必须有法律、法规和规章的明文规定。没有法律、法规和规章规定的，不得自行委托。第二，环境行政执法机关只能在其法定权限内进行委托。环境行政执法机关能委托的，只能是法律、法规和规章赋予的环境行政执法权。环境行政执法机关不得超越法律、法规和规章的规定，将其并不拥有的权力委托出去，否则构成越权委托而无效。第三，受委托的组织只能是机构或机关，不得是个人。第四，受托机构或机关只能在委托范围内从事环境行政执法工作，不得超越委托范围。超越委托范围的，该行为无效，且应由受托机构或机关自行承担责任。第五，受托机构或机关只能以委托的环境行政执法机关的名义进行环境行政执法活动，而不得以自己或者其他机关的名义进行环境行政执法活动。以受托机构或机关自己的名义进行环境行政执法行为的，该行为无效，且由受托机构或机关自行承担责任。第六，接受委托的机构或机关不得再委托其他任何组织或者个人。因为受托机构或机关自身并不具有该环境行政执法权，只是代表具有法定环境行政执法权的环境行政执法机关从事具体工作。受托机构或机关不能将自己并不拥有的权力委托出去。第七，受托的机构或机关在委托范围内从事的环境行政执法行为，在法律上应被视为委托的环境行政执法机关的行为。基于委托与受托的关系，委托机关与受托机构或机关之间还产生了监督与被监督的关系，委托机关有责任监督受托机构或机关是否在委托权限范围内、是否依照法定目的、程序等进行环境行政执法活动。如果受托机构或机关违法进行环境行政执法行为，则由委托的环境行政执法机关承担法律后果，包括行政复议、行政诉讼、国家赔偿等的法律后果。本案中的赤壁市环保局作为受托机关对违法塑料加工场实施行政处罚是以自己的名义进行的，该具体行政行为超越了赤壁市环保局的职权，故被法院终审认定为无效，判决撤销了赤壁市环保局赤环罚字〔2013〕11号行政处罚决定。

案例编号：ZF/2014/002

案例编辑人：曹晓凡

第3章　环境行政执法主体与行政相对人

3.1　环境行政执法主体概述

3.1.1　环境行政执法主体的概念与特征

【知识点解析】

环境行政执法主体，是指在环境行政执法过程中依法享有环境行政执法权，根据法律、法规或规章的规定能够以自己的名义进行环境行政执法活动，并独立承担法律责任的行政机关和组织。环境行政执法主体具有以下特征。

第一，环境行政执法主体是行政机关或组织，而不是个人。尽管具体的环境行政执法行为是由环境行政执法人员来实施的，但这些具体行为都是以环境行政执法主体的名义而不是以个人名义实施的。环境行政执法人员并不能以其个人名义行使任何环境行政执法权，只能作为环境行政执法主体中的一员履行特定的职务，从而作出与其职务相适应的行为。因此，环境行政执法人员只是环境行政执法主体的构成要素，而不是环境行政执法主体本身。

第二，环境行政执法主体应当依法享有环境行政执法权。环境行政执法是行使国家行政权的行为，环境行政执法主体必须具备相应的环境行政执法权，才能取得环境行政执法主体的法律地位。

第三，环境行政执法主体应当能够以自己的名义独立进行环境行政执法活动。以自己的名义独立进行环境行政执法活动是指在不违反法律的前提下，能够依照自己的意志从事特定的环境行政执法行为。行政机关和组织的内设机构只是其所在行政机关和组织意志的贯彻者，其不能在行政机关和组织的意志之外再独立自主地表达自己的意志，因此行政机关和组织的内设机构不能成为环境行政执法主体。受委托进行环境行政执法的组织，其只能以委托行政机关的名义作出具体环境行政执法行为，而不能以自己的名义作出具体行政行为，因而也只是委托行政机关意志的体现者。

第四，环境行政执法主体应当能够独立承担法律后果。独立承担法律后果，既包括承担有利的法律后果，也包括承担不利的法律后果，这是环境行政执法主体按照自己的独立意志行使权力的必然要求。环境行政执法主体作出的行政行为一旦引起行政复议或者行政诉讼，该环境行政执法主体就会成为被申请人或者被告。

3.1.2 环境行政执法主体资格及执法权

【知识点解析】

环境行政执法主体资格，是指符合法定条件的行政机关或者组织经过法定程序所获得的环境行政执法主体法律地位。行政执法由行政机关在其法定职权范围内实施，非行政机关的组织未经法律、法规授权或者行政机关的合法委托，不得行使行政执法权。

环境行政执法主体执法权是指经法律、法规授权或者经行政机关合法委托的，由环境行政执法主体行使的，以实现环境行政法律、法规的法律目的为目标的权限。环境行政执法主体行使执法权超越授权、委托范围或者未按照授权、委托范围正确行使执法权均属于违反环境行政主体执法权的情形。

【典型案例1】

某汽车系统（某工业园区）有限公司诉江苏省某市工业园区环境保护局行政处罚决定案[①]

被告江苏省某市工业园区环境保护局于2013年9月起对某小区周边企业废气排放情况集中排查整治。同年9月30日，被告的执法人员会同市环境监察支队执法人员至原告某汽车系统（某工业园区）有限公司进行执法检查时，原告保安以未办理来访预约为由拒绝执法人员进入现场检查。执法人员随即拨打110报警求助，在民警和执法人员的要求下，保安电话联系原告环保负责人后仍以未预约为由拒绝执法人员进入现场检查。被告执法人员因受阻挠而认为丧失最佳检查时机，故未强行进入现场进行检查。2013年12月6日，被告向该公司邮寄送达了《行政处罚事先告知书》。在规定的期限内，原告未向被告提出陈述申辩意见。同年12月20日，被告作出行政处罚决定，认定2013年9月30日被告依法对该公司开展废气排放企业专项现场检查时，原告拒绝其入内开展检查，违反《大气污染防治法》（2000年）第21条，环境保护行政主管部门和其他监督管理部门有权对管辖范围内的排污单位进行现场检查，被检查单位必须如实反映情况，提供必要的资料。检查部门有义务为被检查单位保守技术秘密和业务秘密。园区环保局根据《行政处罚法》（2009年）、《大气污染防治法》（2000年）有关规定，对原告处以罚款人民币4万元的行政处罚。原告不服，提起行政诉讼，请求法院撤销该行政处罚决定。

国家环境保护行政机关依法实施环境保护执法检查，是法律赋予其的权力和职责，原告内部管理规定不能对抗国家强制性法律规定。原告以公司管理规定为由阻碍、拒绝依法进行的行政执法行为，在公安民警到场介入的情况下，仍拒绝检查，其行为已构成拒绝执法检查。根据《大气污染防治法》（2000年）相关规定，拒绝环境保护行政主管部门或者其他监督管理部门现场检查的，环境保护行政主管部门或者法律规定的监督管理部门

---

① 江苏省苏州市姑苏区人民法院（2014）姑苏环行初字第1号行政判决书.

可以根据不同情节，责令停止违法行为，限期改正，给予警告或者处以罚款，原告无正当理由拒绝被告的执法检查，事后也未及时采取补救、改正措施，其主观过错较大。被告对原告所作出的罚款在法定处罚幅度内，并无不当。一审法院判决驳回原告的诉讼请求。

【典型案例2】

宜昌市点军区人民检察院诉宜昌市点军区环境保护局怠于履行法定职责行政公益诉讼案①

2014年以来，宜昌市点军区艾家镇桥河村多户村民从事生猪养殖业，养殖废水未经无害化处理从沿江排污口向长江直接排放，造成环境污染。2016年5月，宜昌市环境保护监测站对艾家镇桥河村畜禽养殖废水江边排污口进行取样监测，并于5月11日作出（2016）环监（水）字第89号《2016年宜昌市环境执法突击检查废水污染源监督性检测报告》，监测结果表明各项指标均超过《畜禽养殖业污染物排放标准》标准值。2016年12月2日，宜昌市环境保护监测站对桥河村畜禽养殖废水进行监测。宜昌市环境保护监测站在该村养殖废水江边三个排放口分别随机采样，监测结果表明，仍有多项指标超过《畜禽养殖业污染物排放标准》的标准值。

根据《环境保护法》（2015年）第10条，县级以上地方人民政府环境保护主管部门，对本行政区域环境保护工作实施统一监督管理。根据《畜禽规模养殖污染防治条例》第5条，县级以上人民政府环境保护主管部门负责畜禽养殖污染防治的统一监督管理。被告宜昌市点军区环境保护局对其辖区内环境保护及畜禽养殖污染防治负有监管职责。点军区艾家镇桥河村的生猪养殖户在污染防治配套设施未建设、未经验收或验收不合格的情况下，将养殖废水未经无害化处理直接排入长江，破坏了该地长江流段的生态环境，损害了国家和社会公共利益。被告作为环境监管部门，监管措施不到位，怠于履行监管职责，其行为违法。2016年6月，被告在收到原告宜昌市点军区人民检察院点检行公建（2016）1号检察建议书后，在点军区

---

① 湖北省宜昌市点军区人民法院（2017）鄂0504行初1号行政判决书.

政府领导下积极开展工作，尽管目前艾家镇桥河村生猪养殖场（户）大部分已停止生产，但由于生猪养殖场（户）多年违法排放养殖废水形成的沟渠残留污染物仍然存在，沿江三个排放口的水质尚未达到国家规定的排放标准，环境污染问题尚未得到彻底治理，故被告应继续履行监管职责。湖北省宜昌市点军区人民法院判决确认被告怠于履行监管职责违法，并责令被告依法履行监管职责。

【典型案例 3】

胡某诉衢州市环境保护局不履行环保行政管理法定职责案①

原告胡某居住于衢州市柯城区某小区 12 幢 103 室，个体户严某某于 2016 年 1 月租用某安路 126 号经营火锅店，厨房设置在与原告隔墙相邻位置。2016 年 4 月，原告向柯城区信访局提交“要求停止某火锅店营业的申请”，以火锅店营业前没有做过环评报告书，位置也没有被列入市餐饮规划为由，要求政府相关单位根据《浙江省餐饮油烟管理暂行办法》停止其经营。

被告衢州市环境保护局下属的柯城区分局收到原告来信后，于同年 6 月 5 日，作出柯环信访答字（2016）28 号《关于胡某信访事项答复意见书》，告知原告其所反映的问题属于社会生活噪声、城市饮食服务业超标排污行业。根据《衢州综合行政执法实施办法》规定，属于综合执法局依法行使职责范围，请原告向综合执法局反映。被告同时将原告的信访件转于衢州综合执法局。在衢州综合执法局柯城区分局的责令下，某火锅店安装了油烟净化器，更换了破损烟道。被告下属柯城区分局向原告作出柯执信访答字（2016）12 号答复意见书。2016 年 12 月 12 日，原告向衢州市柯城区信访局提交《要求衢州环保局督促柯城区环保分局履行环评审批行政职能的申请》，仍以火锅店营业前没有做过环评报告书、位置没有被列入市餐饮规划为由，要求依据《浙江省餐饮油烟管理暂行办法》及《浙江省第三批不纳入建设项目环境影响评价审批的目录》（2012 年到 2015 年）规定，请求

① 浙江省衢州市柯城区人民法院（2017）浙 0802 行初 79 号行政判决书.

被告对未经审批已经营业10个月的某火锅店进行环评审批，并因不执行上级文件规定对原告因餐饮油烟、噪声影响患上高血压、高血脂（2013年、2015年因高血脂住院）带来的人身及财产损失进行行政赔偿。

法院经审理认为本案所涉的火锅店，属《建设项目环境影响评价分类管理名录》（2015年）中“V社会事业与服务业”第175项规定的填报环境影响登记表的对象，不需要进行环境影响评价，仅需向被告申报备案。依据《环境影响评价法》（2003年）的规定，原告并非建设单位，故不具有申请要求被告履行环境评价职责的主体资格。在建设项目环境评价工作中，环境保护主管部门应建设单位的申报而进行审批或备案，被告不能依职权主动启动。且原告提起的对其人身及财产损失进行赔偿的诉求属民事侵权范围，不属行政行为侵权范围，不在法院行政案件受理范围。

浙江省衢州市柯城区人民法院依照《行政诉讼法》（2014年）第69条之规定，判决驳回原告的诉讼请求。

【案例点评】

上述三个案例均为环境行政机关执法权典型案例。

案例1是环境行政执法机关依照法律规定正确行使环境行政执法权的典型案例。本案中江苏省某市工业园区环境保护局作为环境行政机关，是法律法规规定的具有执法权的环境行政机关，因而具有执法资格。环境行政执法主体的执法依据是法律法规。行政相对人的内部管理规定是公司的内部规范，不具有对抗环境行政机关执法权的效力。

案例2是环境行政执法机关未依照法律规定正确行使执法权，被检察机关依法提起环境行政公益诉讼的典型案例。环境行政执法机关是法定的行使环境行政执法权的机关，消极执法属于违反环境行政执法权的表现。检察机关行使法律赋予的监督权督促环境行政执法机关正确行使执法权。本案中宜昌市点军区人民检察院依法对被告发出检察建议，督促被告依法履行职权。需要说明的是，按照《水污染防治法》第56条第3款的规定，“畜禽散养密集区所在地县、乡级人民政府应当组织对畜禽粪便污水进行分户收集、集中处理利用”。因此，畜禽散养密集区所在地县、乡级人民政府对畜禽散养密集区的畜禽养殖污染负有治理责任，不应增加散养户的负担。

案例 3 是环境行政执法机关在其职权范围内执法的典型案例。环境行政机关的执法权由法律、法规或者授权范围限定。本案中原告诉讼请求的事项并非被告的法定职权，因此法院并未支持原告的诉讼请求。

通过上述典型案例可知环境行政执法机关的执法权的特征：第一，环境行政执法机关执法权的来源是法律法规或行政机关的授权；第二，环境行政执法机关的执法范围由法律法规规定；第三，环境行政执法机关应当依法、正确行使执法权，检察机关有权对环境行政执法机关的消极执法行为进行监督。

案例 1 编号：ZF/2014/003

案例 2 编号：ZF/2017/006

案例 3 编号：ZF/2017/007

案例编辑人：梁晓敏

3.2　环境行政执法主体的类型

3.2.1　地方人民政府

【知识点解析】

我国《宪法》第 26 条第 1 款规定："国家保护和改善生活环境和生态环境，防治污染和其他公害。"国家具有生态（环境）保护的职能。2018 年《宪法》修正，在序言中增加了"生态文明"相关内容，同时在第 89 条增加了国务院"领导和管理……生态文明建设"的职能。

全国地方各级人民政府都是国务院统一领导下的国家行政机关。《地方各级人民代表大会和地方各级人民政府组织法》第 59 条第 5 项规定地方人民政府的职权包括"管理本行政区域内的……环境和资源保护……等行政工作"。因此，生态（环境）的保护和管理工作是地方人民政府的职能。

【典型案例1】

某市某镇水口养殖场诉某市某镇人民政府行政行为违法案[①]

某市某镇新园村村民罗某某于2003年10月在某市某镇新园村水口组和沔江村中咀组集体土地上自建牲猪养殖场——水口养殖场，2017年4月24日某市国土资源局某国土所向某镇政府汇报原告某市某镇水口养殖场非法占地情况，2017年5月3日，原告环境污染问题受到某市公安局公安行政处罚和某市环境保护局行政处罚，之后，原告在被告某市某镇人民政府督促下将养殖场的牲猪予以转移处理。2017年5月12日，某市国土资源局作出浏国土资罚字（2017）241号《行政处罚决定书》，对原告经营者罗某某作出限期自行拆除在非法占用的土地上新建的建筑物和其他设施，恢复土地原状并处罚款的行政处罚，但罗某某一直未履行行政处罚决定所确定的义务。2017年11月15日，罗某某与张某某及某镇政府经协商达成一致意见，三方共同签订房屋拆除协议，2017年11月16日，张某某按照协议约定拆除了水口养殖场。2018年3月12日，原告向法院起诉，要求确认被告行政行为违法。一审法院判决驳回原告的诉讼请求，原告表示不服，提起上诉，要求撤回一审判决。

根据《环境保护法》（2015年）第60条，“企业事业单位和其他生产经营者超过污染物排放标准或者超过重点污染物排放总量控制指标排放污染物的，县级以上人民政府环境保护主管部门可以责令其采取限制生产、停产整治等措施；情节严重的，报经有批准权的人民政府批准，责令停业、关闭”。某市国土资源局曾向某镇政府汇报，水口养殖场项目选址不符合某市某镇（2006—2020年）土地利用总体规划，因此，水口养殖场从建成至今，违法占地行为处于延续状态。某镇政府基于处罚决定和某市国土资源局的汇报，于2017年11月14日组织工作人员对水口养殖场的违法占地行为进行了制止。关于制止的法定方式法律并没有明确规定，但应达到足以阻止违法行为继续存在的目的。水口养殖场违法占地的主要表现形式为，

① 湖南省长沙市中级人民法院（2018）湘01行终426号行政判决书.

违法建筑对林地的侵占。某镇政府对部分违章建筑实施拆除符合制止违法行为继续存在的要求，并无不当。

湖南省长沙市中级人民法院二审判决驳回上诉，维持原判。

【典型案例2】

某市某区某石材厂诉某市某区黄石镇人民政府行政强制违法案[①]

2007年8月15日，某市某区环境保护局对原告某市某区某石材厂提交的《福建省建设项目环境影响报告表》作出审批（审查）意见，同意某区某石材厂办理环境影响评价审批手续。2017年3月22日，某市某区人民政府作出荔政办〔2017〕32号通知，明确至2017年6月30日前某区内所有石材加工企业全部拆除关闭，原告企业也被列入该整治范围。同时某区四大行业污染整治工作领导小组办公室也发出《某区四大行业污染整治通告》《责令暂停生产告知单》，要求四大行业企业在6月30日前拆除关闭。2017年12月19日，被告某市某区黄石镇人民政府强制拆除了原告的厂房等设施。原告不服，提起行政诉讼，请求确认该强制拆除的行政行为违法。一审法院判决确认被告强制拆除原告厂房等设施的行为违法。被告表示不服，遂提起上诉。

根据《城乡规划法》（2015年）第41条第1款的规定，“在乡、村庄规划区内进行乡镇企业、乡村公共设施和公益事业建设的，建设单位或者个人应当向乡、镇人民政府提出申请，由乡、镇人民政府报城市、县人民政府城乡规划主管部门核发乡村建设规划许可证”。根据《城乡规划法》（2015年）第65条的规定，“在乡、村庄规划区内未依法取得乡村建设规划许可证或者未按照乡村建设规划许可证的规定进行建设的，由乡、镇人民政府责令停止建设、限期改正；逾期不改正的，可以拆除”。因此，被告作为乡镇级人民政府，对其辖区的乡、村庄规划区内发生的违反城乡规划管理的建设行为具有作出行政处罚并予以强制执行的职权，是适格的被告。

根据《行政强制法》第35条的规定，“行政机关作出强制执行决定前，

① 福建省莆田市中级人民法院（2018）闽03行终289号行政判决书.

应当事先催告当事人履行义务。催告应当以书面形式作出，并载明下列事项：……（四）当事人依法享有的陈述权和申辩权”。根据《行政强制法》（2012年）第37条的规定，“经催告，当事人逾期仍不履行行政决定，且无正当理由的，行政机关可以作出强制执行决定”。根据《行政强制法》（2012年）第44条的规定，“对违法的建筑物、构筑物、设施等需要强制拆除的，应当由行政机关予以公告，限期当事人自行拆除。当事人在法定期限内不申请行政复议或者提起行政诉讼，又不拆除的，行政机关可以依法强制拆除”。本案中，被告在未作出强制性执行决定，也未履行公告、告知当事人陈述、申辩权及救济途径等程序的情况下，实施了强制拆除原告的建筑物、构筑物，该拆除的行政行为程序不合法。

福建省某市中级人民法院二审判决驳回上诉，维持原判。

【案例点评】

上述两个案例均为地方人民政府作为环境行政法律关系主体被提起相关诉讼的典型案例。

案例1中，因原告违反土地总体利用规划进行违法建设，地方人民政府作为协商一方与原告签订养殖场拆除协议，以停止因养殖场生产过程中造成的生态（环境）污染与损害。案例2中，地方人民政府因原告违反城乡规划管理，并未在指定期限内自行拆除，通过强制拆除行为恢复受到损害的法益。

《环境保护法》（2015年）第13条规定：“县级以上人民政府应当将环境保护工作纳入国民经济和社会发展规划。”地方人民政府进行行政管理工作必须遵守土地总体利用规划和城乡规划。生态（环境）保护和管理工作也与前述两项规划同步，因此，对于生态（环境）保护和管理工作中出现违反两项规划的违法行为，地方人民政府具有环境行政执法主体资格。

案例1编号：ZF/2018/003

案例2编号：ZF/2018/004

案例编辑人：梁晓敏

【典型案例3】

周某等诉某市某区人民政府不履行关停决定法定职责案[①]

上诉人诉称：2014年6月22日江苏省某市某区某村发生上诉人（一审原告）周某等16人中毒事件后，某区环保局在执法检查中发现：(1)某化工经营部未办理环境影响评价文件报批手续，擅自从事重油、沥青搅拌项目，造成严重环境污染。某区环保局责令某化工经营部限期补办环评手续，并责令停止生产。但某化工经营部拒绝补办环评手续，并暗中从事生产。(2)某建材厂未办理环境影响评价文件报批手续，也未建设配套的污染防治措施，擅自从事油毡生产，造成严重环境污染。在某区环保局的要求下，某建材厂虽然补办了环评手续，但是环评报告表存在诸多问题。并且某建材厂的油毡生产按照国家经贸委1999年第6号令《淘汰落后生产能力、工艺和产品的目录》（第一批）及《产业结构调整指导目录》（2005年）等文件的规定，属于落后的生产工艺设备，应当予以责令停产停业或关闭的行政处罚。(3)某木业厂的地板加工项目未按照环评审批要求建设，并擅自增加燃煤锅炉一台，相配套的环保设施未经过验收，某木业厂应为该违法行为承担相应法律责任。对长期污染环境、没有配套环保设施的小企业、使用淘汰的生产工艺设备的企业进行关闭，是县级以上人民政府的法定职责。上诉人向被上诉人（一审被告）某市某区人民政府邮寄请求关闭涉案三家企业的履职申请书，但是至今没有任何答复。被上诉人严重行政不作为。为维护自身合法权益，故向法院提起诉讼，请求法院：(1)确认被上诉人不履行法定职责违法；(2)依法判令被上诉人履行法定职责；(3)依法判决被上诉人赔偿因长期不作为对上诉人造成的损失。

被上诉人辩称：(1)被上诉人在收到上诉人的申请书后，非常重视，已责令某区环保局、某区某镇人民政府积极采取措施，被上诉人已经积极履行其作为人民政府应当承担的环境保护的领导职责。依据《大气污染防治法》（2000年）与《环境保护法》（2015年）的相关规定，责令停业、关

① 江苏省高级人民法院（2016）苏行终1192号行政判决书．

闭之职责，人民政府只有在相关主管部门报请之后享有相应的批准权，该职权只是行政机关内部的审批职权，责令停业、关闭的具体行政行为是由环保部门作出而不是人民政府直接作出。(2) 被上诉人不存在行政不作为情形，上诉人要求行政赔偿没有法律依据。

一审法院认为：被上诉人只有对某区环保局报请的关停决定具有批准权，本身并不具有对外发出效力的关停决定的法定职责。被上诉人接到履职申请书后，将履职申请书移交某区环保局、某区某镇人民政府处理，并无不当。二审法院经过审理后认为：被上诉人作为县一级人民政府，只有在某区环境保护主管部门提出责令停业、关闭污染企业的申请时，才能作出审批的决定。该审批决定向环保局下达，并由环保局作出责令企业停业、关闭的决定。被上诉人并没有直接作出责令严重污染企业停业、关闭的法定职责。因而，二审维持原判，驳回上诉人诉讼请求。

【案例点评】

本案是地方政府被认为未履行法定职责被提起诉讼的典型案例。

管理本行政区域内的生态（环境）工作是地方政府的行政职责之一。本案中上诉人（一审原告）因认为地方人民政府未正确履行职权而提起环境行政诉讼。依据《环境保护法》第 60 条“企业事业单位和其他生产经营者超过污染物排放标准或者超过重点污染物排放总量控制指标排放污染物的，县级以上人民政府环境保护主管部门可以责令其采取限制生产、停产整治等措施；情节严重的，报经有批准权的人民政府批准，责令停业、关闭”的规定，审理本案的法院认为，某区政府并没有直接作出责令严重污染企业停业、关闭的法定职责。地方人民政府仅具有责令限产停产的审批权，环境行政保护主管部门是具体的限产停产执行部门。因而，本案中一审法院与二审法院均未支持上诉人的诉讼请求。

需要说明的是，《环境保护部办公厅关于〈大气污染防治法〉第九十九条有关适用问题意见的复函》（环办政法函〔2016〕2336 号）建议将责令停业、关闭的实施主体解释为“有批准权的人民政府”。在作出解释时，遵循以下基本原则：一是符合立法原意。我们认为，在立法过程中采用“报经有批准权的人民政府批准”的表述，就是希望将责令停业、关闭的权限交由政府行使。二是具有现实可操作性。将责令停业、关闭的实施主体解释为环保部门，难以保证必要的法律实施效果。实践中，地方环保部门将会因为顾忌企业停业、关闭可能带来的员工安置、社会稳定等因素，以及行政诉讼的压力，放弃作出责令停业、关闭的决定。三是有利于环境监管执法。将责令停业、关闭的实施主体解释为“有批准权的人民政府”，更有利于地方政府落实环境保护责任，有利于加强环境监管执法的实际效果。四是尊重地方的实际做法。目前，多数地方采用了由政府作出责令停业、关闭决定的做法。从地方的行政立法来看，如四川省委办公厅、四川省政府办公厅 2016 年印发的《四川省党政领导干部生态环境损害责任追究实施细则（试行）》，明确规定“责令停业、关闭”的决定由有批准权的政府直接作出。

案例编号：ZF/2016/004

案例编辑人：梁晓敏

3.2.2 生态环境主管部门

【知识点解析】

《环境保护法》（2015 年）第 10 条第 1 款规定：“国务院环境保护主管部门，对全国环境保护工作实施统一监督管理；县级以上地方人民政府环境保护主管部门，对本行政区域环境保护工作实施统一监督管理。”生态环境部和地方各级生态环境主管部门共同组成了我国生态环境主管部门体系，代表国家具体行使生态（环境）监督和管理工作。

【典型案例】

秦某诉某市某区环境保护局不服行政处罚案[①]

2018 年 3 月 22 日，被告某市某区环保局的环境监察人员在对原告秦某经营的某市某区某洗水厂进行现场检查时，以无污水处理设施、未提供检

① 湖北省某市某区人民法院（2018）鄂 0116 行初 57 号行政判决书.

测报告、未落实环保“三同时”制度予以立案调查。2018年4月27日，被告向原告下达陂环改字［2018］10号《责令改正违法行为决定书》，记载环境违法事实为：“发现你个人建设项目需要配套建设的环境保护设施未建成、未经验收或者验收不合格，建设项目即投入生产或者使用，使用的法律依据为违反了《建设项目环境保护管理条例》第15条的规定。”而原告收到的是落款为2018年4月10日的陂环改字［2018］10号《责令改正违法行为决定书》，记载环境违法事实为：“发现你个人未按照规定进行预处理，向污水集中处理设施排放不符合处理工艺要求的工业废水，使用的法律依据为违反了《水污染防治法》第45条第3款的规定。”2018年5月10日，被告向原告作出并送达陂环罚［2018］10号《行政处罚事先告知书和听证告知书》；2018年5月10日，原告申请举行听证；2018年6月12日，该案件在区环保局公开举行听证；2018年7月11日区环保局作出并送达陂环罚字［2018］41号《行政处罚决定书》，记载环境违法事实为：“发现你个人建设项目需要配套建设的环境保护设施未建成、未经验收或者验收不合格，建设项目即投入生产或者使用，使用的法律依据为违反了《建设项目环境保护管理条例》第15条的规定”。原告不服该行政处罚决定，向法院提起诉讼。

《环境行政处罚办法》第11条规定：“环境保护主管部门实施行政处罚时，应当及时作出责令当事人改正或者限期改正违法行为的行政命令。”可知，责令当事人改正或者限期改正，是环境行政处罚中必不可少的程序。本案中，被告作出的陂环罚字［2018］41号《行政处罚决定书》认定的事实和处罚依据与送达给原告的陂环改［2018］10号《责令改正违法行为决定书》均不一致，即依据［2018］41号《行政处罚决定书》认定的事实相对应的责令改正违法行为决定书并没有送达给原告，属程序违法，故原告诉请撤销陂环罚字［2018］41号行政处罚决定的诉讼请求，法院予以支持。

湖北省某市某区人民法院判决撤销陂环罚字［2018］41号行政处罚决定。

【案例点评】

本案是生态环境主管部门作为被告被提起环境行政诉讼的典型案例。

生态环境主管部门进行环境行政执法活动需要具备执法主体资格，同时在执法活动中需要遵循一定的程序规定，以保障行政相对人的程序权利。本案中，被告作出的行政处罚决定书认定的事实和处罚依据与送达给原告的责令改正违法行为决定书均不一致，即依据处罚决定书认定的事实相对应的责令改正违法行为决定书并没有送达给原告，属程序违法。

案例编号：ZF/2018/005

案例编辑人：梁晓敏

3.2.3 其他负有生态环境保护监督管理职责的部门

【知识点解析】

《环境保护法》第 10 条第 2 款规定，县级以上人民政府有关部门和军队环境保护主管部门，依照有关法律的规定对资源保护和污染防治等环境保护工作实施监督管理。根据《环境保护法》第 2 条的规定，环境是指影响人类生存和发展的各种天然的和经过人工改造的自然因素的总体，包括大气、水、海洋、土地、矿藏、森林、草原、湿地、野生生物、自然遗迹、人文遗迹、自然保护区、风景名胜区、城市和乡村等。所以，负责环境保护工作的部门也比较多，既包括负责环境污染防治的部门，也包括负责各类资源保护等的部门。这些部门除了要履行《环境保护法》规定的职责外，还要依据其他有关法律的规定，如《海洋环境保护法》《渔业法》《森林法》《草原法》《农业法》《野生动物保护法》《水法》《土地管理法》《循环经济促进法》《节约能源法》《清洁生产促进法》《矿产资源法》《水土保持法》《防沙治沙法》等，履行对资源和生态保护，以及环境污染防治的管理职责。

【典型案例1】

余某诉某市国土资源局某分局及某市国土资源局不服行政判决案①

原告余某于2004年7月2日竞得某区某矿区建筑用花岗闪长岩矿，并签订采矿权挂牌成交确认书。2004年7月6日，原告与某市国土资源局某分局（以下简称“某国土分局”）签订采矿权出让合同。2017年3月20日，某国土分局作出莆秀国土资矿决字［2017］7号《征缴矿山生态环境恢复治理保证金决定书》（以下简称《决定书》），向余某征缴矿山生态环境恢复治理保证金283 448元。余某不服该决定，向某市国土资源局（以下简称“市国土局”）申请复议。2017年6月30日，市国土局作出莆国土资复决［2017］3号《行政复议决定书》，维持某国土分局作出《决定书》的具体行政行为。余某不服《决定书》及《行政复议决定书》，提起诉讼。一审法院判决驳回原告余某的诉讼请求，原告不服，遂提起上诉。

根据《福建省矿山生态环境恢复治理保证金管理办法（试行）》第2条、第3条及第10条的规定，采矿权人有缴纳矿山生态环境恢复治理保证金的法定义务，故作为获经许可的采矿权人，上诉人余某系本案的适格缴纳人。因上诉人余某对采矿许可期限内应缴纳的矿山生态环境恢复治理保证金未予缴纳，被上诉人某国土分局依据上述试行办法作出莆秀国土资矿决字［2017］7号征缴决定，责令上诉人余某缴纳矿山生态环境恢复治理保证金并无不当，属督促其履行法定义务的履职行为。被上诉人市国土局作出维持该征缴保证金决定的复议决定是正确的。

福建省某市中级人民法院二审判决驳回上诉，维持原判。

【典型案例2】

周某诉某市林业水利局不服行政处罚案②

原告周某于2017年4月在未经县级以上人民政府林业主管部门审核同意的情况下，擅自在某村宋沟北山上平整场地，开垦林地面积289平方米。

① 福建省某市中级人民法院（2018）闽03行终95号行政判决书.

② 辽宁省大连市中级人民法院（2018）辽02行终120号行政判决书.

被告某市林业水利局于2017年6月4日作出了瓦林罚决字［2017］第15号林业行政处罚决定，责令原告停止违法行为，并要求其在收到林业行政处罚决定书之日起3个月内恢复林地原状，同时罚款人民币1 445元。原告不服被告作出的行政处罚提起诉讼，诉称其所平整地块不是林地，而是荒草地，被告作出被诉行政行为严重违法，没有事实和法律依据，一审法院判决驳回原告周某的诉讼请求。原告遂提起上诉，请求撤销原审判决，发回重审或者改判撤销被诉处罚决定。

根据《森林法》（2009年）第10条的规定，“国务院林业主管部门主管全国林业工作。县级以上地方人民政府林业主管部门，主管本地区的林业工作。乡级人民政府设专职或者兼职人员负责林业工作”。《森林法实施条例》（2016年）第41条第2款规定，“违反森林法和本条例规定，擅自开垦林地，致使森林、林木受到毁坏的，依照森林法第四十四条的规定予以处罚；对森林、林木未造成毁坏或者被开垦的林地上没有森林、林木的，由县级以上人民政府林业主管部门责令停止违法行为，限期恢复原状，可以处非法开垦林地每平方米10元以下的罚款”。据此，被告依法具有对非法开垦林地的行为作出行政处罚的职权。本案中，根据勘测，可以认定某市某村宋沟北山的林地289平方米因堆放鸡粪被平整的事实以及上诉人周某实施了擅自开垦林地的违法行为，被上诉人某市林业水利局作出的被诉处罚决定，事实清楚，适用法律正确，量罚适当，程序合法，并无不妥。

辽宁省大连市中级人民法院二审判决驳回上诉，维持原判。

【典型案例3】

重庆某建材有限公司诉某县水务局等不服行政命令案[①]

原告重庆某建材有限公司，系重庆市某县人民政府于2012年7月招商引进，在某县某镇某村某组建设了预拌商品混凝土集中搅拌站及配套下河道等，原告搅拌站选址高程在177米以上，项目建设之初就已依法取得某县人民政府立项批复，随后由某县规划局、城乡建设委员会、国土资源和房

① 重庆市涪陵区人民法院（2017）渝0102行初130号行政判决书。

屋管理局、环境保护局以及长江重庆航道局等相关行政部门审批。2016年12月30日，被告某县水务局作出某水理字［2016］3号《行政处理决定书》，责令原告于2017年2月15日前向某县水务局报送该工程建设方案及洪水影响评价报告，补办审查批准手续，未告知复议权和起诉权。原告不服，2017年4月10日向被告重庆市水利局申请行政复议，被告重庆市水利局于2017年4月12日受理。2017年6月9日被告重庆市水利局以案情复杂为由，决定延期30日。2017年7月3日作出渝水复［2017］4号《行政复议决定书》，予以维持，2017年7月6日向原告和被告某县水务局送达。

根据《重庆市河道管理条例》（2015年）第5条第2款的规定，区县（自治县）水行政主管部门负责本行政区域内河道的统一管理工作。被告某县水务局作为县级水行政部门，具有对本行政区域河道管理范围实施监督管理的职权。但被告作出的《行政处理决定书》未明确认定某县河道管理的具体范围及原告所建涉河工程的具体修建时间、吴淞高程、建筑面积等。被告某县水务局在答辩中提出某县河道管理范围是吴淞高程182米以下，但其提供的《长江三峡工程水库淹没处理及移民安置规划大纲》1.3.2中“某地以下为182米”，明确指的是长江某以下搬迁建设高程为182米，并非长江某历史最高洪水位或设计洪水位为182米，也非长江水利委员会与重庆市政府商定的三峡水库管理范围。因此被告某县水务局认定原告在长江某县高家镇段河道管理范围内修建预拌商品混凝土集中搅拌站和简易汽车下河道，事实不清、证据不足，依法应予撤销。

重庆市涪陵区人民法院判决撤销被告某县水务局作出的某水理字［2016］3号《行政处理决定书》及被告重庆市水利局2017年7月3日作出的渝水复［2017］4号《行政复议决定书》。

【典型案例4】

陈某诉某县畜牧兽医渔业局不服环境管理罚款处罚案[①]

2010年，原告陈某在未取得养殖证的情况下，在向阳水库库区内建造

① 广东省某县人民法院（2015）云郁法行初字第28号行政判决书.

网箱，进行渔类养殖生产，至2013年时，原告在向阳水库库区内投入建造养殖网箱13个。2013年1月16日，广东省某县人民政府发出郁府［2013］3号《关于整治我县中型水库网箱养殖的通知》，认为近年来水库网箱养殖无序过度发展，养殖过程中大量投放饲料、药物等导致水库污染严重，水质不断恶化。2013年5月20日，被告某县畜牧兽医渔业局向原告发出《限期拆除网箱养殖设施通知书》，敦促其于2013年6月3日前自行拆除网箱养殖设施。2013年9月2日，被告向原告发出粤郁牧渔告［2013］43号《行政处罚事先告知书》，原告在法定的期限内没有向被告提出申辩。限期拆除期限届满，经执法人员宣传教育，原告仍没有自行拆除网箱养殖设施。被告分别于2013年10月7日、2013年11月18日、2014年5月19日组织执法人员拆除陈某在向阳水库网箱7个。原告尚有6个网箱未拆除，其仍使用未拆除网箱养殖设施进行养殖。2015年5月12日，原告向法院提起行政诉讼。

《渔业法》(2009年)第6条第1款规定，“……县级以上地方人民政府渔业行政主管部门主管本行政区域内的渔业工作”；第7条第3款规定，“江河、湖泊等水域的渔业，按照行政区划由有关县级以上人民政府渔业行政主管部门监督管理”；第48条规定，“本法规定的行政处罚，由县级以上人民政府渔业行政主管部门或者其所属的渔政监督管理机构决定。但是，本法已对处罚机关作出规定的除外”。根据上述规定，某渔业局有权对某县辖区内的渔业养殖行为进行监督管理，以及对于违反法律规定进行养殖的行为进行处罚。根据《行政强制法》(2012年)第35条的规定，“行政机关作出强制执行决定前，应当事先催告当事人履行义务。催告应当以书面形式作出，并载明下列事项：（一）履行义务的期限；（二）履行义务的方式；（三）涉及金钱给付的，应当有明确的金额和给付方式；（四）当事人依法享有陈述权和申辩权”。在本案中，被告虽在强制拆除前曾对原告进行过催告，但并未提供证据证明其在行政处罚作出后，曾依照上述法律规定对陈某进行书面催告。因此，被告的行政行为不符合法律规定。

广东省某县人民法院判决确认被告某县畜牧兽医渔业局强制拆除原告陈某网箱养殖设施的行为违法。

【案例点评】

上述四个案例均为其他负有生态环境保护监督管理职责的部门作为环境行政执法主体的典型案例。

案例 1 中，国土资源局作为适格主体要求行为人依法缴纳矿山生态环境恢复治理保证金；案例 2 中，林业局对行为人非法开采林地的行为进行处罚。在前述两案中，国土资源局和林业局均系在其职权范围内对因违法而造成生态（环境）损害的行为进行处罚。

案例 3 中，水务局依法具有执法权，但是存在案件事实不清、证据不足的情况；案例 4 中，畜牧兽医渔业局依法具有执法权，但是未依法进行催告，存在程序违法。

其他负有生态环境保护监督管理职能的部门进行环境行政执法，除需具有法律、法规或者行政机关委托而获取的执法权外，还应当满足程序上的合法性要求。

案件 1 编号：ZF/2018/006
案例 2 编号：ZF/2018/007
案例 3 编号：ZF/2017/008
案例 4 编号：ZF/2015/002
案件编辑人：梁晓敏

3.2.4　集中环境行政处罚权的机关

【知识点解析】

《行政处罚法》第 18 条第 2 款与第 3 款规定："国务院或者省、自治区、直辖市人民政府可以决定一个行政机关行使有关行政机关的行政处罚权。限制人身自由的行政处罚权只能由公安机关和法律规定的其他机关行使。"为贯彻《国务院关于进一步推进相对集中行政处罚权工作的决定》（国发〔2002〕17 号）规定的环境保护相对集中行政处罚权的范围为城市管理领域中"环境保护管理方面法律、法规、规章规定的部分行政处罚权"，结合环境保护工作的实际情况，经商原国务院法制办同意，原国家环保总局发布了《关于相对集中部分环境保护行政处罚权工作有关问题的通知》（环发〔2003〕5号），实行城市管理中相对集中部分环境保护行政处罚权工作。

2018年中共中央办公厅、国务院办公厅印发《关于深化生态环境保护综合行政执法改革的指导意见》（中办发〔2018〕64号），要有效整合生态环境保护领域执法职责，以解决多头多层重复执法，跨部门整合执法权。[①]

【典型案例】

余某某诉某市综合行政执法局行政处罚及行政赔偿案[②]

2017年10月13日下午，原告余某某在某市某镇某村露天焚烧秸秆。同日，被告某市综合行政执法局进行立案、调查。同年10月31日，被告向原告留置送达行政处罚事先告知书，告知拟处罚事项及有权在收到该告知书后3日内提出陈述、申辩等事项。同年11月8日，被告作出江综行（罚）决字［2017］1028号《行政处罚决定书》，认定原告露天焚烧秸秆的行为违反《浙江省大气污染防治条例》（2016年）第46条第1款规定，根据《浙江省大气污染防治条例》（2016年）第64条的规定，决定对原告作出“责令改正，并处罚款人民币伍佰元整”的处罚。次日，被告将该决定书向原告留置送达。原告提起行政诉讼，请求撤销行政处罚决定书，一审法院判决驳回其诉讼请求。原告不服，遂提起上诉。

根据《浙江省大气污染防治条例》（2016年）第46条第1款的规定，“本省行政区域内禁止露天焚烧沥青、油毡、橡胶、塑料、皮革、垃圾以及其他产生有毒有害烟尘和恶臭气体的物质，禁止露天焚烧秸秆、落叶等产生烟尘污染的物质”。根据《浙江省大气污染防治条例》（2016年）第64条的规定，“违反本条例第四十六条第一款规定，露天焚烧沥青、油毡、橡胶、塑料、皮革、垃圾以及其他产生有毒有害烟尘和恶臭气体的物质的，由县级以上人民政府确定的监督管理部门或者城市管理行政执法部门责令改正，对单位处一万元以上十万元以下的罚款，对个人处五百元以上二千

① 生态环境部行政体制与人事司．生态环境保护综合执法的职责调整．（2019-03-14）［2019-06-28］．http://env.people.com.cn/n1/2019/0314/c1010-30976641.html.

② 浙江省某市中级人民法院（2018）浙08行终57号行政判决书．

元以下的罚款”。根据《大气污染防治法》（2016年）第119条第1款的规定，“违反本法规定，在人口集中地区对树木、花草喷洒剧毒、高毒农药，或者露天焚烧秸秆、落叶等产生烟尘污染的物质的，由县级以上地方人民政府确定的监督管理部门责令改正，并可以处五百元以上二千元以下的罚款”。本案中，原告余某某露天焚烧秸秆的事实清楚，被告对其作出责令改正并处罚款500元的处罚，符合上述规定。

上诉人（一审原告）主张被上诉人（一审被告）及某村村民委员会未将某市禁烧秸秆告知书的内容传达到位，故其对禁止露天焚烧秸秆的规定并不知情，不应予以处罚。但一方面，被诉行政处罚作出的依据并非某市禁烧秸秆告知书，该告知书的内容是否传达到位不是本案审查内容；另一方面，上述法律规定依法对外公开，上诉人以不知法为由主张对其违反法律规定的行为不应予以处罚，理由显然不能成立。上诉人关于其在田间焚烧稻草的行为属于一般错误，并未违法的主张，与前述相关法律规定不符，法院不予采纳。

浙江省某市中级人民法院二审判决驳回上诉，维持原判。

【案例点评】

本案是城市综合行政执法局作为执法主体被提起行政诉讼的典型案例。

本案中某市综合行政执法局是立案调查主体，依照法定程序对违法者进行环境行政处罚。综合行政执法局依法进行处罚，实体和程序正当，属于正确行使执法权。

案例编号：ZF/2018/008

案例编辑人：梁晓敏

3.3　环境行政相对人

3.3.1　环境行政相对人概述

【知识点解析】

环境行政相对人，是指环境行政法律关系中与环境行政主体相对应的另一方当事人，即环境行政执法主体的行政执法行为影响其权益的个人或单位等。环境行政相对人是环境行政法律关系中的一方主体。

对环境行政相对人可以从不同的角度进行不同的分类。

第一，按环境行政行为所针对的对象不同，可分为抽象环境行政行为相对人和具体环境行政行为相对人。如在行政复议中对抽象环境行政行为提出复议的当事人即为抽象环境行政行为行政相对人。抽象环境行政行为行政相对人最大的特点，就在于数量上的不特定性，如行政立法活动面对的是不特定的多数人。具体环境行政行为相对人是具体环境行政行为中与环境行政执法主体相对应的一方，也是通常意义上的行政相对人。

第二，从法律后果角度，可分为受益性环境行政相对人和受限性环境行政相对人。受益性环境行政相对人是指环境行政执法主体对之授予权益或减免义务的个人或组织等，如环境行政许可的相对人。受限性环境行政相对人是指被环境行政执法主体剥夺、限制权利或科以义务的个人或单位等，如环境行政处罚的被处罚对象。

3.3.2 自然人

【知识点解析】

自然人，是指有生命存在的人类独立的个体。自然人的人格即资格，始于出生，终于死亡。自然人只有具备行政责任能力才可以作为环境行政相对人。一般来说，影响行政责任能力的因素主要有两个：当事人的行政责任年龄和当事人的精神状态。

1. 当事人的行政责任年龄

在行政法律领域，《行政处罚法》第 30 条规定："不满十四周岁的未成年人有违法行为的，不予行政处罚，责令监护人加以管教；已满十四周岁不满十八周岁的未成年人有违法行为的，应当从轻或者减轻行政处罚。"《治安管理处罚法》第 12 条规定："已满十四周岁不满十八周岁的人违反治安管理的，从轻或者减轻处罚；不满十四周岁的人违反治安管理的，不予处罚，但是应当责令其监护人严加管教。"根据上述立法精神，行政责任年龄可划分为完全不负行政责任年龄、相对负行政责任年龄与完全负行政责任年龄三个年龄阶段：第一，完全不负行政责任年龄。不满 14 周岁的人，其心智尚未成熟，还不具备辨认和控制自己行为的能力，因此法律规定，对不满 14 周岁的人所实施的危害社会的行为，一概不追究其行政责任。但应当注意，对于因不满 14 周岁不予行政处罚的实施了违法行为的人，应当责令监护人加以管教。第二，相对负行政责任年龄。已满 14 周岁不满 18 周岁的人，已经具备了一定的辨别是非和控制自己重大行为的能力，即对某些危害社会的行为具备一定的辨认和控制能力。但是，已满 14 周岁不满 18 周岁的人有违法行为的，从轻或者减轻行政处罚。第三，完全负行政责任年龄。已满 18 周岁的人，作为成年人其是非观念和法制观念的增长已经达到一定的程度，已经具备了辨认和控制自己行为的能力。凡年满 18 周岁的人有违法行为的，应当负行政责任。

2. 当事人的精神状态

一般情形下，达到行政责任年龄也就具备了行政能力，行政责任年龄与行政责任能力大体是一致的。但也有一部分人达到了行政责任年龄，因精神疾病的影响，丧失或部分丧失了辨认和控制自己行为的能力，这些人即不具备行政责任能力。对于无行政责任能力的人，依照法律规定，即使实施了环境行政违法行为，也不能追究其行政责任。如《行政处罚法》第 31 条规定："精神病人、智力残疾人在不能辨认或者不能控制自己行为时有违法行为的，不予行政处罚，但应当责令其监护人严加看管和治疗。间歇性精神病人在精神正常时有违法行为的，应当给予行政处罚。尚未完全丧失辨认或者控制自己行为能力的精神病人、智力残疾人有违法行为的，可以从轻或者减轻行政处罚。"《治安管理处罚法》第 13 条规定："精神病人在不能辨认或者不能控制自己行为的时候违反治安管理的，不予处罚，但是应当责令其监护人严加看管和治疗。间歇性的精神病人在精神正常的时候违反治安管理的，应当给予处罚。"

【典型案例】

王某某诉某县环境保护局及某县人民政府不服行政处理案[1]

2015年1月22日，原告王某某的养殖场新建项目“某县某山羊养殖场建设项目”获得被告某县环境保护局审批。该建设项目环境影响登记表载明该项目养殖方式为围栏养殖，养殖规模为牛30头、羊250只，占地面积600平方米。2016年9月，某镇某村部分村民向被告某县环境保护局递交书面诉求报告，反映某村出水洞引水灌溉工程水源受两家养牛、养羊大户放牧影响，对饮用水水源和水质造成污染，要求调查处理。被告某县环保局随即组织人员对某县某山羊养殖场进行检查，发现养殖场已投入生产和使用，养殖规模为牛30多头、羊300多只，养殖方式为圈养与放养。被告某县人民政府于2012年5月将出水洞划定为某镇集中式饮用水水源地保护区，原告放养牛羊的区域在出水洞集中式饮用水水源保护区一级保护区范围内。2016年12月2日，被告某县环保局委托县环境监测站，对某镇某村出水洞水质等进行监测及评价分析，发现污染指数超标，且某县某山羊养殖场未申请环保验收。被告某县环保局于2016年12月5日下达鹤环政字［2016］31号《责令改正违法行为决定书》命令：自接到本通知书之日起，立即停止生产。为此，原告不服鹤环政字［2016］31号《责令改正违法行为决定书》，经县人民政府行政复议维持后向法院提起诉讼。

根据《环境保护法》（2015年）第41条的规定，“建设项目中防治污染的设施，应当与主体工程同时设计、同时施工、同时投产使用。防治污染的设施应当符合经批准的环境影响评价文件的要求，不得擅自拆除或者闲置”。根据《建设项目环境保护管理条例》（1998年）第23条的规定，“建设项目需要配套建设的环境保护设施经验收合格，该建设项目方可正式投入生产或者使用”。根据《建设项目环境保护管理条例》（1998年）第28条的规定，“违反本条例规定，建设项目需要配套建设的环境保护设施未建成、未经验收或者经验收不合格，主体工程正式投入生产或者使用的，由

---

① 湖北省某县人民法院（2017）鄂2828行初9号行政判决书.

审批该建设项目环境影响报告书、环境影响报告表或者环境影响登记表的环境保护行政主管部门责令停止生产或者使用，可以处10万元以下的罚款”。原告王某某申请建设项目“某县某山羊养殖场建设项目”于2015年1月获得审批，但直至2016年12月5日被告某县环保局作出鹤环政字［2016］31号《责令改正违法行为决定书》，其需要配套的环境保护设施未申请验收，而其主体工程已投入生产和使用。被告自接到举报后，组织对某县某山羊养殖场进行检查，在此基础上作出的《责令改正违法行为决定书》，认定违法事实清楚。

湖北省某县人民法院一审判决驳回原告王某的诉讼请求。

【案例点评】

本案是自然人作为环境行政处罚相对人的典型案例。

本案例中，原告在进行养殖之前，对其行为进行了环境影响评价，并得到环境行政管理机关的许可。但是在养殖活动中超出原定许可范围，造成污染。后因原许可区域被划为饮用水水源一级保护区而对其作出停止生产处罚。本案中原告的身份是养殖场，从性质上来讲是个体工商户。依据行政处罚的原理，个体工商户的处罚主体属于自然人。自然人是具备行政责任能力的行政相对人，是适格的环境行政处罚相对人。

案例编号：ZF/2017/009

案例编辑人：梁晓敏

3.3.3 单位（包括法人或其他组织）

【知识点解析】

单位主要包括公司、企业、事业单位、机关、团体等。认定单位构成环境行政违法行为的关键成员（自然人）的行为须同时具备以下三个条件：第一，必须是单位的法定代表人、其他工作人员或者经授权的人员实施的行为；第二，上述人员的行为必须是以单位的名义并为单位的利益而实施的；第三，上述人员的行为必须是在其职务、业务或者授权的范围内实施。

在环境行政执法领域，单位是主要的环境行政相对人。

【典型案例】

沂水县某生猪定点屠宰场诉沂水县环境保护局不服行政处罚案[①]

2015年11月17日，被告沂水县环境保护局在现场监察执法中发现原告沂水县某生猪定点屠宰场存在未办理环评手续擅自建设生猪屠宰项目并投入生产的违法行为，遂展开立案调查。经调查核实，原告于2003年7月9日经沂水县工商局注册成立，虽然于2013年7月换发了临沂市人民政府颁发的小型生猪定点屠宰场点证，但其屠宰项目自建设、生产至今，尚未取得环境保护行政主管部门批准的环境影响评价文件，因此，被告作出沂水县环境保护局沂环罚字（2016）第4号行政处罚决定书，对原告处以立即停产并罚款人民币5万元的处罚。原告不服，在法定期限内向人民法院提起诉讼。

本案的争议焦点是：首先原告沂水县某生猪定点屠宰场早在《环境影响评价法》2003年实施前已经有关工商部门登记成立，是否适用该法的规定；其次原告作为一个小型生猪定点屠宰场点，在假设适用《环境影响评价法》的前提下，按照建设项目环境影响评价分类管理的原则，原告已依据《山东省生猪屠宰管理办法》的规定取得了生猪定点屠宰资格，其屠宰项目是否应试行环境影响评价承诺备案制而无须办理环境影响报告书或报告表等环评文件。根据《山东省实施〈中华人民共和国环境影响评价法〉办法》（2005年）第20条的规定，“在建设项目的设计、建设和试生产过程中，建设单位应当落实环境影响评价文件和环境保护行政主管部门的审批意见”。本案中，原告虽然在《环境影响评价法》实施前登记成立，但其屠宰项目在建设尤其是试生产环节中的生产行为一直持续至被查处时，其间并未取得环境保护行政主管部门批准的环境影响评价文件，而该《环境影响评价法》是于2003年9月1日起实施的，因而可以适用于该违法行为。此外，根据原环境保护部令第2号颁布的《建设项目环境影响评价分类管理

① 山东省莒南县人民法院（2016）鲁1327行初42号行政判决书.

名录》第98项的规定，屠宰项目的环评文件有两种形式：年屠宰10万头畜类（或100万只禽类）及以上的，环评文件应作报告书；其他应作报告表。山东省环境保护厅2015年11月19日《关于对部分建设项目环境影响评价试行承诺备案制的通知》（鲁环函〔2015〕863号）第1条适用范围规定，属于管理名目中登记表类的项目实行环境影响评价备案制。因此，原告的项目应当实行分类管理，应作报告表进行环境影响评价，不适用备案制。《山东省生猪屠宰管理办法》是全省屠宰行业内部管理的地方性法规，不论原告是否具备生猪定点屠宰资格，都不应影响《环境影响评价法》的适用和执行。

山东省莒南县人民法院一审判决驳回原告沂水县某生猪定点屠宰场的诉讼请求。

【案例点评】

本案是其他组织作为环境行政处罚相对人的典型案例。

本案中原告在历史上取得小型生猪屠宰场点证，但是一直未取得环评文件。在是否应当进行环评的问题上，存在地方性规范文件与上位法不一致情况时，应当适用哪一类规范是本案的争议焦点。依据上位法优先原则，应当以上位法为准。因此，作为环境行政相对人在为一定环境行为时应当选择适用符合法律位阶规则的规范文件。

案例编号：ZF/2016/005

案例编辑人：梁晓敏

第 4 章　环境行政处罚

4.1　环境行政处罚概述

【知识点解析】

环境行政处罚，是指生态环境主管部门或者其他行政主体，对违反环境法律、法规或者规章规定的单位或个人给予的行政法律制裁。环境行政处罚直接限制或者剥夺违法行为人的权利或者资格，是生态环境主管部门日常管理中实施频率很高的一种具体行政行为。环境行政处罚并非环境管理的目标，只是环境管理的手段之一，且非最佳手段。实施环境行政处罚时一定要正确处理环境管理目标与环境管理手段之间的关系。另外，在实施环境行政处罚时，既要注重责任追究，也要注重利益维护，当然也包括对违法行为人合法利益的维护。

《行政处罚法》第 9 条规定的行政处罚种类有：警告、通报批评；罚款、没收违法所得、没收非法财物；暂扣许可证件、降低资质等级、吊销许可证件；限制开展生产经营活动、责令停产停业、责令关闭、限制从业；行政拘留；法律、行政法规规定的其他行政处罚。《环境行政处罚办法》第 10 条规定的环境行政处罚种类有：警告；罚款；责令停产整顿；责令停产、停业、关闭；暂扣、吊销许可证或者其他具有许可性质的证件；没收违法所得、没收非法财物；行政拘留；法律、行政法规设定的其他行政处罚种类。《环境行政处罚办法》作为部门规章，无权设定行政处罚种类，只是对环境法律、行政法规中设定的行政处罚种类进行梳理。

环境行政处罚主要有以下几个方面的特征。

第一，环境行政处罚在性质上是一种以惩戒违法为目的的具有制裁性的具体行政行为。所谓的惩戒制裁性，主要体现在对行政相对人的权利或者资格的限制或者剥夺。这个特征使环境行政处罚区别于行政处分、行政命令、民事制裁或者刑事制裁等，也使其区别于环境行政主体实施的其他具体行政行为，如环境行政许可、环境行政审批、征收环境保护税等。

第二，环境行政处罚是一种要式法律行为。实施环境行政处罚，必须符合法律要求的特定形式，并严格按照法定程序方能成立、生效。如决定给予环境行政处罚的，应当制作行政处罚决定书，行政处罚决定书的内容也必须符合规定。如《环境行政处罚办法》第54条规定：“行政处罚决定书应当载明以下内容：（一）当事人的基本情况，包括当事人姓名或者名称、组织机构代码、营业执照号码、地址等；（二）违反法律、法规或者规章的事实和证据；（三）行政处罚的种类、依据和理由；（四）行政处罚的履行方式和期限；（五）不服行政处罚决定，申请行政复议或者提起行政诉讼的途径和期限；（六）作出行政处罚决定的环境保护主管部门名称和作出决定的日期，并且加盖作出行政处罚决定环境保护主管部门的印章。”

第三，环境行政处罚从环境行政执法主体的角度而言，是它的一项职权。只要法律法规给环境行政执法主体设定了行政处罚的职权，那么对环境行政违法行为实施行政处罚也就成为该主体的一项法定义务。从环境行政违法行为人的角度而言，环境行政处罚则是其承担环境行政法律责任的形式。从程序的角度而言，它又是追究环境行政违法行为人行政责任的一种途径和方式。

【典型案例】

某管道工程有限公司被责令停产整治案[①]

2018年5月11日，南漳县环境保护局检查发现襄阳市某管道工程有限

① 南漳县环境保护局行政处罚决定书.（2018-07-30）[2019-07-15]. http://www.hbnz.gov.cn/news/20180730/192789.html.

公司厂界噪声排放超标；2018 年 6 月 4 日，对该公司作出《南漳县环境保护局责令限制生产决定书》（南环限产决字［2018］06 号），责令该公司自 2018 年 6 月 5 日起至 2018 年 7 月 4 日止限制生产。改正方式包括：立即制定整改方案进行整改，确保厂界噪声达标排放，并按照技术规范进行监测。2018 年 7 月 5 日，对该公司进行现场调查，发现该公司厂界噪声排放仍然超标。其中：厂界东外 1 米 70.4 分贝、厂界南外 1 米 71.3 分贝、厂界西外 1 米 63.8 分贝，均超过国家规定的 55 分贝的排放标准。

依据《环境保护法》第 60 条“企业事业单位和其他生产经营者超过污染物排放标准或者超过重点污染物排放总量控制指标排放污染物的，县级以上人民政府环境保护主管部门可以责令其采取限制生产、停产整治等措施；情节严重的，报经有批准权的人民政府批准，责令停业、关闭”及《限制生产、停产整治办法》第 6 条第 4 项“排污者有下列情形之一的，环境保护主管部门可以责令其采取停产整治措施：……（四）被责令限制生产后仍然超过污染物排放标准排放污染物的……”之规定，南漳县环境保护局决定：责令该公司立即停产整治。停产整治期间不得进行任何生产活动。改正方式包括：停止生产、制定整治方案、实施整改。

【案例点评】

实施停产整治对排污者有较大的惩戒作用，因为停产整治决定对排污者的影响重大，在实践中，要坚持严格依法行政、审慎实施，注意维护公共利益和社会秩序。责令停产整治在性质上属于以惩戒违法为目的的具有制裁性的具体行政行为，属于行政处罚的一种。

因为责令停产整治决定对排污者影响重大，所以必须遵循严格的内部审查和批准程序，防止权力滥用。调查取证结束后，执法人员将调查结果及处置意见送交生态环境主管部门负责人。根据行政首长负责制的原则要求，作出决定应当书面报经负责人批准同意。

对案情重大或者社会影响较大的，按照《行政处罚法》的规定，生态环境主管部门案件审查委员会应当集体审议后决定是否责令停产整治。执法实践中环境违法行为复杂多变，对执法人员的执法能力和水平有较高的要求，通过集体审议，集思广益，充分发挥集体智慧，可有效避免个人因素影响，增强停产整治决定的准确性、合理性，规范行使行政权力，切实做到依法行政，也便于执法监督。这一规定与行政机关首长负责制并不矛盾，而是行政机关集体领导的体现。

案例编号：ZF/2018/009

案例编辑人：曹晓凡

4.2　罚款

【知识点解析】

罚款，是环境行政处罚主体通过强制环境行政违法行为人承担一定数额的金钱给付义务，使其财产受到货币形式的损失来实现惩戒目的的一种制裁手段。不管环境行政违法行为人是否侵犯了他人的财产权利，只要其实施了环境行政违法行为，损害了环境行政管理秩序，就可以依法处以罚款。罚款是环境行政处罚中适用范围最广的一种处罚，适用频率也最高。对环境行政违法行为人处以罚款，既可以使其认识到违法行为的严重性，接受教训，也可以促使其为了避免经济上再次遭受损失而自觉守法。罚款是解决“守法成本高，违法成本低”的最有效手段之一。在环境行政执法实践中，罚款也是最容易出现问题的一种行政处罚种类，如何合法合理地选择罚款幅度，是对环境行政执法者的一种极大的考验。

【典型案例 1】

贵州省某公司超标排放大气污染物案[①]

2019 年 3 月 8 日，贵阳市生态环境局修文分局执法人员对贵州省某公司年产 50 万吨精密铸造件厂房及生产线原料基地扩建项目现场检查时发现：(1) 该项目高炉车间正在生产，出铁口正在出铁；(2) 烧结车间正在生产，

① 贵阳市生态环境局行政筑环修罚字〔2019〕14 号处罚决定书．(2019-06-28) [2019-07-15]．http://www.sohu.com/a/323563318_120093406.

烟囱正在冒烟，烟囱排放废气及脱硫除尘循环水池能闻到明显刺鼻性气味，现场用 pH 试纸测试，显示呈明显酸性；(3) 贵阳市生态环境局修文分局委托某环境科技有限公司对该项目烧结车间烟囱排放废气进行了取样监测。2019 年 3 月 11 日，该环境科技有限公司出具的《监测报告》（编号 GZR-SK—33［2019］）显示，该项目烧结车间废气处理设施出口废气烟（粉）尘实测浓度平均值为 55mg/m^3，二氧化硫实测浓度平均值为 1 763 mg/m^3，超过《钢铁烧结、球团工业大气污染物排放标准》（GB 28662—2012）表 2 标准限值［大气污染物排放限值：烟（粉）尘实测浓度 50mg/m^3，二氧化硫实测浓度 200mg/m^3］。贵阳市生态环境局根据《大气污染防治法》第 99 条第 2 项、《贵州省环境保护行政处罚自由裁量基准（2016 版）》有关超过污染物排放标准或者超过重点污染物排放总量控制指标排放污染物的第 2 项的规定，经局案件审查委员会会议讨论研究，决定对该公司处以罚款人民币 50 万元。

【典型案例 2】

昆明地铁 5 号线“未批先建”被行政处罚案①

2017 年 8 月 28 日，昆明市环保局发布《昆明市环境保护局行政处罚决定书（昆环罚字［2017］13 号）——昆明轨道交通集团有限公司》称，昆明轨道交通集团有限公司违反环境影响评价制度一案，经昆明市环境监察支队调查，现已审查终结。根据相关法规规定，作出行政处罚决定：责令昆明市轨道交通 5 号线工程停止建设，处建设项目总投资额百分之五罚款 50.15 万元。

该处罚决定书公布的违法事实和证据显示，根据昆明轨道交通集团有限公司和项目监理公司出具的情况说明，截至本案审查时地铁 5 号线施工已经投入了资金 1 003 万元。昆明市轨道交通 5 号线工程未取得环境影响评价审批手续擅自开工建设，违反了《环境影响评价法》（2016 年）第 25 条“建设项目的环境影响评价文件未依法经审批部门审查或者审查后未予批准

① 昆明市轨道交通 5 号线工程未批先建 遭市环保局处罚．(2017－08－29)［2019－07－15］．http://km.house.163.com/17/0829/16/CT14GI4N02681F75.html. 另外，本案发生在《关于生态环境执法中建设项目“总投资额”认定问题的指导意见（试行）》（环政法〔2018〕85 号）发布之前。

的，建设单位不得开工建设”之规定。

根据《环境影响评价法》（2016年）第31条“建设单位未依法报批建设项目环境影响报告书、报告表，或者未依照本法第二十四条的规定重新报批或者报请重新审核环境影响报告书、报告表，擅自开工建设的，由县级以上环境保护行政主管部门责令停止建设，根据违法情节和危害后果，处建设项目总投资额百分之一以上百分之五以下的罚款，并可以责令恢复原状；对建设单位直接负责的主管人员和其他直接责任人员，依法给予行政处分”之规定，昆明市环保局对昆明轨道交通集团有限公司作出责令昆明市轨道交通5号线工程停止建设，处建设项目总投资额百分之五的罚款（即50.15万元）的行政处罚决定。

【典型案例3】

菏泽机场“未批先建”被行政处罚案[①]

菏泽机场为民用航空支线机场，位于菏泽市东南部的定陶区孟海镇黄庄村附近，距菏泽市中心直线距离约25千米。工程总投资19.888 8亿元。2017年11月20日，建设单位以《菏泽牡丹机场建设投资有限公司关于请予审批〈山东菏泽民用机场建设项目环境影响报告书〉的请示》（菏机建投［2017］22号）文件向原环境保护部申请审批，原环境保护部于2017年12月对报告书进行受理，委托进行技术评估。但在技术评估过程中，发现项目在尚未获得环评批复的情况下已擅自开工建设，在报送审批前，该项目环境违法行为未经查处，原环境保护部决定终止该项目环评审批程序，退回环境影响报告书。

2018年2月1日，菏泽市定陶区环境保护局向建设单位菏泽牡丹机场建设投资有限公司出具了《菏泽市定陶区环境保护局行政处罚决定书》（菏定环罚字［2018］09号），对建设单位未经审批部门审查批准，擅自开工建设机场服务中心和水系改造工程的行为进行行政处罚，责令停止建设并处

---

① 菏泽机场未批先建罚款1 989万元 环保部重新受理．（2018-03-11）［2019-07-15］．http://mini.eastday.com/a/180311104045454.html.

罚款。建设单位立即停止了工程建设，并于2018年2月13日及时上缴罚款。

【案例点评】

上述三个案例均涉及罚款数额计算的问题。现行环境保护法律中有关罚款的设定类型主要可以分为以下七种。

第一，固定数值式。固定数值式罚款设定方式是指将罚款设定为某一固定数额。固定数值式罚款设定方式的优点是适用方便，由于没有自由裁量空间，不用担心因自由裁量不当所造成的处罚不当。反过来说，固定数值式罚款设定方式的缺点也十分明显——过于僵化，面对不同的违法情节，都按一个固定的数额进行处罚，有时会显得不尽合理。所以，固定数值式罚款设定方式在环境法中比较少见。

第二，固定倍率式。固定倍率式罚款设定方式是指将罚款设定为某特定基数的某个倍率。固定倍率式罚款设定方式又可以进一步分为以下两种情况：一是单纯的固定倍率式，即上不封顶。二是固定倍率式与数值封顶式并用。固定倍率式罚款设定方式的优缺点与固定数值式罚款设定方式类似。

第三，数值数距式。数值数距式罚款设定方式是指将罚款设定为某数值区间，即以数值明确罚款数额的上限和下限。这种罚款设定方式赋予环境行政执法主体一定的自由裁量空间，克服了固定数值式罚款设定方式和固定倍率式罚款设定方式僵化的缺点，便于环境行政执法主体在处理个案时，根据环境行政违法行为的具体情节和其他需要考虑的因素，合理确定罚款数额，能更好地实现环境行政处罚的目的。数值数距式罚款设定方式的缺点也比较明显：一是很多法律条文规定的自由裁量空间较大，易造成环境行政处罚权的滥用。很多罚款数额上限与下限都相差10倍。贵阳市生态环境局处罚的案例中，依据的《大气污染防治法》（2016年）第99条就是如此。如果环境行政执法人员的业务不精，执法水平不高，很有可能造成自由裁量权的滥用。二是规定罚款上限和下限的设定方式，在立法时的经济和物价水平下，其数额可能是合理的，但随着经济和社会的发展，原有规定将会变得不合理，如果物价上涨，则会出现处罚力度不够的问题。

第四，倍率数距式。倍率数距式罚款设定方式是指将罚款设定为某特定基数的倍率期间，即以倍数设置罚款数额的上限和下限。环境保护法律中设定的罚款基数主要有以下几种：一是所收费用。二是货值金额，新修订的《大气污染防治法》中大量运用了这个基数作为设定倍率数距式罚款的基数。三是直接损失。四是代为处置费用。五是违法所得。与数值数距式罚款设定方式相比，倍率数距式罚款设定方式的优点在于不用规定过大的处罚幅度即能适应处理不同情节环境行政违法行为的需要。因为这种设定方式通常是以一定的货币金额（如所收费用、货值金额、直接损失、代为处置费用、违法所得等）为基数，按基数的倍数或比例数来确定罚款额度；而基数是一个变量，基数越大，违法情节越严重，据以确定的罚款额度就越高。因此，这种设定方式的裁量幅度就不需要考虑基数所反映的违法情节，只需要考虑基数以外的其他情节即可。如此一来，自由裁量空间就可以得到有效控制，避免畸轻畸重的处罚。倍率数距式罚款设定方式的缺点在于基数的确定往往有很大的技术难度。如昆明市环境保护局处罚的案例和菏泽市定陶区环境保护局处罚的案例，对“总投资额”的认定方法就有不同。为解决这个争议，生态环境部和发展改革委员会联合发布了《关于生态环境执法中建设项目“总投资额”认定问题的指导意见（试行）》(环政法〔2018〕85号)。

第五，数值封顶式。数值封顶式罚款设定方式是指将罚款设定为某个固定数值以下，即只设定罚款数额的上限，不设下限。数值封顶式罚款设定方式能有效避免处罚畸重的问题，但有时不能彰显“违法成本高”的过罚相当原则。另外，固定的数值也不能随着经济和物价水平的变化而变化。

第六，倍率封顶式。倍率封顶式罚款设定方式是指将罚款设定为某特定基数的某倍率以下，即只按照某特定基数的某倍率设定罚款数额的上限，不设下限。倍率封顶式罚款设定方式的优点在于罚款的基数具有相对稳定性，较少受到经济发展和物价水平的影响。缺点是基数有时候不好确定，如关于违法所得的确定就有很多未解决的问题。

第七，概括式。概括式罚款设定方式是指仅规定处以罚款，但没有规定具体的罚款标准或者罚款数额。这种罚款设定方式的优点较少，在立法上已经很少运用。

案例 1 编号：ZF/2019/001

案例 2 编号：ZF/2017/010

案例 3 编号：ZF/2018/010

案例编辑人：曹晓凡

4.3 按日连续处罚

【知识点解析】

在《环境保护法》2014 年修订之前，我国环境保护法律和行政法规对环境违法行为的罚款处罚额度，严重低于生产经营者的防治污染成本和违法生产收益，“守法成本高，违法成本低”的现象普遍存在。这导致企业在利润最大化目标的引导下，宁可选择违法，承担相对较轻的法律责任，而不愿履行防治污染的法定义务。按日连续处罚制度打破了对环境违法行为罚款数额的限制，使“罚无上限”，对违法排污企业来说，违法成本被大幅度提高。

1. 适用按日连续处罚的违法行为种类

《按日连续处罚办法》第 5 条规定：“排污者有下列行为之一，受到罚款处罚，被责令改正，拒不改正的，依法作出罚款处罚决定的环境保护主管部门可以实施按日连续处罚：（一）超过国家或者地方规定的污染物排放标准，或者超过重点污染物排放总量控制指标排放污染物的；（二）通过暗管、渗井、渗坑、灌注或者篡改、伪造监测数据，或者不正常运行防治污染设施等逃避监管的方式排放污染物的；（三）排放法律、法规规定禁止排放的污染物的；（四）违法倾倒危险废物的；（五）其他违法排放污染物行为。”上述规定只是对“违法排放污染物行为”的归纳，采用的是“列举+兜底”的方式。《环境保护法》第 59 条规定的适用按日连续处罚的违法行为种类是一个开放的体系。如《大气污染防治法》第123条规定的适用按日连续处罚的违法行为种类就增加了“未依法取得排污许可证排放大气污染物的”和“建筑施工或者贮存易产生扬尘的物料未采取有效措施防治扬尘污染的”两类。《水污染防治法》第95条规定：“企业事业单位和其他生产经营者违法排放水污染物，受到罚款处罚，被责令改正的，依法作出处罚决定的行政机关应当组织复查，发现其继续违法排放水污染物或者拒绝、阻挠复查的，依照《中华人民共和国环境保护法》的规定按日连续处罚。”

《按日连续处罚办法》第6条也规定：“地方性法规可以根据环境保护的实际需要，增加按日连续处罚的违法行为的种类。”根据《按日连续处罚办法》第5条的规定，按日计罚适用于违法排污行为，但并不是说不涉及排污的环境违法行为就不能适用按日连续处罚。根据《环境保护法》第59条第3款的规定，地方性法规可以根据环境保护的实际需要，增加按日连续处罚的违法行为的种类。也就是说，地方性法规可以根据当地环境污染状况的特点和环境保护管理的需要，在“违法排放污染物”的情形之外，规定其他环境违法行为适用按日连续处罚。在《环境保护法》规定按日连续处罚之前，一些地方性法规已经作了有益探索，并不仅限于违法排污的情形。如《深圳经济特区环境保护条例》规定，建设单位未编制环境影响评价文件或者环境影响评价文件未经审批，擅自开工建设或者投入生产、经营、使用的可以进行按日计罚。当然，地方性法规也可以扩充“违法排放污染物行为”的种类，如2016年3月1日生效的《河北省大气污染防治条例》第84条就规定：“违反本条例规定，企业事业单位和其他生产经营者有下列行为之一的，由县级以上人民政府住房和城乡建设、交通运输、国土资源、工业和信息化、城市管理、水利、环境保护等部门根据各自职责责令改正，处一万元以上三万元以下罚款；情节较重的，处三万元以上十万元以下罚款；拒不改正的，责令其停工整治。受到罚款处罚，被责令改正，拒不改正的，可以自责令改正之日的次日起，按照原处罚数额按日连续处罚：（一）各类工程建设、矿产资源开采和加工等未采取有效措施防治扬尘污染的；（二）企业料堆场未采取有效措施防治扬尘污染的。”《河北省大气污染防治条例》规定的违法行为种类与《大气污染防治法》第123条第4项规定的违法行为种类范围相比有所扩充。

需要特别注意的是，上述列举并未涵盖全部的违法排放污染物行为。

2. 按日连续处罚的计罚方式

《按日连续处罚办法》第17条规定，按日连续处罚的计罚日数为责令改正违法行为决定书送达排污者之日的次日起，至生态环境主管部门复查发现违法排污行为之日止；再次复查仍拒不改正的，计罚日数累计执行。即将违法排污行为拒不改正的天数作为按日连续处罚的计罚日数。因为，“拒不改正”是实施按日连续处罚的前提，“被责令改正”又是“拒不改正”行为成立的前提。其中，累计执行的含义是生态环境主管部门检查发现排污者拒不改正违法排污行为，那么将自责令改正之日的次日起到复查（第一次）之日止的日数计入按日计罚日数；如果第二次复查发现仍拒不改正，那么再将第一次复查之日的次日起至第二次复查之日止的日数计入按日计罚日数；以此类推，直到违法排污行为终止。按日连续处罚最终的计罚日数即为第一次责令改正之日的次日起到最后一次复查发现排污者拒不改正违法排污行为之日止。原环境保护部于2015年9月17日在给广东省环境保护厅的《关于按日连续处罚计罚日数问题的复函》（环函〔2015〕232号）中明确：实施按日连续处罚的计罚日数是一个连续的起止期间，排污者在期间内排污状况和生产状况如何，均不影响计罚日数的计算，即排污者在计罚周期内存在停产停业或者达标排放的日数，均不能从计罚日数中扣除。生态环境主管部门应当依据《按日连续处罚办法》第17条规定的计罚日数来确定按日连续处罚的罚款数额。

《按日连续处罚办法》第18条规定，再次复查时违法排放污染物行为已经改正，生态环境主管部门在之后的检查中又发现排污者有本办法第5条规定的情形的，应当重新作出处罚决定，按日连续处罚的计罚周期重新起算。按日连续处罚次数不受限制。生态环境主管部门检查发现并责令改正违法排污行为是按日连续处罚计罚周期的开始，违法排污行为的终止则标志着按日连续处罚计罚周期的结束。但一个按日连续处罚周期的结束，并不意味着该行为不会再次受到按日连续处罚。在之后的检查活动中，生态环境主管部门如果发现已经受到过按日连续处罚的违法排污行为再次发生，生态环境主管部门可以再次实施按日连续处罚，新的按日连续处罚计罚周期便开始了。而对于同一排污者实施的新的违法排污行为，按照《按日连续处罚办法》第 12 条的规定，生态环境主管部门也应当另案查处，同样可以实施按日连续处罚。总的来说，不论是对同一个排污者，还是同一种违法排污行为，生态环境主管部门都可以多次实施按日连续处罚，按日连续处罚次数没有限制。

【典型案例】

某矿冶有限公司被按日计罚后法院判决撤销处罚案①

2017 年 3 月 10 日，红河州环境保护局到某矿冶有限公司现场检查时发现，某矿冶有限公司未按脱硫系统操作规程添加脱硫剂，且烟化炉二氧化硫折算浓度超标 12.27 倍，遂依据《环境保护法》的相关规定，于 2017 年 3 月 20 日向某矿冶有限公司送达《责令停产整治决定书》，并于 2017 年 4 月 5 日向某矿冶有限公司送达了《行政处罚决定书》，责令停产整治，针对二氧化硫排放浓度超标的违法行为罚款 100 万元，将案件移送公安机关。某矿冶有限公司在停产整治期间，不得投入生产，如在后续督察过程中还继续违法，该局将按照《环境保护法》的规定启动“按日连续处罚”。

某矿冶有限公司按期缴纳罚款 100 万元，2017 年 4 月 12 日，红河州环境保护局到某矿冶有限公司复查，监测出烟化炉二氧化硫浓度超标 1.6 倍，认为某矿冶有限公司的行为违反了《环境保护法》和《大气污染防治法》的相关规定，经履行告知等程序后，于 2017 年 4 月 28 日作出《按日连续处罚决定书》，决定对某矿冶有限公司自下达责令停产整治决定之日的次日起，按照原处罚数额按日连续处罚，自 2017 年 3 月 21 日起至 2017 年 4 月 12 日止，共计 23 天，每天 100 万元，共计罚款 2 300 万元整，限于接到该

① 每天 100 万 一企业累计被罚 2 300 万 程序违法 法院判环保局撤销罚单．春城晚报，2018－11－03（4）．本案为云南省高级人民法院公布的涉民营经济保护十大典型案例之一。

处罚决定之日起15日内缴纳。

《按日连续处罚决定书》送达后，某矿冶有限公司遂提起诉讼。法院审理认为，红河州环境保护局作为环境保护主管部门，负有对本行政区域环境保护工作实施监督管理的职责，其对某矿冶有限公司作出处罚主体资格适格。某矿冶有限公司不正常运行防治污染设施、超标准排放污染物的行为违反了法律规定。红河州环境保护局作出《责令停产整治决定书》符合规定，但该局在复查后，应再次作出责令改正违法行为决定书送达某矿冶有限公司，并在再次复查时发现拒不改正违法排放污染物行为的，才可实施按日连续处罚。

本案中，红河州环境保护局复查后未再次作出《责令改正违法行为决定书》，也未再次进行复查，于2017年4月28日作出《按日连续处罚决定书》，违反法定程序，属程序违法，故判决撤销该处罚决定书。

【案例点评】

《按日连续处罚办法》设专章用10个条款详细规定了实施按日连续处罚程序，即初次处罚、责令改正、复查、作出按日连续处罚决定等流程。在按日连续处罚的处罚周期中，需要做出两个行政处罚决定。一是初次检查发现违法排放污染物行为所作的处罚决定，即原处罚决定；二是复查发现违法排放污染物行为拒不改正，依法作出的按日连续处罚决定。对于两个处罚决定的前后顺序，该办法规定按日连续处罚决定应当在原处罚决定之后作出。

按日连续处罚采取按照违法行为持续的日数，不断累加罚款数额的动态罚款模式。计罚日数和日处罚数额是决定按日连续处罚的关键因素。《按日连续处罚办法》根据《环境保护法》（2015年）第59条“按原处罚数额按日连续处罚”的规定，规定按日连续处罚每日的罚款数额，为原处罚决定书确定的罚款数额；按日连续处罚的罚款数额，为原处罚决定书确定的罚款数额乘以计罚日数。对于计罚日数的确定，鉴于“被责令改正”是认定“拒不改正”的前提，该办法规定按日连续处罚的计罚日数为责令改正违法行为决定书送达排污者之日的次日起，至生态环境部门复查发现违法排污行为之日止；再次复查仍拒不改正的，计罚日数累计执行。

本案中，生态环境部门按日计罚的起点不是责令改正违法行为决定书送达次日，而是《责令停产整治决定书》送达次日，从这一角度说，生态环境部门未按照《环境保护法》第59条的规定执法，属于程序错误，法院判决无误。

案例编号：ZF/2017/011

案例编辑人：曹晓凡

4.4 责令限制生产、限制排放、责令停产整治、责令停产整顿、责令停工整治、责令停业、责令停业整治、责令停产停业、责令船舶临时停航、责令搬迁

【知识点解析】

限制生产，是指限制排污者的生产行为，比如减少生产量、压缩生产时间等；限制排放，是指限制排污者的污染物排放行为，比如规定排污者每日所能排放的污染物数量、浓度，禁止排放某些特定的有毒污染物，在特定的时间段不允许排污等。

责令停产整治，是指责令排污者停止生产，对生产工艺或设备进行升级改造，以达到达标排放的要求，比如对某些污染特别严重的生产项目，即使是限制生产也不能有效控制污染物的排放，可以责令停产整治。责令停产整治重点强调“整治”，“停产”只是临时性的，是否要永久性停产还需要看整治效果如何。责令停产整治，既可以针对企业停产，也可以责令某一造成超标污染的生产线停产整治，但这并不等于责令该企业停产，企业仍然可以继续运营，其他生产设施也可以继续运转。这也是责令停产整治与责令停产停业的本质区别。

责令停产整顿，是指环境行政处罚主体通过责令环境行政违法行为人停止正常生产活动进行整顿来实现惩戒目的的一种制裁手段，其含义与责令停产整治基本相同，2014年修订的《环境保护法》和2015年修订的《大气污染防治法》已不再采用“责令停产整顿”的表述方式。“责令停工整

治”是2015年新修订的《大气污染防治法》开始采用的一种表述方式，因为某些行业的排污者并不是生产性的，如《大气污染防治法》第115条规定：“违反本法规定，施工单位有下列行为之一的，由县级以上人民政府住房城乡建设等主管部门按照职责责令改正，处一万元以上十万元以下的罚款；拒不改正的，责令停工整治：（一）施工工地未设置硬质围挡，或者未采取覆盖、分段作业、择时施工、洒水抑尘、冲洗地面和车辆等有效防尘降尘措施的；（二）建筑土方、工程渣土、建筑垃圾未及时清运，或者未采用密闭式防尘网遮盖的。违反本法规定，建设单位未对暂时不能开工的建设用地的裸露地面进行覆盖，或者未对超过三个月不能开工的建设用地的裸露地面进行绿化、铺装或者遮盖的，由县级以上人民政府住房城乡建设等主管部门依照前款规定予以处罚。”

责令停业，是指行政机关对违反行政管理秩序的企业事业组织，责令其停止相关生产经营活动的一种行政处罚，属于行为罚的一种。责令停业整治与责令停业相比，增加了“整治”的内容，是否能重新开业，还要看整治效果如何。如《大气污染防治法》第117条规定：“违反本法规定，有下列行为之一的，由县级以上人民政府生态环境等主管部门按照职责责令改正，处一万元以上十万元以下的罚款；拒不改正的，责令停工整治或者停业整治：（一）未密闭煤炭、煤矸石、煤渣、煤灰、水泥、石灰、石膏、砂土等易产生扬尘的物料的；（二）对不能密闭的易产生扬尘的物料，未设置不低于堆放物高度的严密围挡，或者未采取有效覆盖措施防治扬尘污染的；（三）装卸物料未采取密闭或者喷淋等方式控制扬尘排放的；（四）存放煤炭、煤矸石、煤渣、煤灰等物料，未采取防燃措施的；（五）码头、矿山、填埋场和消纳场未采取有效措施防治扬尘污染的；（六）排放有毒有害大气污染物名录中所列有毒有害大气污染物的企业事业单位，未按照规定建设环境风险预警体系或者对排放口和周边环境进行定期监测、排查环境安全隐患并采取有效措施防范环境风险的；（七）向大气排放持久性有机污染物的企业事业单位和其他生产经营者以及废弃物焚烧设施的运营单位，未按照国家有关规定采取有利于减少持久性有机污染物排放的技术方法和工艺，配备净化装置的；（八）未采取措施防止排放恶臭气体的。”

责令停产停业，即县级以上人民政府生态环境主管部门或者其他有关部门依据职权，对违法行为人逾期不改正的，责令其在一定期限内停止生产或经营活动。规定责令停产停业的条文主要出现在《放射性污染防治法》中，如《放射性污染防治法》第55条规定：“违反本法规定，有下列行为之一的，由县级以上人民政府环境保护行政主管部门或者其他有关部门依据职权责令限期改正；逾期不改正的，责令停产停业，并处二万元以上十万元以下罚款；构成犯罪的，依法追究刑事责任：（一）不按照规定设置放射性标识、标志、中文警示说明的；（二）不按照规定建立健全安全保卫制度和制定事故应急计划或者应急措施的；（三）不按照规定报告放射源丢失、被盗情况或者放射性污染事故的。”

责令船舶临时停航，是指船舶由于特定违法行为被责令限期改正，但其在规定的期限届满后仍然没有改正其违法行为的，责令船舶在规定的时间范围内停止从事航运活动。如《水污染防治法》第89条第1款规定：“船舶未配置相应的防污染设备和器材，或者未持有合法有效的防止水域环境污染的证书与文书的，由海事管理机构、渔业主管部门按照职责分工责令限期改正，处二千元以上二万元以下的罚款；逾期不改正的，责令船舶临时停航。”

责令搬迁，是指在噪声敏感建筑物集中区域内造成严重环境噪声污染的企业事业单位，被责令限期治理，经限期治理逾期未完成治理任务的，除依照国家规定加收超标准排污费外，可以根据所造成的危害后果责令其搬离现有位置的处罚。由于搬迁对企业的影响很大，责令搬迁与责令停业、关闭一样，应由县级以上人民政府按照国务院规定的权限决定。

【典型案例】

某橡胶有限责任公司被责令停产整治案①

金平县环境保护局于2018年8月7日对某橡胶有限责任公司进行现场

① 金平县环境保护局金环责停字〔2018〕01号责令停产整治决定书.（2018-09-17）[2019-07-15].http://www.jp.hh.gov.cn/xxgk/zdlyxxgk1/hjbh/201809/t20180917_300624.html.

调查，发现存在以下环境违法行为：该公司泡胶池废水通过厂区雨水沟直接排放。排放废水化学需氧量检测值 3 550mg/L，（排放标准 100mg/L），超标 34.5 倍；氨氮检测值 193mg/L（排放标准 15mg/L），超标 11.87 倍；悬浮物检测值 757.5mg/L（排放标准 70mg/L），超标 9.82 倍。

2018 年 9 月 5 日，金平县环境保护局依据《环境保护法》（2015 年）第 60 条“企业事业单位和其他生产经营者超过污染物排放标准或者超过重点污染物排放总量控制指标排放污染物的，县级以上人民政府环境保护主管部门可以责令其采取限制生产、停产整治等措施；情节严重的，报经有批准权的人民政府批准，责令停业、关闭”的规定，决定责令该公司停产整治。改正方式为停止生产，对泡胶池排水口进行整改。

【案例点评】

停产整治决定对排污者的影响重大，因此有必要严格限制其适用范围，细化其适用情形。《限制生产、停产整治办法》第 6 条采取列举和概括的形式，规定了可以下达停产整治决定的六种情形，其中第 6 项作为兜底条款，为各地的执法实际预留了空间，避免挂一漏万。其中，第 1 项设置了《环境保护法》（2015 年）第 63 条予以重点打击的主观恶性比较大的三类环境违法行为，对实施这三类行为后超标的排污者，除可对其直接负责的主管人员和其他直接责任人员实施行政拘留外，还可以从环境行政管理的角度对其实施停产整治，加大打击力度；第 2 项列举的行为属于最高人民法院、最高人民检察院《关于办理环境污染刑事案件适用法律若干问题的解释》（法释〔2013〕15 号）[①] 中“严重污染环境”的情形之一，就此类行为的后果而言，实施停产整治有利于立即停止对环境的侵害，防止损害后果扩大化；第 3 项秉承《环境保护法》法条原意，对超过重点污染物总量控制指标的行为作一概括规定；第 4 项是对被责令限制生产后仍有超标行为的排污者进行进一步处置，从而使限制生产决定的后续处置形成闭环，完善整个限制生产责任体系；第 5 项是对突发环境事件造成超标或者超总量排放的规定，为

① 该司法解释已经废止，被法释〔2016〕29 号替代。

环保部门处置发生突发环境事件，责令排污者立即停止生产，防止污染扩大化提供了一种手段和直接的法律依据。

生态环境主管部门应审慎作出停产整治决定，原则上符合《限制生产、停产整治办法》第 6 条规定的五种情形方可责令排污者停产整治。此外，《大气污染防治法》《水污染防治法》修改后也增加了与“停产整治”等有关的条款。本案中，从处罚决定书的记载看，其并不符合《限制生产、停产整治办法》第 6 条所列的五种情况。进一步讲，即使符合《限制生产、停产整治办法》第 6 条所列的五种情况，生态环境主管部门仍有自由裁量权，应当根据排污者违法情节以及社会、环境利益等进行综合判断，是否选择适用停产整治。

案例编号：ZF/2018/011

案例编辑人：曹晓凡

4.5 责令关闭

【知识点解析】

责令关闭，是指行政机关对违反行政管理秩序的企业事业单位或者其他生产经营者，通过吊销营业执照、相关许可证、停止供水供电、封闭生产经营场所等方式禁止其继续从事相关生产经营活动的行政处罚。责令关闭对于企业来说是一种最为严厉的环境行政处罚措施，决定着排污者的生死存亡，在实施时应当慎重，因此，对于企业的停业、关闭，限于情节严重的违法行为，且应当报经有批准权的人民政府批准，或者由相关人民政府直接决定。

【典型案例】

某县关闭严重污染环境的 13 家企业案①

某县环境保护局依据《水污染防治法》《国务院关于环境保护若干问题

① 本案为作者参考真实案例编写的虚假案例。

的决定》和其所在市的《关闭严重污染小化工企业暂行办法》，根据排污企业的违法事实，结合有关乡镇政府意见，拟将13家严重污染环境企业依法关闭，并建议以县政府名义印发关闭决定。遂向县人民政府作出《关于依法关闭严重污染环境的陈某某个体电镀厂等13家企业的请示》。县人民政府法制办公室收到县环保局起草的该《请示》后，形成的法律意见为：政府作为关闭企业的主体不妥。

【案例点评】

责令关闭，在生态环境保护领域是比较重的一种行政处罚，要求被处罚单位停止一切生产经营、建设及相关活动，属于直接终止企业主体资格。很多法律法规条文规定，责令停业、关闭需经有批准权的人民政府批准。对于需要经哪一级政府批准，现行法律、行政法规中均未明确。我们认为，按照《行政许可法》（2019年）第69条关于作出许可决定的行政机关或者其上级行政机关可以撤销行政许可的规定，相关企业（事业）单位是在设立时经过人民政府批准的，执法机关如果建议予以关闭，应当报该人民政府或者该人民政府的上级人民政府批准；相关企业（事业）单位是在设立时未经人民政府批准，但履行了登记程序的，执法机关如果建议予以关闭，应当经登记机关的本级人民政府或者该人民政府的上级人民政府批准。例如，如果拟关闭的企业（事业）单位是县级人民政府批准设立，或者在县级工商机关登记的，执法机关为县级环保部门时，执法机关可以报县级人民政府批准责令关闭；执法机关为设区的市级人民政府环保部门时，按照“以上统下”的原则，执法机关可以直接报设区的市级人民政府批准后责令关闭。①

《关于〈大气污染防治法〉第九十九条有关适用问题意见的复函》（环办政法函〔2016〕2336号）建议，将责令停业、关闭的实施主体解释为“有批准权的人民政府”。责令停业、关闭是法律赋予地方人民政府的一项重要职责，是督促企业停止环境违法行为、停止对环境侵害的一项重要手

---

① 环境保护部政策法规司，环境保护部环境影响评价司．建设项目环境保护管理条例释义．北京：中国民主法制出版社，2017：107－108.

段，如果怠于履行这一职责，人民政府直接负责的主管人员和其他直接责任人员应当承担法律责任。《环境保护法》（2015年）第68条规定，地方人民政府依法应当作出责令停业、关闭的决定而未作出的，对直接负责的主管人员和其他直接责任人员给予记过、记大过或者降级处分；造成严重后果的，给予撤职或者开除处分，其主要负责人应当引咎辞职。

案例编号：ZF/0000/007

案例编辑人：曹晓凡

4.6 没收违法所得、没收非法财物

【知识点解析】

在环境行政执法领域，没收，是指环境行政处罚主体将环境行政违法行为人所有或占有的财物收归国有的行政执法行为。没收，包括没收违法所得和没收非法财物。二者之间存在时间差别，在违法行为中所处的地位不同。获取违法所得是行政相对人实施违法行为的目的或结果。违法所得所获取的经济利益在行为之前是没有的，其既是违法行为的结果，也是违法行为的转化物或衍生物。非法财物一般是行政相对人在实施违法行为时已经占有的财物，该财物是为行政相对人实施违法行为提供便利或者创造条件，或者是违法行为的指向物或标的物。如《大气污染防治法》第103条规定："违反本法规定，有下列行为之一的，由县级以上地方人民政府市场监督管理部门按照职责责令改正，没收原材料、产品和违法所得，并处货值金额一倍以上三倍以下的罚款：（一）销售不符合质量标准的煤炭、石油焦的；（二）生产、销售挥发性有机物含量不符合质量标准或者要求的原材料和产品的；（三）生产、销售不符合标准的机动车船和非道路移动机械用燃料、发动机油、氮氧化物还原剂、燃料和润滑油添加剂以及其他添加剂的；（四）在禁燃区内销售高污染燃料的。"其中，不符合质量标准的煤炭、石油焦等，未销售的余货为非法财物（即原材料、产品），已经销售所获得的货款等为非法所得。

【典型案例】

某物理研究所非法从事射线装置的使用活动案[①]

经原环境保护部调查核实，某物理研究所存在未按照许可证规定的种类和范围从事射线装置的使用活动，非法使用加速器违法所得 9 000 元的行为。《放射性同位素与射线装置安全和防护条例》第 52 条规定，未按照许可证规定从事放射性同位素和射线装置生产、销售、使用活动的，由县级以上人民政府环境保护主管部门责令其停止违法行为，限期改正；有违法所得的，没收违法所得；没有违法所得或违法所得不足 10 万元的，并处 1 万元以上 10 万元以下的罚款。根据上述规定，原环境保护部于 2016 年 10 月 10 日作出《行政处罚决定书》（环法〔2016〕99 号），责令该单位停止违法行为，并决定没收该单位违法所得 9 000 元，对该单位处罚款 5 万元。

【案例点评】

本案中，确定罚款金额需首先确定“违法所得”的金额。本案认定非法使用加速器的违法所得为 9 000 元，扣除了违法成本。实践中，持“扣除成本说”的判例也较多。“扣除成本说”认为违法所得即扣除成本后的利润部分。例如，全国人大常委会法制工作委员会《关于申请解释〈固体废物污染环境防治法〉第七十七条有关规定的答复意见》中提道：“固体废物污染环境防治法第七十七条对无经营许可证或者不按照经营许可证规定从事收集、贮存、利用、处置危险废物经营活动规定的‘没收违法所得’，是指没收违法行为人违法收集、贮存、利用、处置危险废物所获得的收益。”违法所得不应当包含违法成本的主要理由为：（1）就字面而言，“违法所得”中最为突出的是“得”字，而成本是当事人付出的，不是因为违法行为得到的。因而，违法所得中的“所得”只能指获利部分；（2）从法理上讲，违法所得的理论基础为“不能允许任何人从自己的错误中获得利益”，因此此处的所得应当指额外的收益；（3）就法律术语的统一性角度而言，行政

---

① 环境保护部环法〔2016〕99 号行政处罚决定书（天津市技术物理研究所）．(2016 - 10 - 11) [2019 - 07 - 15]．http://www.mee.gov.cn/gkml/sthjbgw/qt/201610/t20161014_365480_wh.htm.

处罚中的“违法所得”应当与司法收缴中“违法所得”含义一致，应当扣除成本。[①]

认定违法行为人有违法所得的，举证责任在行政处罚主体。行政处罚主体作出行政处罚，要有充分的证据证明违法行为人有违法所得。如果违法行为人无法在行政处罚主体调查取证过程中提出令人信服的证据证明其投入的生产成本，行政处罚主体可将违法行为实际获得的收入（扣除已缴税款）视为违法所得予以没收；如果违法行为人能够在行政处罚主体调查取证过程中提出令人信服的证据证明其投入的生产成本，可以将其扣除之后剩余的利润作为违法所得予以没收。但上述违法所得的认定或估定并非易事。成本核算是一门专业性较强的科学。行政处罚主体较缺乏精通企业会计、成本核算、生产管理等方面的人才，让办案人员去估定违法所得恐怕非常困难。建议对违法所得的数额估定应委托具备资质的社会中介机构如会计师事务所等机构进行，行政处罚主体仅确定行为的性质而不直接确定数量。[②]

案例编号：ZF/2016/006

案例编辑人：曹晓凡

4.7 行政拘留

【知识点解析】

环境行政执法领域的行政拘留，是指环境行政处罚主体对行政相对人实施的在短期内限制人身自由的行政处罚。行政拘留是最严厉的行政处罚种类之一，通常适用于比较严重，但尚不构成犯罪的环境行政违法行为。

2014年修订的《环境保护法》增加了行政拘留的规定，主要是四种情形：（1）建设项目未依法进行环境影响评价，被责令停止建设，拒不执行

---

① 晏山嵘．行政处罚实务与判例释解．北京：法律出版社，2016：101.

② 同①115－116.

的；（2）违反法律规定，未取得排污许可证排放污染物，被责令停止排污，拒不执行的；（3）通过暗管、渗井、渗坑、灌注或者篡改、伪造监测数据，或者不正常运行防治污染设施等逃避监管的方式违法排放污染物的；（4）生产、使用国家明令禁止生产、使用的农药，被责令改正，拒不改正的。这四种情形是对我国目前环境领域中存在的较为突出的问题而作出的有针对性的规定，主观恶意较强，一般处罚难以制止。依照法律规定，行政拘留的最高期限为15日，《环境保护法》第63条又进一步作了区分，符合法定情形的，对其直接负责的主管人员和其他直接责任人员，处10日以上15日以下拘留；情节较轻的，处5日以上10日以下的拘留。

《土壤污染防治法》第87条规定："违反本法规定，向农用地排放重金属或者其他有毒有害物质含量超标的污水、污泥，以及可能造成土壤污染的清淤底泥、尾矿、矿渣等的，由地方人民政府生态环境主管部门责令改正，处十万元以上五十万元以下的罚款；情节严重的，处五十万元以上二百万元以下的罚款，并可以将案件移送公安机关，对直接负责的主管人员和其他直接责任人员处五日以上十五日以下的拘留；有违法所得的，没收违法所得。"《土壤污染防治法》第94条还规定："违反本法规定，土壤污染责任人或者土地使用权人有下列行为之一的，由地方人民政府生态环境主管部门或者其他负有土壤污染防治监督管理职责的部门责令改正，处二万元以上二十万元以下的罚款；拒不改正的，处二十万元以上一百万元以下的罚款，并委托他人代为履行，所需费用由土壤污染责任人或者土地使用权人承担；对直接负责的主管人员和其他直接责任人员处五千元以上二万元以下的罚款：（一）未按照规定进行土壤污染状况调查的；（二）未按照规定进行土壤污染风险评估的；（三）未按照规定采取风险管控措施的；（四）未按照规定实施修复的；（五）风险管控、修复活动完成后，未另行委托有关单位对风险管控效果、修复效果进行评估的。土壤污染责任人或者土地使用权人有前款第三项、第四项规定行为之一，情节严重的，地方人民政府生态环境主管部门或者其他负有土壤污染防治监督管理职责的部门可以将案件移送公安机关，对直接负责的主管人员和其他直接责任人员处五日以上十五日以下的拘留。”

根据《行政处罚法》第 18 条的规定，限制人身自由的行政处罚权只能由公安机关和法律规定的其他机关行使。据此，《环境保护法》第 63 条规定，对所列举的、尚不构成犯罪的四类违法行为，县级以上人民政府生态环境主管部门或者其他有关部门无权直接拘留，应当将案件移送公安机关，由公安机关依法处以拘留。移送主体包括：（1）县级以上生态环境主管部门（即生态环境部，省、自治区的生态环境厅和直辖市的生态环境局，地级市、自治州的生态环境局，等）；（2）其他负有环境保护监督管理职责的部门，即《环境保护法》第 63 条规定的“其他有关部门”，包括农业农村部门、工业和信息化部门、市场监督管理部门。

为做好《环境保护法》第 63 条的贯彻执行工作，正确适用法律，精确打击严重的环境违法行为，完善环境监管行政执法与行政拘留的衔接规范，便于行政监管部门依法开展环境监管执法工作，由公安部牵头制定了《行政主管部门移送适用行政拘留环境违法案件暂行办法》，与同履行环境执法职责有关的工业和信息化部、环境保护部、农业部、国家质量监督检验检疫总局等 5 部门联合下发，以指导和规范相关工作，将法律规定适用行政拘留的四类具体环境违法行为进一步细化。该《暂行办法》第 3 条至第 8 条共列出了 23 种违法情形，分别对应了《环境保护法》第 63 条适用拘留的四项条款。

《环境保护法》第 63 条规定的“直接负责的主管人员”是指违法行为主要获利者和在生产、经营中有决定权的管理、指挥、组织人员；“其他直接责任人员”是指直接排放、倾倒、处置污染物或者篡改、伪造监测数据的工作人员等。判断“直接责任”应当从个人身份、行为与违法后果间的因果关系等来进行，包括违法排放的意志作出者、传递者、执行者，总体说来有如下两种情形：第一是直接负责的主管人员，理解法律规定的“直接负责的主管人员”要把握两点：其一，为掌有实际管理权限的人员，必须是单位主要领导、领导机构成员、主管某方面工作或某些部门的领导人员；其二，管理权限、职责与违法排放行为具有直接关系，如果其领导职务与排污的生产经营活动没有直接关系，则对违法排污不应当负直接责任。第二是其他直接责任人员，“其他直接责任人员”是指以其身体行动执行的操作人员，是排污单位中除管理者、指挥者、组织者之外的其他人员，他们可能是执行管理者、指挥者、组织者的指令，也可能在没有指令的情形下实际作出违法行为。其他责任人员应当对其实施的直接排放、倾倒、处置污染物行为，或者实际篡改、伪造监测数据行为负责，与直接负责的主管人员的责任范围有所不同。

【典型案例】

某县公安局查处一起拒不执行紧急状态下的决定、命令案[①]

2018 年 11 月，玉田县公安局查处一起不落实停限产措施，拒不执行政府紧急状态下的决定、命令案，行政拘留违法行为人一名。

经查，2018 年 11 月 16 日 2 时许，在重污染天气二级应急响应期间，郭家桥乡丁庄村苏某杰在玉田县郭家屯乡建邦钢厂对面顺通水泥制品厂内继续非法生产，造成环境污染。

根据《治安管理处罚法》（2013 年）第 50 条第 1 款第 1 项之规定，玉田县公安局依法对苏某杰行政拘留 10 日。

【案例点评】

《大气污染防治法》（2016 年）第 96 条第 1 款规定，县级以上地方人民政府应当依据重污染天气的预警等级，及时启动应急预案，根据应急需要可以采取责令有关企业停产或者限产、限制部分机动车行驶、禁止燃放烟花爆竹、停止工地土石方作业和建筑物拆除施工、停止露天烧烤、停止幼儿园和学校组织的户外活动、组织开展人工影响天气作业等应急措施。

根据《大气污染防治法》第 121 条第 2 款的规定，违反本法规定，拒不执行停止工地土石方作业或者建筑物拆除施工等重污染天气应急措施的，由县级以上地方人民政府确定的监督管理部门处以罚款。

---

① 玉田县公安局查处一起拒不执行紧急状态下的决定、命令案．（2018－11－23）［2019－09－15］．http://www.sohu.com/a/277339454_783502.

针对此类违法行为，查处时需要特别注意的是，对个别企业拒不执行重污染天气应急响应措施，不适用《大气污染防治法》第 121 条第 2 款的规定予以处罚。此条款中的“等”字作等内理解，即只适用于“拒不执行停止工地土石方作业或者建筑物拆除施工”。

本案中，对拒不执行重污染天气应急措施的行为，公安机关采取了行政拘留手段。其依据是《治安管理处罚法》第 50 条第 1 款第 1 项的规定，即拒不执行人民政府在紧急状态情况下依法发布的决定、命令的，处警告或者 200 元以下罚款；情节严重的，处 5 日以上 10 日以下拘留，可以并处 500 元以下罚款。此处需要注意的是，如果行为人拒不执行的决定、命令，不是人民政府在紧急状态情况下依法发布的，而是在一般情况下发布的，则不构成本行为。

根据《宪法》的规定，全国人大常委会决定全国或者个别省、自治区、直辖市进入紧急状态；中华人民共和国主席根据全国人大常务委员会的决定，宣布进入紧急状态；国务院依照法律规定决定省、自治区、直辖市的范围内部分地区进入紧急状态。

实践中，县级以上地方人民政府依据重污染天气的预警等级，启动应急预案，根据应急需要采取的应急措施，我们认为，尚不属于人民政府在紧急状态情况下依法发布的决定、命令，也就不能依据《治安管理处罚法》第 50 条第 1 款第 1 项的规定对行为人进行行政拘留。

案例编号：ZF/2018/012

案例编辑人：曹晓凡

第 5 章　环境行政命令

5.1　环境行政命令概述

在中国当前社会的语境下，对于行政命令的界定是一个充满挑战的课题。目前，国内行政法学界大多数学者主要从适用对象的特定性角度，或者说从具体行政行为的角度界定行政命令。①

环境行政命令是行政命令的下位概念。环境行政命令是指环境行政执法主体对实施了环境行政违法行为的行政相对人所作出的具有约束力但不具有惩戒性的具体行政行为。在环境执法实践中，环境行政命令往往与行政制裁同时或衔接出现。我国正式确认行政命令的文件是《最高人民法院关于规范行政案件案由的通知》(法发〔2004〕2 号)，该文件将行政命令作为和行政处罚、行政强制、行政裁决等相并列的行政行为类型。②《环境行政处罚办法》第 12 条规定，根据环境保护法律、行政法规和部门规章，责令改正或者限期改正违法行为的行政命令的具体形式有：(1) 责令停止建设；(2) 责令停止试生产；(3) 责令停止生产或者使用；(4) 责令限期建设配套设施；(5) 责令重新安装使用；(6) 责令限期拆除；(7) 责令停止违法行为；(8) 责令限期治理；(9) 法律、法规或者规章设定的责令改正或者限期改正违法行为的行政命令的其他具体形式。在《国务院关于第一

① 胡晓军．行政命令研究：从行政行为形态的视角．北京：法律出版社，2017：106－109.
② 胡静．我国环境行政命令体系探究．华中科技大学学报（社会科学版），2017（6）：82－89.

批取消62项中央指定地方实施行政审批事项的决定》（国发〔2015〕57号）中，环境保护部门涉及的取消事项为建设项目试生产的审批。责令限期建设配套设施仅见于2015年修订前的《大气污染防治法》（2000年）第60条，2015年修订的《大气污染防治法》删除了该条规定。而责令重新安装使用仅见于2016年修正前的《海洋环境保护法》（2013年）第78条。

5.1.1　环境执法责令改正违法行为的性质

【知识点解析】

环境行政命令与行政处罚是两个相互独立又密切相关的行政行为，由于部分行为特征及实定法中具体类型称谓的相似度极高，并且在《行政处罚法》颁布以前，我国对行政处罚的认识不够明确，在立法和司法实践中，对行政处罚行为和其他行政措施并未进行明确的区分，行政命令与行政处罚概念的使用较为混乱。立法上的先天不足导致对责令法律规范的识别异常困难。对责令法律规范的识别不能仅根据规范中责令行为所使用的词语，也不能根据该规范在法律条款中所处的位置，而应当借助我国行政法律行为研究的基础理论，利用法律解释学等方法对责令法律规范进行逐条甄别。

【典型案例1】

某有限责任公司申请行政复议案①

2017年8月2日，行政复议申请人某有限责任公司因不服行政复议被申请人珠海市环保局2017年6月5日作出的《责令改正违法行为决定书》（珠环违改字［2017］2710号）向珠海市人民政府申请行政复议，请求撤销《责令改正违法行为决定书》。

申请人称：(1) 其不是适格的具体行政行为相对人，被申请人遗漏了真正的责任主体，因此作出的处罚是错误的。(2) 被申请人没有查明涉案事实，作出的处罚不公正。(3) 被申请人作出的行政处罚决定书程序上不合法。

被申请人对行政复议申请书回应称：(1) 其作出的《责令改正违法行

① 广东省珠海市人民政府珠府行复〔2017〕314号行政复议决定书（环保）.

为决定书》认定的责任主体准确。(2)《责令改正违法行为决定书》调查程序合法、认定事实准确。(3)《责令改正违法行为决定书》属于行政命令而非行政处罚，不适用行政处罚程序的规定。根据《环境行政处罚办法》第12条第1款第3项及第2款的规定："根据环境保护法律、行政法规和部门规章，责令改正或者限期改正违法行为的行政命令的具体形式有：……(三)责令停止生产或者使用……""根据最高人民法院关于行政行为种类和规范行政案件案由的规定，行政命令不属于行政处罚。行政命令不适用行政处罚程序的规定"，《责令改正违法行为决定书》为行政命令而非行政处罚决定，并不适用《行政处罚法》(2009年)第42条的规定，无须事先告知及举行听证程序。所以，《责令改正违法行为决定书》的程序合法。综上所述，被申请人认为某有限责任公司的违法事实清楚、证据充分，作出的行政命令适用法律正确，应当依法予以支持。

最终，该市市政府依据《行政复议法》(2009年)第28条第1款第1项的规定，维持了被申请人作出的《责令改正违法行为决定书》。

【典型案例2】

某公司诉市环保局行政命令案①

原告某公司于1994年9月登记成立并投入生产，主要从事聚酯水性涂料生产。原告油漆、涂料生产建设项目《建设项目环境影响报告表》于2007年12月11日由市环境科学研究所作出评价结论与建议，2007年12月20日经管理区环境保护管理局审查同意，2008年1月经被告市环保局审批，但建设项目主要生产设备及主要环保设备清单中未包括6个反应釜和1个60万大卡导热油炉。此后，原告并未按《建设项目环境影响报告表》中市环境科学研究所提出的建议，"认真执行污染防治设施与主体工程'三同时'制度，各项污染治理设施均应按要求报市环保行政管理部门验收后投入使用"向被告申报验收。2010年12月15日，被告对原告进行现场检查，发现原告反应釜没有配套污染防治设施；导热油炉用木材作燃料，配套湿

① 张潮鸿．行政机关作出《责令改正违法行为决定书》具体行政行为的性质：新侨公司诉市环保局行政命令案．(2018-01-24)［2019-01-22］．http://www.360doc.com/content/18/0124/09/22402250_724626271.shtml.

式除尘设施一套，废气经水淋后高空排放；湿式除尘产生废水经三级沉淀池沉淀后外排，沉淀池边有一排放口；现场无法提供环保审批手续。2010年12月22日，在原告厂区排水口及厂房锅炉下排水沟进行采样，送环境监测站进行监测。监测结果：厂区排水口 pH 值 4.75，化学需氧量 8 460mg/L。被告于2011年1月19日作出揭环违改字（2011）第001号《责令改正违法行为决定书》，责令该公司自接到决定书之日起立即停止涂料及其类似产品制造项目的生产，直至验收合格。

【案例点评】

上述两案的主要争议焦点是环保局作出的是行政处罚还是行政命令。

责令性环境行政行为作为环境行政主体进行环境行政执法的重要手段之一，在立法和实践中被广泛运用。责令性环境行政行为在环境行政执法当中存在的最主要问题是法律性质界定不清。我国的环境规制除了行政命令之外，还有行政处罚。两个制度虽然在形式上得到了《环境保护法》《环境行政处罚办法》的确认，但实际上有时会因这两个制度自身特点被混淆，如在案例1中，行政相对人认为《责令改正违法行为决定书》是行政处罚，实际上应该是行政命令。总体看，二者存在如下区别：在形式上，责令改正是命令相对人为或者不为一定行为，其关键是相对人被动进行改正违法状态的行为，从而能够达到消除损害后果、恢复管理秩序的目的。行政处罚是限制或者剥夺相对人的权利或资格，是行政机关主动实施的处罚行为，从而让相对人对自己的违法行为承担不利的法律后果。在实质上，行政处罚最本质的属性是惩罚性，在行政相对人违反了法律法规时，强制其承担额外的义务，即为相对人设定新的义务。而责令改正是行政主体要求违法相对人停止违法行为，并履行其应当履行的义务，这就是说行政主体没有设定新的义务，只是要求相对人履行原本应当承担的义务。这种义务不是额外设定的义务，也不是对相对人权利的限制或剥夺，而是通过命令相对人履行本应遵守的行政法上的义务以达到从违法状态恢复到合法状态的目的。①

对责令改正的法律属性的认识有“行政处罚说”“行政强制说”“多重

① 王轶．论行政责令行为．上海：华东政法大学，2014.

属性说”等。责令改正行为不具有惩罚性，不属于行政处罚这一点已经得到我国学界及立法实践的认可。环境保护部颁布的《环境行政处罚办法》第12条规定“责令停止生产或者使用”是责令当事人改正或者限期改正违法行为的行政命令的具体形式之一，同时“根据最高人民法院关于行政行为种类和规范行政案件案由的规定，行政命令不属于行政处罚。行政命令不适用行政处罚程序的规定”。案例中的责令改正是环境保护部门依照职权，要求违法当事人对违法后果进行补救，使其不法状态恢复为合法状态，依照《环境行政处罚办法》的规定，应该认定《责令改正违法行为决定书》属环境行政命令。

案例 1 编号：ZF/2017/012

案例 2 编号：ZF/2011/001

案例编辑人：周利海

5.1.2　责令改正违法行为程序要求

【知识点解析】

程序对行政权力的控制是实现法治国家和社会正义的重要途径。虽然我国环境行政命令程序的规定付之阙如，但环境行政命令作出程序必须服从正当性的要求。环境行政命令的程序规制是确保行政权力在法律的框架内行使，防止环境行政命令侵犯合法权益的必然要求。虽然环境行政命令不属于行政处罚，不适用行政处罚程序的规定[①]；但在作出环境行政命令时，依然要充分听取行政相对人的意见，告知其具有依法获得相应救济的权利。

我国《行政诉讼法》第6条规定：“人民法院审理行政案件，对行政行为是否合法进行审查。”人民法院的合法性审查包括实体法和程序法两个层面。实践中因程序违规而被人民法院裁定不予执行的案件不胜枚举。

---

① 《环境行政处罚办法》第12条.

【典型案例】

某景区旅游开发有限责任公司与某县环保局环境保护行政管理案[①]

在该案中，原告某景区旅游开发有限责任公司诉称，原告系2003年4月14日经工商部门核准设立的企业，经营范围为正餐服务、食品销售、旅游开发，经营期限至2073年4月13日。2017年7月13日，被告某县环保局送达兴环责改字［2017］A06号《责令改正违法行为决定书》，责令原告立即停止在饮用水水源一级保护区内从事旅游、餐饮经营活动。原告认为被告作出的涉诉决定未告知其有陈述、申辩、要求听证的权利，程序违法。涉诉决定认定事实不清、证据不足，原告经营的场所离该县某水库生活水源取水点（该取水点于2013年设立）远超过500米，取水点的设立没有任何单位通知原告，其对污水排放会进行无害化处理，即使存在污染情形也必须由有资质的机构出具相应检测报告并应通知原告整改或采取其他措施，而不是责令停止营业；原告开发的项目以陆地上绿色旅游为主，没有经营水上娱乐活动。涉诉决定适用《水污染防治法》（2008年）第81条规定明显错误，原告不存在新建、改建、扩建项目的情形，该法第2款是针对在饮用水水源一级保护区内的相关违法行为的规定。请求依法判决撤销被告作出的兴环责改字［2017］A06号《责令改正违法行为决定书》；本案诉讼费由被告承担。

法院认为，根据《环境保护法》（2015年）第10条的规定，被告具有对其辖区内的环境保护工作实施监督管理的职权。根据《环境行政处罚办法》第12条的规定，本案涉诉责令改正违法行为决定系行政命令非行政处罚，该行政命令对原告的财产权造成了影响，原告可依法提起行政诉讼。虽然法律法规对行政命令没有作出程序规定，但行政机关仍需遵循行政法的一般程序原则，让行政相对人享有陈述、申辩的权利。然而从被告提交的证据可知，其在作出涉诉决定前并未告知原告享有陈述、申辩的权利，违反了行政正当程序原则，依法应撤销涉诉决定；但由于撤销该涉诉决定

---

① 江西省于都县人民法院（2017）赣0731行初138号行政判决书．

将对社会公共利益造成重大损害，应确认涉诉决定违法。鉴于被告在作出涉诉决定时未对被告经营时间在前，而当地政府确定该县城市集中式饮用水水源地保护区划定范围的时间在后的事实予以考虑，还应责令被告采取相应的补救措施。

依照《行政诉讼法》（2017 年）第 74 条第 1 款第 1 项、第 76 条之规定，法院作出了判决如下判决：（1）确认被告于 2017 年 7 月 13 日作出的兴环责改字［2017］A06 号《责令改正违法行为决定书》违法；（2）责令被告采取相应的补救措施。

【案例点评】

本案中作出涉诉决定前被告并未告知原告享有陈述、申辩的权利，违反了行政法正当程序原则。责令改正的效力与其他具体行政行为一样，都具有确定力、公定力、拘束力和执行力。责令改正的决定一旦作出，行政相对人必须严格履行改正或限期改正的义务，如果拒不改正或逾期改正的话会受到行政制裁。在严格限制公权力使用的趋势下，规范行政机关的行政执法行为势在必行。虽然在《行政处罚法》《行政诉讼法》《行政复议法》中并未找到明确的法律规定和程序要求，我国也未制定统一的行政程序法，但环境行政命令作为一种对行政相对人权利和自由限制的不利行为，作出前需严格遵守调查取证，告知事实、理由依据和有关权利，听取陈述、申辩，作出决定、送达决定的要求。对于环境行政命令的救济，行政相对人除能提起行政复议与行政诉讼外，也许保障行政相对人陈述、申辩的权利是仅有的第三种方式。

案例编号：ZF/2017/013

案例编辑人：周利海

5.1.3 责令改正违法行为是否受时效限制

【知识点解析】

《行政处罚法》第 36 条规定："违法行为在二年内未被发现的，不再给予行政处罚；涉及公民生命健康安全、金融安全且有危害后果的，上述期限延长至五年。法律另有规定的除外。前款规定的期限，从违法行为发生之日起计算；违法行为有连续或者继续状态的，从行为终了之日起计算。”《行政处罚法》第28条第1款规定：“行政机关实施行政处罚时，应当责令当事人改正或者限期改正违法行为。”责令改正与行政处罚相伴相随，《行政处罚法》对违法行为规定了追究时限，但对责令改正未作相关规定。因此，执法实践中出现了这样的问题，对于超过追究时限的违法行为不再给行政处罚，那么对于超过行政处罚追究时限，责令当事人改正或者限期改正违法行为的环境行政命令是否仍可作出呢？我们认为，追究时限完成之后，是否还可以或者应当责令当事人改正违法行为，应具体情况具体分析，不宜一概而论。发现违法行为时如果已超过追究时限，且违法行为不宜或不能改正的，则不宜再责令当事人改正。如果发现行为时，对违法行为的处罚虽然已超过追究时限，但违法行为还可以改正或者说还有改正的必要，应责令其改正。

【典型案例】

某石材加工厂责令改正行为行政复议案①

2011年10月28日，行政复议被申请人某区环境保护局对行政复议申请人某石材加工厂进行了检查，发现申请人石材加工建设项目需要配套建设的环境保护设施未经验收，主体工程于2000年1月正式投入生产，遂立案进行调查。经立案、调查询问和告知陈述申辩等程序，被申请人作出《责令改正违法行为决定书》（以下简称《决定书》），责令申请人改正违法行为，停止使用该建设项目。申请人认为，其企业规模小，属石材加工行业，地处山区、人烟稀少，不存在配套的环境保护设施验收问题，且于2000年开业，如有违法情况也已经过了行政处罚时效，不应受到处罚，被申请人的行为损害了企业合法经营权。申请人向行政复议机关申请行政复

① 责令改正违法行为是行政处罚还是行政命令（十九）.（2017-03-16）[2021-03-16].http://sfj.beijing.gov.cn/sfj/index/xzfyal/483127/index.html.

议，请求撤销被申请人作出的《决定书》并赔偿其停产停业损失。

被申请人认为，其作为依法审批该建设项目的行政主管部门，有权作出责令改正违法行为的决定，责令停止生产属行政命令，而不是行政处罚。该建设项目对环境影响很小，应当依法填报环境影响登记表，落实环评批复中的要求，并向审批部门申请验收。申请人的违法行为一直处于连续状态，期限计算应从行为终了之日起计算，被申请人不存在损害企业合法经营权的行政违法行为，请求依法予以维持。

行政复议机关认为，国家有关环保法律、行政法规和规章明确规定国家实行建设项目环境影响评价制度、“三同时”制度和验收制度。对环境影响很小、不需要进行环境影响评价的建设项目，要求填报环境影响登记表，但应依法履行验收手续。被申请人发现申请人石材加工建设项目需要配套建设的环境保护设施未经验收，主体工程投入生产，且违法行为一直处于连续状态，经过法定程序作出责令申请人停止使用该建设项目的决定，属行政命令，该决定符合法律法规的规定。根据《行政复议法》（2009 年）第 28 条第 1 款第 1 项的规定，决定对被申请人作出的《决定书》予以维持。

【案例点评】

《环境行政处罚办法》第 12 条将“责令停止生产或者使用”列为行政命令具体形式之一，根据《最高人民法院关于规范行政案件案由的通知》（法发〔2004〕2 号），行政命令不属于行政处罚。行政命令的目的是制止环境违法行为，督促其回归合法状态，不具有惩罚性。本案中，环保行政机关对配套的环境保护设施未经验收的石材加工建设项目责令停止使用，只是督促其回归合法状态，不具有惩罚性。《行政处罚法》（2009 年）第 36 条规定，“违法行为在二年内未被发现的，不再给予行政处罚。法律另有规定的除外”。责令改正违法行为的决定是行政命令，不属于行政处罚，故不受 2 年追究时限的限制。

案例编号：ZF/2011/002

案例编辑人：周利海

5.1.4 责令改正行为与连续违法认定

【知识点解析】

环境违法行为是否存在是生态环境主管部门或者其他负有生态环境监管职责的部门判断企业是否违法、是否应给予处罚及行政命令、给予何种处罚及行政命令，以及是否行政拘留、移交实施环境刑法措施的关键依据。《行政处罚法》第29条规定，“对当事人的同一个违法行为，不得给予两次以上罚款的行政处罚”。因此，面对一个环境行政处罚案件时，首先要确定违法行为的个数，存在一个还是多个违法行为。连续性的环境违法行为是指基于同一的或者概括的违法故意，连续实施性质相同的数个行为，触犯同一罚则的环境违法行为。处于“连续状态”“持续状态”的环境违法行为被生态环境执法部门查处后应给予一次行政处罚。如果行政相对人在被处罚后仍然继续同一性质违法行为的，则重新构成一个新的违法行为，可以再次对其进行处罚。

【典型案例】

某环境工程有限公司与珠海市环境保护局连续行政处罚违法纠纷案[①]

2016年9月27日，被告广东省珠海市环保局的执法人员对原告某环境工程有限公司进行现场检查并制作笔录，被告检查了该环境工程有限公司生产车间及废气处理设施，现场检查时原告正常生产，对垃圾存量进行处理，进料车间停止进料工作，废气处理设施正常运行，被告执法人员及监测人员进行了采样监测，采样过程均有原告工作人员在场确认。

同年9月30日作出的《监测报告》结果显示“臭气浓度”超过标准限值。2016年11月2日，被告对原告涉嫌违反排污许可证要求排放污染物的环境违法行为进行立案。

同年11月14日，被告执法人员对原告工作人员进行调查询问，并制作询问笔录，对于同年9月9日到原告处采样的事实进行了确认。同年11月

① 广东省珠海市金湾区人民法院（2017）粤0404行初286号行政判决书.

24日，被告向原告出具《责令改正违法行为决定书》。该《责令改正违法行为决定书》认定，原告实施了不按排污许可证要求排放污染物的违法行为，违反了《广东省环境保护条例》（2015年）第21条的规定，依据《行政处罚法》（2009年）第23条和《广东省环境保护条例》（2015年）第66条第1款有关规定，责令原告立即改正违法行为，并于同年11月30日前将改正情况书面报告被告。

2017年4月21日，被告作出珠环罚字［2017］45号《行政处罚决定书》，认定在2016年9月27日、同年11月14日对原告进行的调查中，发现其实施不按排污许可证要求排放污染物的违法行为，违反了《广东省环境保护条例》（2015年）第21条第1款的规定，依据《广东省环境保护条例》（2015年）第66条第1款及《广东省环境保护厅关于〈广东省环境保护条例〉的环境行政处罚自由裁量权裁量标准》第6条的规定，作出罚款20万元的行政处罚。

另查明，被告于2016年8月14日对原告进行现场检查及采样监测，并于同年8月30日向某环境工程有限公司出具了《责令改正违法行为决定书》，认定原告实施了不按排污许可证要求排放污染物的违法行为，责令原告于同年9月30日之前改正违法行为，并于同年9月30日前将改正情况书面报告被告；后于同年10月31日作出珠环罚字［2016］107号《行政处罚决定书》，对原告罚款20万元。被告于2016年9月9日再次对原告进行现场检查及采样监测，并于同年9月26日出具《责令改正违法行为决定书》，责令原告于2016年10月25日之前改正违法行为，并于同年10月25日前将改正情况书面报告被告；后于2017年1月11日作出珠环罚字［2017］10号《行政处罚决定书》，对原告罚款20万元。

一审法院判决：撤销被告广东省珠海市环保局于2017年4月21日作出的珠环罚字［2017］45号《行政处罚决定书》。

【案例点评】

本案中，被告于2016年8月14日对原告进行现场检查及采样监测后，向原告出具《责令改正违法行为决定书》，责令原告于同年9月30日之前改正违法行为，并于同年9月30日前将改正情况书面报告被告。但是，2016年9月9日，被告再次对原告进行检查监测，因该次检查监测结果不合格，认定原告实施不按排污许可证要求排放污染物的违法行为，据此作出珠环罚字［2017］10号《行政处罚决定书》；2016年9月27日，被告第三次对原告进行监测，并作出涉案《行政处罚决定书》。由此可见，在第一次责令改正期限尚未届满时，被告又将原告未按要求改正的行为认定为新的违法行为，并作出珠环罚字［2017］45号《行政处罚决定书》进行处罚，违反了《环境行政处罚办法》第11条“环境保护主管部门实施行政处罚时，应当及时作出责令当事人改正或者限期改正违法行为的行政命令。责令改正期限届满，当事人未按要求改正，违法行为仍处于继续或者连续状态的，可以认定为新的环境违法行为”的规定。本案中，原告的“连续状态”违法行为，不宜被认定为新的违法行为而再次对其进行处罚，否则将违反行政行为的信赖利益保护原则和前述《环境行政处罚办法》第11条的规定。

案例编号：ZF/2017/014

案例编辑人：周利海

5.1.5　环境行政命令保障实施

【知识点解析】

环境行政命令得到实质性执行是环境行政命令立法所追求的根本目标。环境行政命令得不到实质性执行，会使立法目的落空，会对国家法律权威和行政权威造成严重的损害。环境行政命令的实现有两种途径：一是行政相对人迫于行政命令所明示的、法律上的强制约束力以及行政命令所蕴含的行政主体调控社会资源的能力，主动履行环境行政命令所设定的义务；二是由行政主体自行或通过法院强制行政相对人履行或达到与履行相同的效果，即强制执行。

【典型案例】

某市环境保护局与某有限公司行政命令申请法院强制执行案[①]

申请执行人某市环保局于2016年9月23日向法院申请强制执行其于2015年11月16日作出的珠环违改字〔2015〕6035号《责令改正违法行为决定书》。申请执行人认定，被执行人某有限公司实施了以下违法行为：建设项目需要配套建设的环境保护设施未经验收合格，主体工程已正式投入生产，违反了《建设项目环境保护管理条例》（1998年）第23条的规定。申请执行人根据该条例第28条的规定，责令被执行人于2015年11月16日之前立即停止生产，并于同年11月18日前将改正情况书面报告市环境保护局。被执行人不服，申请行政复议。该市人民政府于2016年3月24日作出《行政复议决定书》，决定维持申请执行人作出的珠环违改字〔2015〕6035号《责令改正违法行为决定书》。被执行人不服该行政复议决定，提起行政诉讼，后于2016年6月27日提出撤诉申请。人民法院于2016年6月27日作出（2016）粤0404行初56号行政裁定，裁定准许原告撤回起诉。该裁定于2016年6月30日发生法律效力。

由于被执行人未履行立即停止生产的义务，申请执行人向法院申请强制执行，并提供相应的证据材料。法院认为，申请执行人所作的珠环违改字〔2015〕6035号《责令改正违法行为决定书》已经市人民政府行政复议决定维持，被执行人在诉讼过程中申请撤回起诉并经人民法院准许，该裁定已于2016年6月30日发生法律效力。被执行人应当履行立即停止生产的义务，但经申请执行人催告后，其至今仍未履行。申请执行人向法院申请强制执行，符合法律规定。依照《行政诉讼法》（2014年）第95条、《行政强制法》第57条之规定，裁定如下：准予强制执行申请执行人作出的“立即停止生产”的珠环违改字〔2015〕6035号《责令改正违法行为决定书》。

【案例点评】

尽管责令改正的环境行政命令仅是一种意思表示，但却以行政处罚或

① 广东省珠海市中级人民法院（2016）粤0402行审241号行政裁定书.

行政强制执行作为保障。我国行政命令执行主体的确定标准是：法律直接授权行政机关强制执行的，由行政机关强制执行；法律没有特别授权的，则由行政机关申请法院强制执行。2010 年 7 月 22 日，原环境保护部发布的《关于环保部门可以申请人民法院强制执行责令改正决定的复函》（环函〔2010〕214 号）中提到，责令改正决定属于具体行政行为的一种形式。当事人逾期不申请行政复议、不提起行政诉讼又不履行责令改正决定的，环保部门可以向人民法院申请强制执行，并遵守《最高人民法院关于执行〈中华人民共和国行政诉讼法〉若干问题的解释》（已失效）规定的有关条件和要求。因此，对于环境行政命令的执行，行政机关可以申请法院强制执行。

案例编号：ZF/2016/007

案例编辑人：周利海

5.2　环境行政命令具体措施

5.2.1　责令停止建设

【知识点解析】

责令停止建设是一种具体行政行为，属于责令改正的具体行政行为。其主要针对建设项目“未批先建”的违法情形。“未批先建”违法行为是指，建设单位未依法报批建设项目环境影响报告书（表），或者未按照《环境影响评价法》第 24 条的规定重新报批或者重新审核环境影响报告书（表），擅自开工建设的违法行为，以及建设项目环境影响报告书（表）未经批准或者未经原审批部门重新审核同意，建设单位擅自开工建设的违法行为。[①] 法律规定建设单位未依法报批建设项目环境影响报告书、报告表，或者未依照规定重新报批或者报请重新审核环境影响报告书、报告表，擅

① 《关于加强“未批先建”建设项目环境影响评价管理工作的通知》（环办环评〔2018〕18 号）。

自开工建设的，由县级以上生态环境主管部门责令停止建设。实践中哪些建设项目需要重新报批或者报请重新审核环境影响，主要依据建设项目的性质、规模、地点、采用的生产工艺或者防治污染、防止生态破坏的措施是否发生重大变动或建设项目的环境影响评价文件自批准之日起是否超过5年，来进行判断。

【典型案例1】

某机场“未批先建”被责令停止建设案[①]

2017年11月20日，建设单位菏泽牡丹机场建设投资有限公司以《菏泽牡丹机场建设投资有限公司关于请予审批〈山东菏泽民用机场建设项目环境影响报告书〉的请示》（某机建投［2017］22号）文件向原环境保护部申请审批，原环境保护部于2017年12月对报告书进行受理，委托进行技术评估。但在技术评估过程中，发现项目在尚未获得环评批复的情况下已擅自开工建设，在报送审批前，该项目环境违法行为未经查处，原环境保护部决定终止该项目环评审批程序，退回环境影响报告书。[②]

2018年2月1日，菏泽市定陶区环保局向建设单位菏泽牡丹机场建设投资有限公司出具了《菏泽市定陶区环境保护局行政处罚决定书》（菏定环罚字［2018］09号），决定对该公司作出如下行政处罚：（1）责令停止建设；（2）罚款19 890 000元。

【案例点评】

依据《环境影响评价法》（2016年）第31条第1款之规定，“建设单位未依法报批建设项目环境影响报告书、报告表，或者未依照本法第二十四条的规定重新报批或者报请重新审核环境影响报告书、报告表，擅自开工

① 菏泽机场未批先建罚款1 989万元 环保部重新受理．（2018－03－10）［2019－01－22］．http://dy.163.com/v2/article/detail/DCHHVGC40517CL1O.html.

② 《关于进一步加强环境影响评价违法项目责任追究的通知》（环办函〔2015〕389号）规定，各级环境保护部门收到建设项目环评审批、竣工环境保护验收申请时，应当首先对建设项目是否存在环评违法行为及其行政处罚、整改、责任追究等情况进行审查。对于未依法实施行政处罚、未按处罚要求整改到位的环评违法项目，一律不予受理其环评文件、竣工环境保护验收申请。

建设的，由县级以上环境保护行政主管部门责令停止建设，根据违法情节和危害后果，处建设项目总投资额百分之一以上百分之五以下的罚款”。

本案当中的责令停止建设仅是要求改正违法行为，并无惩戒性，目的只是制止违法行为，防止将来生产中的危害后果的发生，是在危害后果到来之前及时采取的行政措施。而行政处罚是对行政违法行为的事后制裁，责令停止建设仅是要求违法者停止违法行为，并不是制裁。2010 年 3 月 1 日起施行的《环境行政处罚办法》也已将责令停止建设归类为行政命令。[①]执法实践中，环境行政命令有时以单独的书面形式作出，有时在《行政处罚决定书》中一并作出，各级生态环境主管部门作为环境执法主体，一定要防止在《行政处罚决定书》中误将责令停止建设作为一种处罚加以运用。

案例编号：ZF/2018/010

案例编辑人：周利海

【典型案例 2】

广东省环保厅责令停止建设并暂缓执行案[②]

2016 年 4 月 19—21 日，广东省环保厅组织辖区市环保部门对某高速公路工程项目进行环保“三同时”执法检查，发现该高速公路工程项目环境影响报告书于 2010 年 12 月 6 日获得批复，2013 年 11 月全面开工建设。至检查时，该项目仍在施工，主线横向位移超过 200 米的路线累计超过 30%，其中×××隧道段路线摆动较大，新穿越了水库饮用水水源二级保护区，并增加了 3 条连接线。该项目的环境影响评价文件经批准后，项目的规模、地点、防治污染的措施等发生了重大变动，但未重新报批环境影响评价文件便擅自开工建设。[③] 此外，该项目××至××段已于 2015 年 12 月建成主线路段并通车运行，部分需配套的环境保护设施未与主体工程同时投入试运行。

---

① 《环境行政处罚办法》第 12 条.

② 广东省环境保护厅粤环违改字〔2016〕2 号责令改正违法行为决定书.（2018-08-08）[2018-12-20].http://www.gdep.gov.cn/zwxx_1/zfgw/shbtwj/201608/t20160819_214503.html.

③ 建设项目“重大变动”如何界定？部分行业可依据《关于印发环评管理中部分行业建设项目重大变动清单的通知》（环办〔2015〕52 号）和《关于印发制浆造纸等十四个行业建设项目重大变动清单的通知》（环办环评〔2018〕6 号）进行判断。

上述事实有2016年4月19至20日执法人员的现场检查笔录和调查询问笔录及现场照片、20至21日辖区市环保局的现场检查记录、高速公路有限公司提供的相关材料等为证。

广东省环保厅遂作出如下责令改正决定：(1) 责令该公司负责建设的高速公路工程项目停止建设。鉴于高速公路工程项目停止建设将影响公共利益，故将“责令停止建设”暂缓至2016年12月31日执行。在此期间，该公司应采取切实有效措施防止环境影响，并主动接受工程所在地环保部门的监督管理。(2) 责令该公司限于2016年9月30日前改正高速公路工程项目××至××段部分需配套的环境保护设施未与主体工程同时投入试运行的环境违法行为。

【案例点评】

本案当中广东省环保厅根据《环境保护法》(2015年) 第61条和《广东省环境保护条例》(2015年) 第72条的规定对建设项目作出了停止建设的决定，但鉴于高速公路工程项目停止建设将影响公共利益，将“责令停止建设”暂缓执行。行政机关作出具体行政行为时，需要兼顾合法性与合理性要求，但依法行政是前提。本案一定程度上体现了行政管理注意行政行为的合理性和可接受度。然而，灵活处理、兼顾合理性并不是放弃依法行政的理由。本案中广东省环保厅决定暂缓处理没有法律依据，是否属拖延履行法定职责值得思考。作为借鉴，《行政诉讼法》(2017年) 第56条规定：“诉讼期间，不停止行政行为的执行。但有下列情形之一的，裁定停止执行：(一) 被告认为需要停止执行的；(二) 原告或者利害关系人申请停止执行，人民法院认为该行政行为的执行会造成难以弥补的损失，并且停止执行不损害国家利益、社会公共利益的；(三) 人民法院认为该行政行为的执行会给国家利益、社会公共利益造成重大损害的……”因此，在没有法律明确授权的情况下，暂缓执行应当由法院裁定，而不是由生态环境主管部门自行决定。

案例编号：ZF/2016/008

案例编辑人：周利海

5.2.2 责令停止生产或使用

【知识点解析】

“责令停产”与“责令停止生产或使用”，从字面意义上似乎没有区别，有人认为“责令停产”是“责令停止生产”的简称，使得在环境执法中二者经常被混淆。然而“责令停产”与“责令停止生产”有着本质区别，前者属于环境行政处罚，后者属于环境行政命令。《行政处罚法》规定的责令停产，是指国家行政机关对违反行政管理法规的经营性组织，依法在一定期限内剥夺其从事某项生产权利的行政处罚，将直接影响企业的生产与经营利益。因此，对比较严重的行政违法行为才适用。而责令停止生产，应是指行政机关为制止正在发生或已经发生的违法行为，而责成违法行为人立即停止违法行为、消除违法后果的一种行政命令。在具体案件的处理中，适用“责令停产”还是“责令停止生产”，应当结合违法行为的性质，选择适用相应的具体法律法规条款。

就目的和功能而言，在我国环境法律法规中“责令停产”是对生产经营违法排污行为的制裁和惩罚，通常是对生产经营者实施违法排污活动或是不按要求进行限期治理的制裁。根据《行政处罚法》第28条的规定，行政机关实施行政处罚时，应当“责令改正”或者“责令限期改正”违法行为。“责令停止生产”则主要为纠正违法行为，恢复正常行政管理秩序，其是作为行政处罚决定的补充措施而采取的。“责令停止生产”，在我国环境法律法规中通常是在建设项目需要配套建设的环境保护设施未建成、未验收或经验收不合格，而主体工程擅自投入生产或使用的情况下，对建设者实施的一种责令改正违法行为的行政命令。

【典型案例】

某生猪屠宰场不服责令停止生产决定案[1]

2017年2月22日，被告某市环保局向原告某生猪屠宰场作出丽环

[1] 浙江省杭州市西湖区人民法院（2017）浙0106行初217号行政判决书.

（莲）违改〔2017〕1号《责令改正违法行为决定书》，载明：2017年1月19日，被告所辖某区分局对原告“年屠宰4 800头生猪”项目进行现场检查。经调查发现，原告生猪日屠宰数260头，已超出环保审批文件“年屠宰4 800头生猪”的项目规模；另外，原告“年屠宰4 800头生猪”项目于2000年5月经环保部门审批同意后，至今未办理建设项目环保“三同时”验收，违反了《建设项目环境保护管理条例》（1998年）第23条的规定。根据《建设项目环境保护管理条例》（1998年）第28条的规定，责令原告停止生产。原告不服，于4月21日向省环保厅申请复议。省环保厅于6月30日作出浙集复13〔2017〕4号《行政复议决定书》，维持被告作出的责令改正决定。原告不服，依法起诉至某区人民法院，请求撤销《责令改正违法行为决定书》和《行政复议决定书》。

法院经审理认为，《建设项目环境保护管理条例》（1998年）第23条规定：“建设项目需要配套建设的环境保护设施经验收合格，该建设项目方可正式投入生产或者使用。”第28条规定：“违反本条例规定，建设项目需要配套建设的环境保护设施未建成、未经验收或者经验收不合格，主体工程正式投入生产或者使用的，由审批该建设项目环境影响报告书、环境影响报告表或者环境影响登记表的环境保护行政主管部门责令停止生产或者使用，可以处10万元以下的罚款。”“责令停止生产”限制、剥夺了原告继续开展屠宰项目生产、经营的权利，具有惩罚性和强制性，属于行政处罚。《行政处罚法》（2009年）第3条第1款规定，给予公民、法人或者其他组织行政处罚的，应当由行政机关依照法定程序实施。该法第42条第1款规定，行政机关作出责令停产停业、吊销许可证或者执照、较大数额罚款等行政处罚决定之前，应当告知当事人有要求举行听证的权利；当事人要求听证的，行政机关应当组织听证。但本案中，市环境保护局在作出责令原告停止生产的《责令改正违法行为决定书》前，并未告知原告有要求举行听证的权利，违反了《行政处罚法》（2009年）第42条第1款的规定，属程序违法，应予撤销。省环保厅作出的维持《责令改正违法行为决定书》行政复议决定亦违法，一并予以撤销。

【案例点评】

《行政处罚法》中的“责令停产”与环境法律法规中规定的“责令停止生产”有本质区别。即“责令停产”属于行为罚，是对当事人的权益有重大影响的行政处罚。“责令停止生产”是要求、命令纠正违法行为，是责令改正的具体表现形式，是一种行政命令。

在《行政处罚法》(2021年）第9条第4项和2010年1月19日原环境保护部修订后的《环境行政处罚办法》第10条第4项中都将“责令停产”列入了行政处罚的种类之中。《环境行政处罚办法》第12条却将“责令停止生产”并行列举为“责令改正”形式之行政命令的一种，同年年底公布的《环境行政处罚听证程序规定》第5条和第44条也作出了类似的规定。这两个语义相同的词，同时出现在同一部环境立法文件之中，却被赋予了迥然不同的法律意义。

要解决本案的争议，可以依据原环境保护部在《关于环保部门可以申请人民法院强制执行责令改正决定的复函》（环函〔2010〕214号）中作出的行政解释。在具体案件的处理中是“责令停产”还是“责令停止生产”，应当结合违法行为的性质，选择适用相应的具体法律法规规章条款。因此，判断一个行政行为是否是行政处罚，还要看这一行为是否符合行政处罚的属性，即行政处罚是对当事人违反行政法律规范行为的制裁。

本案中，生态环境主管部门对违反“三同时”即投产的违法企业作出的“责令停止生产”的具体行政行为应属于行政命令，而不是行政处罚，不需要适用行政处罚的程序规定，可直接以环境违法行为改正决定书的形式作出。

但需要提示的是，当生态环境主管部门作出责令改正决定时，应当告知行政管理相对人依法享有申请行政复议或者提起行政诉讼的权利，同时还必须在违法行为改正决定书中告知当事人起诉期限。

案例编号：ZF/2017/015

案例编辑人：周利海

5.2.3 责令限期拆除

【知识点解析】

行政机关责令当事人限期拆除是要求当事人履行恢复原状的义务。责令限期拆除并不会剥夺当事人的某项合法权利，其目的的达到需要相对人的配合。限期拆除的适用情形有：在饮用水水源保护区建设畜禽养殖场、养殖小区的；在饮用水水源一级保护区内新建、改建、扩建与供水设施和保护水源无关的建设项目的；在饮用水水源二级保护区内新建、改建、扩建排放污染物的建设项目的；在饮用水水源准保护区内新建、扩建对水体污染严重的建设项目，或者改建建设项目增加排污量的；在饮用水水源保护区内设置排污口的；违反法律、行政法规和国务院环境保护主管部门的规定设置排污口或者私设暗管的；未持有经审核和批准的环境影响报告书，兴建海岸工程建设项目的；等等。限期拆除在很大程度上是恢复原状的具体形式，有时结合使用，如在饮用水水源保护区内设置排污口的，由县级以上地方人民政府责令限期拆除、恢复原状。对当事人作出“责令限期拆除”的行政命令后，当事人在法定期限内既不申请行政复议，也不提起行政诉讼，又不履行拆除义务的，依据法律规定，政府有权责令拆除或关闭。但对于一些“原来合法存在的项目”，政府应该是先给予补偿，还是应先拆除，我国环境法律当中并未作规定。

【典型案例】

某砖厂无补偿责令拆除被撤销案①

原告浙江省慈溪市某砖瓦厂，20 世纪 50 年代就已存在。进入本世纪后，原告所在地被纳入了饮用水水源一级保护区。按照《水污染防治法》(2008 年) 第 58 条的规定，应予拆除。但就补偿问题，被告慈溪市政府和原告谈了数年，也没有达成一致。担心水源污染风险进一步扩大，被告在

① 砖厂成为水源地先拆除还是先补偿．(2017-01-03)［2018-12-11］．http://news.ifeng.com/a/20170103/50512804_0.shtml.

无法就补偿问题与原告达成一致的情况下，于2014年依照《水污染防治法》（2008年）第58条的规定作出决定，责令原告自行拆除与水源保护无关的建设项目。

原告在申请行政复议未获支持的情况下，将被告诉至法院。法院认为在作出责令拆除决定的过程中应当同时作出关于补偿内容的规定，否则构成对正当程序的侵犯，遂撤销了被告的拆除决定。

【案例点评】

本案例是涉及饮用水水源保护的典型案例。2008年修订的《水污染防治法》明确了国家建立饮用水水源保护区制度，规定："禁止在饮用水水源一级保护区内新建、改建、扩建与供水设施和保护水源无关的建设项目；已建成的与供水设施和保护水源无关的建设项目，由县级以上人民政府责令拆除或者关闭。""禁止在饮用水水源二级保护区内新建、改建、扩建排放污染物的建设项目，已建成的排放污染物的建设项目，由县级以上人民政府责令拆除或者关闭。"

本案的实质是在环境行政管理活动中，政府及生态环境部门需注重公共利益与私人利益的平衡，不能只考虑环境保护的需要，忽视对行政相对人的合法财产利益的保护。

案例编号：ZF/2014/004

案例编辑人：周利海

5.2.4 责令停止违法行为

【知识点解析】

责令停止违法行为指行政主体为预防或制止正在发生或可能发生的违法行为、危险状态及不利后果，要求违法行为人履行法定义务，停止违法行为，消除不良后果或恢复原状等具有强制性命令性的行政行为，这里的责令停止违法行为泛指一切破坏环境与自然资源的违法行为。责令停止违法行为可以直接责令违法相对人停止违法行为，也可以责令其停止具体的违法行为，其后面往往跟随着责令或者限期改正某行为的形式。责令停止违法行为本质上属于行政命令中的禁令，一经作出便为行政相对人设定了义务，是行政执法过程中的一种独立的行政行为。因此，为保障行政命令功能的正确行使，应赋予行政相对人法律救济的途径。公民、法人或其他组织认为行政机关和行政机关工作人员的行政行为侵犯其合法权益，依法可以申请行政复议或提起行政诉讼。

【典型案例】

某酒吧诉环保局责令改正违法行为案[①]

被上诉人（一审被告）甘肃省武威市凉州区环境保护局接到上诉人（一审原告）其辖区某酒吧环境噪声污染的投诉后，组织环境检查执法人员和环境检测人员先后于2012年11月23日、同年12月20日和同年12月22日22时零5分至23时零5分，对上诉人环境噪声及环境噪声污染防治情况实施了现场检查（勘查）和采样检测，其夜间场界4个检测点环境噪声排放值分别达到58.9分贝（A）、55.4分贝（A）、52.9分贝（A）、56.9分贝（A），均超过国家《社会生活环境噪声排放标准》（GB 22337—2008）规定的环境噪声排放标准。被上诉人于2012年12月22日制作了检测报告，认定上诉人夜间噪声达58.9分贝，超过国家规定的排放标准，其行为违反了《环境噪声污染防治法》（1997年）第43条第2款的规定，并依据该法第59条的规定，于2013年1月18日对上诉人作出《责令改正违法行为决定书》：责令其立即停止超标排放环境噪声的违法行为，限于2013年2月28日前，采取隔音降噪措施进行整改，并于同年2月28日前将改正情况书面报告。上诉人于2013年2月27日向区环保局提交了防噪音处理报告；同年4月17日，上诉人就被上诉人于1月18日作出的上述《责令改正违法行为决定书》向武威市环保局申请复议，复议机关武威市环保局以逾期为由不予受理。上诉人遂诉请法院撤销上述《责令改正违法行为决定书》。

---

① 动感酒吧诉武威市凉州区环境保护局环保行政命令案．(2014-12-19)［2018-12-11］．https://www.chinacourt.org/article/detail/2014/12/id/1519512.shtml.

武威市凉州区人民法院一审认为，被上诉人执法主体资格、执法程序合法。被告的检测报告所适用的检测标准（《社会生活环境噪声排放标准》）与上诉人所述的检测标准（《声环境质量标准》）是法律规定的两个不同的标准，前者是适用于对营业性文化娱乐场所、商业经营活动中使用的向环境排放噪声的设备、设施的管理、评价与控制的排放标准，后者是适用于声环境质量评价与管理的环境质量标准，被上诉人检测噪音的方式方法并不违背法律规定，其检测结果合法有效，遂判决维持被上诉人作出的责令改正违法行为决定书。上诉人上诉后，武威市中级人民法院二审认为，被上诉人在夜间经营期间环境噪声排放及环境噪声污染噪声已超过《社会生活环境噪声排放标准》的规定限度，其行为违反了《环境噪声污染防治法》(1997年）第43条第2款“经营中的文化娱乐场所，其经营管理者必须采取有效措施，使其边界噪声不超过国家规定的环境噪声排放标准”的规定，原判认定事实清楚，适用法律准确，判决驳回上诉、维持原判。

【案例点评】

责令停止违法行为是行政执法过程中的一种独立的具体行政行为。如果行政相对人实施的合法行为被行政主体错误实施了责令停止的命令，就会导致行政相对人的合法权益受到侵害。因此，为保障行政命令功能的正确行使，应赋予行政相对人法律救济的途径。如果行政相对人认为该行政命令将使其合法权益受到损害，可以提起行政复议或行政诉讼。该案中的某酒吧就责令改正行为提出行政复议与行政诉讼就是行政相对人行使法律救济的途径。

本案的意义还体现于，人民法院以裁判方式明确了噪声相关标准执法适用范围。由原环境保护部、国家质量监督检验检疫总局2008年10月1日起施行的《声环境质量标准》《社会生活环境噪声排放标准》《工业企业厂界环境噪声排放标准》，是环境检测、执法人员进行噪声监管的重要依据。前一项是环境质量标准，后两项是排放标准，它们的适用范围、检测方法及限值等均有不同，应根据检测对象及目的等因素作出正确选择。本案判决对《声环境质量标准》《社会生活环境噪声排放标准》的适用范围作了正确区分。

案例编号：ZF/2013/001

案例编辑人：周利海

5.2.5 责令恢复原状

【知识点解析】

“责令恢复原状”应属于《环境行政处罚办法》第12条所规定的“法律、法规或者规章设定的责令改正或者限期改正违法行为的行政命令的其他具体形式”之一种。恢复原状适用情形有：建设单位未依法报批建设项目环境影响报告书、报告表，或者未依照规定重新报批或者报请重新审核环境影响报告书、报告表，擅自开工建设的；建设单位未依法提交建设项目环境影响评价文件或者环境影响评价文件未经批准，擅自开工建设的；在饮用水水源保护区内设置排污口的；未经水行政主管部门或者流域管理机构审查同意，擅自在江河、湖泊新建、改建或者扩大排污口的；违反规定造成领海基点及其周围环境被侵蚀、淤积或者损害的；违反规定在海洋自然保护区内进行海洋工程建设活动等。责令恢复原状主要是为了消除环境违法行为的危害后果。通常消除环境危害的过程可能持续较长时间，因此对生态环境主管部门及其他负有环境监督管理职责的部门的动态监管提出了很高的要求。

【典型案例】

某再生资源有限公司被责令恢复原状再审案[①]

2015年12月10日，再审被申请人（一审被告、二审被上诉人）江西省某县环境保护局派出环境监察执法人员对再审申请人（一审原告、二审上诉人）某再生资源有限公司住所地进行现场监察，向申请人法定代表人

① 江西省高级人民法院（2017）赣行申315号行政裁定书.

徐某就有关生产时间、产品及流程等情况作询问笔录，并拍摄现场照片8张和经测绘有限公司对申请人生产地址测绘制作测绘图，于2015年12月10日对申请人作出横环责改字〔2015〕第85号《责令改正违法行为决定书》。申请人不服，向某市环境保护局申请复议。行政复议机关某市环境保护局作出饶环复决字〔2016〕第1号《复议决定书》，撤销该决定，责令重新处理。被申请人于2016年3月28日对申请人重新作出横环责改字〔2016〕第25号《责令改正违法行为决定书》，其主要内容是：发现申请人存在以下环境违法行为：（1）环境评价文件未经批准，擅自在县一级饮用水水源保护区内建成PET、PE瓶加工项目，并投入生产；（2）配套的环保设施未经环保部门验收即投入使用。有现场询问笔录、现场执法照片等证据为凭。上述行为违反了《环境影响评价法》（2003年）第25条和《建设项目环境保护管理条例》（1998年）第23条的规定。依据《环境保护法》（2015年）第61条和《建设项目环境保护管理条例》（1998年）第28条的规定，责令申请人于2016年4月15日之前完成整改。整改内容如下：（1）责令停止生产和使用；（2）恢复原状。被申请人将该决定书送达申请人法人代表徐某签收，在作出前未进行听证程序。申请人对该决定不服，诉至该院，请求撤销被申请人所作该决定书。

另查明，2011年9月，申请人租赁某碳酸钙厂厂房从事PET、PE瓶加工生产，2011年11月设备安装完成并投入生产，执法检查中发现被申请人无任何环评手续，生产废水经排水沟排入农田小溪，锅炉未建设脱硫除尘设施，废气未经任何处理直接外排。

一审法院认为，被申请人向该公司作出横环责改字〔2016〕第25号《责令改正违法行为决定书》之行政行为，事实清楚，程序合法，适用法律正确，该院应予以支持。判决驳回申请人的诉讼请求。

申请人不服一审判决，提出上诉。二审法院认为原审判决认定事实清楚，适用法律法规正确，程序合法，予以维持。依照《行政诉讼法》（2015年）第89条第1款第1项的规定，判决驳回上诉，维持原判。

二审后，申请人提出再审。再审法院认为，本案中，被申请人以申请人环境评价文件未经批准，擅自在县一级饮用水水源保护区内建成 PET、PE 瓶加工项目并投入生产以及配套的环保设施未经环保部门验收即投入使用，违反相关法律、法规为由作出被诉《责令改正违法行为决定书》，责令申请人限期停止生产和使用，恢复原状。如申请人逾期未改正，被申请人将对该公司实行行政处罚。从上述决定书内容来看，被诉责令改正违法行为决定为行政处罚前的阶段性、过程性行政行为，对申请人的权利义务不产生实质影响，依法不属于行政诉讼的受案范围，根据上述规定，应裁定驳回申请人的起诉。鉴于本案已完成一、二审诉讼程序，原审法院经审理后亦未支持申请人的诉讼请求，本案没有必要通过审判监督程序提审后，再行裁定驳回起诉。此外，申请人在一审时的诉讼请求为撤销被诉《责令改正违法行为决定书》，其申请再审主张被申请人赔偿其经济损失 69.5 万元，并非其原审提出的诉讼请求，不属本案审查范围，本院不予支持。最终，再审法院作出了驳回再审申请人再审申请的裁定。

【案例点评】

2014 年修改后的《环境保护法》第 61 条规定："建设单位未依法提交建设项目环境影响评价文件或者环境影响评价文件未经批准，擅自开工建设的，由负有环境保护监督管理职责的部门责令停止建设，处以罚款，并可以责令恢复原状。"修改后的《环境影响评价法》（2016 年）第 31 条规定，对环评文件未经审批擅自建设的违法行为，责令停止建设、罚款，"并可以责令恢复原状"，由此可见"责令恢复原状"是一个执法自由裁量环节，可责令也可以不责令。要作出正确裁量决定，必须考量未批项目的建设可行性，对此可以参照《建设项目环境保护管理条例》（2017 年）第 11 条的规定，对不符合法定规划、区域环境质量要求等，依法不能建设的项目，作出"责令恢复原状"的行政命令；对仅环评手续不全、正在报批依法可以建设的项目，不建议作出"责令恢复原状"，以避免"责令恢复原状"行政命令和"同意建设"的环评许可之间的冲突。如果行政机关责令当事人恢复原状，当事人拒不执行恢复的，有行政强制执行权的行政机关，可以采取恢复原状这种行政强制执行方式，直接使其恢复原状。不具有行政强制执行权的行政机关，需要依法报告当地人民政府，由政府责令有关部门恢复原状，或者依法申请人民法院，由法院强制恢复原状。

案例编号：ZF/2017/016

案例编辑人：周利海

第 6 章　环境行政强制

环境行政强制包括环境行政强制执行与环境行政强制措施。环境行政强制执行是指在相对人拒不履行环境行政主体所作出的，并且已经生效的具体环境行政行为所确定的义务时，有关国家机关依法强制该相对人履行该义务，或者由国家机关本身或第三人直接履行或代为履行该义务，然后向义务人征收费用的法律制度。① 环境行政强制执行权是行政强制执行权在环境领域的具体体现。环境行政强制权作为一种较为严厉的行政权，必须源于法律的规定或授权，法律没有规定应予强制执行的，即使相对人没有履行义务，行政机关也不得擅自强制执行。根据中国环境法律的规定，环境行政强制执行措施具体包括强制划拨、强行扣缴、强行拆除、强行检查、强行停产、强制关闭等形式。环境行政强制执行的对象只能是财产和行为，不存在人身强制。

6.1　环境行政强制执行权限分配

根据《行政强制法》第 2 条的规定，“行政强制执行，是指行政机关或者行政机关申请人民法院，对不履行行政决定的公民、法人或者其他组织，依法强制履行义务的行为”。行政强制执行，既存在由行政机关实施的情况，也存在由司法机关实施的情况，即行政机关和人民法院都可以成为环

① 钱水苗．环境行政执法理论与实践．杭州：杭州大学出版社，1994：131.

境行政强制执行的主体。《行政强制法》第 13 条规定，“行政强制执行由法律设定。法律没有规定行政机关强制执行的，作出行政决定的行政机关应当申请人民法院强制执行”；该法第 53 条还规定，“当事人在法定期限内不申请行政复议或者提起行政诉讼，又不履行行政决定的，没有行政强制执行权的行政机关可以自期限届满之日起三个月内，依照本章规定申请人民法院强制执行”。可见，行政机关与司法机关之间的行政强制执行权限的分配，可以概括为“以申请法院强制执行为原则，以行政机关自行强制执行为例外”。

6.1.1　环境行政机关申请法院强制执行

【知识点解析】

人民法院依申请强制执行，也称“非诉行政执行”，系指无行政强制执行权的行政机关依法作出行政决定后，相对人在法定期限内既不申请行政复议，也不提起行政诉讼，又逾期不履行该行政决定的，由该行政机关申请法院强制执行，法院据此对执行申请进行审查并作出是否准予执行的裁定，由人民法院实施执行的法律制度。[①] 具言之：第一，“非诉行政执行”的程序以行政机关申请法院强制执行为启动条件。申请人是作出行政处理决定的行政机关。第二，对于符合申请条件的执行案件，法院必须经历受理、审查、裁定和执行等程序环节。

环境行政机关申请法院强制执行，是“非诉行政执行”在环境领域的适用，即司法机关协助实现环境行政处罚或行政命令的执行，其利用司法权的介入从源头上杜绝行政机关滥用行政权力。“非诉行政执行”保证了行政效率，使行政强制执行权得到合法实现。此外，司法权的中立性使“非诉行政执行”具有权威保障。申请法院强制执行能够使处于弱势地位的相对人的合法权益得到司法权的预先保护和事后救济，司法权为相对人提供了一道天然屏障，从而平衡了执行行为中相对人与行政机关的关系，保障

① 应松年，姜明安，马怀德．行政法与行政诉讼法学．北京：高等教育出版社，2018：215.

了环境行政执法的公平性。再者，“非诉行政执行”制度是我国环境行政实践与理论中的必然需要。在《行政强制法》实施之前，实践中已经形成了以法院执行为主，行政机关执行为辅的强制执行权分配模式。《行政强制法》第2条、《行政诉讼法》第95条也已将这一模式通过立法的方式确立下来。随着环境行政执法实践的推进，“非诉行政执行”在环境行政强制中的嵌入将会极大地推动环境行政强制与环境行政执法的多元化发展，从而实现环境行政执法的公平与正义，维护社会利益、公众利益与环境利益的统一。

【典型案例1】

印江土家族苗族自治县环境保护局申请法院强制执行印江土家族苗族自治县某建材厂案[①]

2017年4月20日，行政强制执行的申请执行人印江土家族苗族自治县环境保护局执法人员对行政强制执行的被执行人印江土家族苗族自治县某建材厂的现场负责人张某某进行调查询问，认定被执行人存在环境违法行为。2017年4月26日，申请执行人作出印环罚告字〔2017〕41号《行政处罚事先（听证）告知书》并于当日送达由负责人张某某签收。2017年5月5日，申请执行人依法作出印环罚〔2017〕41号《行政处罚决定书》并于当日送达由负责人张某某签收。

2018年7月9日，申请执行人向印江土家族苗族自治县人民法院申请执行被执行人环境保护行政处罚一案。2018年7月30日，印江土家族苗族自治县人民法院作出（2018）黔0625行审4号《执行裁定书》，认为被执行人法定代表人系吴某某，申请执行人执法人员仅对被执行人现场负责人张某某进行调查询问，未对其法定代表人吴某某进行调查询问，且行政处罚告知书和行政处罚决定书均系由张某某签收，并未送达给被执行人法定代表人吴某某。申请执行人并未向被执行人法定代表人吴某某履行告知程序，其现场负责人不具备主体资格，故行政处罚程序存在违法性，其行政处罚

① 印江土家族苗族自治县人民法院（2018）黔0625行审4号行政裁定书.

决定不能成立。依照《行政强制法》第58条的规定，作出如下裁定：对申请执行人作出的印环罚〔2017〕41号行政处罚决定罚款人民币4万元及加处罚款人民币4万元，不予强制执行。

【案例点评】

该案例是行政机关申请法院进行环境行政强制执行的典型案例。本案的焦点在于行政机关及其执法人员履行行政行为（告知程序）是否合法，以及环境行政强制执行的依据，即最终的行政处罚决定是否成立。

本案中被执行人印江土家族苗族自治县某建材厂法定代表人系吴某某，申请执行人印江土家族苗族自治县环境保护局执法人员仅对被执行人现场负责人张某某进行调查询问，未对其法定代表人吴某某进行调查询问，且行政处罚告知书和行政处罚决定书均由该现场负责人签收，并未送达给行政相对人的法定代表人。根据《行政处罚法》（2018年）第31条"行政机关在作出行政处罚决定之前，应当告知当事人作出行政处罚决定的事实、理由及依据，并告知当事人依法享有的权利"、第40条"行政处罚决定书应当在宣告后当场交付当事人，当事人不在场的，行政机关应当在七日内依照民事诉讼法的有关规定，将行政处罚决定书送达给当事人"、第41条"行政机关及其执法人员在作出行政处罚决定之前，不依照本法第三十一条、第三十二条的规定向当事人告知给予行政处罚的事实、理由及依据，或者拒绝听取当事人的陈述、申辩，行政处罚决定不能成立"，以及《行政强制法》（2018年）第58条"人民法院发现有下列情形之一的，在作出裁定前可以听取被执行人和行政机关的意见：……（二）明显缺乏法律、法规依据的；……人民法院应当自受理之日起三十日内作出是否执行的裁定"之规定，申请执行人印江土家族苗族自治县环境保护局并未执行向被执行人法定代表人告知的程序，其现场负责人不具备主体资格，故行政处罚程序存在违法，其行政处罚决定不能成立。因此，印江土家族苗族自治县人民法院作出不予执行的裁定。

可见，环境行政强制执行的前提是执行依据的合法性，包括实体合法与程序合法。环境行政机关申请法院进行强制执行，是法院对环境行政机关行政执法行为的审查，以司法权监督行政权。环境行政机关在行政执法时需严格遵循环境执法程序。

案例编号：ZF/2017/017

案例编辑人：丁霖、何璐希

【典型案例2】

杭州市萧山区环境保护局申请法院强制执行杭州某卫浴洁具有限公司案[①]

2017年，行政强制执行的申请执行人杭州市萧山区环境保护局向被执行人杭州某卫浴洁具有限公司作出萧环处罚（2017）25号《行政处罚决定书》。2018年1月15日，杭州市萧山区人民法院作出（2018）浙0109行审2号《行政裁定书》，准予强制执行。

2018年3月8日，杭州市萧山区人民法院立案执行上述《行政裁定书》，执行标的6万元。执行过程中，杭州市萧山区人民法院向被执行人发出执行通知书、报告财产令、限制高消费令等法律文书，责令被执行人在法院指定的日期前履行义务、申报财产，但被执行人迟迟未履行。杭州市萧山区人民法院通过网络执行查控系统对被执行人的银行存款、不动产、车辆、工商、证券等财产信息进行了调查，并到被执行人住所地进行了实地调查，均未发现被执行人有可供执行的财产。

截至2018年8月14日，该案执行标的全部未履行。鉴于被执行人拒不履行又未向杭州市萧山区人民法院报告财产，杭州市萧山区人民法院对被执行人采取了录入失信人员名录和限制消费的执行措施。上述执行情况及终结本次执行程序的依据和法律后果法院已书面告知了申请执行人，其没有异议，并同意终结本次执行程序。

2018年8月14日，杭州市萧山区人民法院依照《民事诉讼法》（2017年）第257条第6项、最高人民法院《关于适用〈中华人民共和国民事诉讼法〉的解释》（2015年）第519条第1款的规定，作出如下裁定：终结

---

① 浙江省杭州市萧山区人民法院（2018）浙0109执2250号行政裁定书.

（2018）浙0109执2250号案本次执行程序。申请执行人有权要求被执行人继续履行债务，发现被执行人有可供执行的财产的，可以申请恢复执行。被执行人负有继续向申请执行人履行债务的义务。

【案例点评】

本案为行政机关申请法院强制执行的典型案例。根据《行政强制法》第53条之规定，当事人在法定期限内不申请行政复议或者提起行政诉讼，又不履行行政决定的，自期限届满之日起3个月内，没有行政强制执行权的行政机关可以依法申请人民法院强制执行。本案中，杭州市萧山区环境保护局对杭州某卫浴洁具有限公司作出了行政处罚，杭州某卫浴洁具有限公司既不申请复议或者提起诉讼，又不履行行政决定。依据《行政诉讼法》（2017年）第97条、《行政强制法》第53条的规定，杭州市萧山区环境保护局申请杭州市萧山区人民法院强制执行。

根据《民事诉讼法》（2017年）第257条第6项的规定，人民法院裁定终结执行的情形包括“人民法院认为应当终结执行的其他情形”，以及《最高人民法院关于适用〈中华人民共和国民事诉讼法〉的解释》（2015年）第519条第1款的规定，经过财产调查未发现可供执行的财产，在申请执行人签字确认或者执行法院组成合议庭审查核实并经院长批准后，可以裁定终结本次执行程序。本案中，杭州某卫浴洁具有限公司未履行环境行政处罚，且经调查未发现有可供执行的财产，申请人杭州市萧山区环境保护局也未向法院提供可供执行的财产线索，故法院作出终结本次执行程序的裁定。

根据《行政诉讼法》（2017年）第97条之规定，行政机关申请行政强制执行包括两种：一是对公民、法人或者其他组织拒绝履行人民法院生效的行政判决、裁定的，行政机关可以向第一审人民法院申请强制执行；二是行政行为的相对人对行政行为在法定期限内既不履行也没有提起行政复议或者行政诉讼，行政机关可以申请人民法院强制执行，即“非诉行政执行”。“非诉行政执行”，其实质是将环境行政强制执行权赋予司法机关，使司法机关有权监督行政机关，即法院对环境行政主管机关的强制执行申请进行审查和裁定，这一制度既有利于纠正环境行政处理决定中可能存在的错误，客观上防止行政权的滥用，也有利于保护相对人的利益。

案例编号：ZF/2018/013

案例编辑人：何璐希

6.1.2 行政机关自行强制执行

【知识点解析】

行政机关自行强制执行即环境行政强制执行，是指在环境行政法律关系中，环境行政相对方当事人拒不履行其环境法上的义务时，国家行政机关采用法定的强制手段强制其履行法定义务，或为了公共利益的需要，采用强制手段限制特定人行使某项权利的一种环境行政行为。[①]《行政强制法》第2条规定，行政机关可以自行强制执行。具言之，环境行政机关自行强制执行具有四个特点：一是法定性，环境行政机关依据法律规定享有环境行政强制执行权且依法作出环境行政决定；二是可执行性，即环境行政机关作出的环境行政决定具有可执行的内容；三是必要性，即环境行政相对人拒不履行行政决定；四是有效性，即采取环境行政强制执行能够实现环境行政决定的内容或者达到与环境行政相对人履行义务相同的状态。

【典型案例】

大连市普兰店区林业水利局强制执行
大连市普兰店区某土产杂品公司案[②]

2016年7月26日，行政强制执行的申请执行人大连市普兰店区林业水利局向行政强制执行的被执行人大连市普兰店区某土产杂品公司作出普林罚决字〔2016〕第06号《行政处罚决定》，该决定限被执行人于2017年1月26日前恢复擅自开垦及擅自改变林地用途的1 827平方米林地原状，并

① 杨建顺，关保英，戚建刚．行政强制执行法的模式分析：2000年青岛行政法学年会综述．法学家，2000（6）：122-128.

② 辽宁省大连市普兰店区人民法院（2018）辽0214执异92号行政裁定书；辽宁省大连市中级人民法院（2018）辽02执复292号行政裁定书；辽宁省大连市普兰店区人民法院（2018）辽0214执异261号行政裁定书.

处罚款人民币24 910元。被执行人于次日向行政相对人送达了上述《行政处罚决定》。

2016年9月13日，被执行人依照上述处罚决定缴纳罚款24 910元，但在法定期限内未起诉，也未履行将占用的林地恢复原状的义务。2017年2月13日，申请执行人向大连市普兰店区人民法院申请，要求强制执行普林罚决字〔2016〕第06号《行政处罚决定》。

2017年2月14日，大连市普兰店区人民法院受理上述申请并经审查认为申请执行人作出的普林罚决字〔2016〕第06号《行政处罚决定》，认定事实清楚、程序合法，符合我国法律规定的强制执行条件，依法作出（2017）辽0214行审35号《行政裁定书》：准予对申请执行人作出的普林罚决字〔2016〕第06号《行政处罚决定》予以强制执行。

2017年2月22日，申请执行人向普兰店区人民法院申请强制执行被执行人恢复擅自开垦及擅自改变用途的1 827平方米林地原状。同日该院立案执行，执行案号为（2017）辽0214执726号。执行过程中，该院执行实施部门以申请执行人申请恢复擅自开垦及擅自改变用途的1 827平方米林地原状不清且无法在执行中查明，属执行内容不明确，无法强制执行；并依据《行政强制法》第50条规定，行政机关对作出的要求当事人履行排除妨碍、恢复原状等义务的行政决定，行政机关应当代履行，无须申请法院执行为由，于2018年5月4日作出（2017）辽0214执726号执行裁定，裁定终结普林罚决字〔2016〕第06号《行政处罚决定》中责令被执行人恢复擅自开垦及擅自改变林地用途的1 827平方米林地原状的执行。

申请执行人对普兰店区人民法院作出的上述终结执行裁定不服，后提出执行异议，请求撤销上述终结执行裁定。2018年7月26日，普兰店区人民法院经审查认为申请执行人（异议人）的行政处罚决定未明确被执行人占用林地的原始状况及恢复林地原状需符合的要求，属于执行内容不明确，无法强制执行并无不当；并且行政机关对其作出的责令被执行人恢复林地原状的行政处罚决定可以依据法律规定由行政机关代履行，即该处罚决定可以由行政机关自行强制执行，而不是必须申请法院强制执行；执行实施部门对法院已经立案执行的要求恢复林地原状的行政非诉案件，经法院审判委员会研究后作出裁定终结执行也并无不当，遂依法作出（2018）辽0214执异92号执行裁定：驳回申请执行人（异议人）大连市普兰店区林业水利局的异议请求。

申请执行人对普兰店区人民法院作出的上述驳回异议请求的执行裁定不服，向大连市中级人民法院申请复议。2018年10月16日，大连市中级人民法院经审查认为，申请执行人申请强制执行的内容为恢复擅自开垦及擅自改变林地用途的1 827平方米林地原状，但从其提交的现有证据并不能充分证明案涉林地在违法行为发生前的原有状态。大连市普兰店区人民法院对本案作出终结执行的处理结果欠妥，应发回重新审查，重新审查后依照相关法律规定作出处理。故裁定：（1）撤销辽宁省大连市普兰店区人民法院（2018）辽0214执异92号执行裁定；（2）发回辽宁省大连市普兰店区人民法院重新审查。

2018年11月29日，大连市普兰店区人民法院经另行组成合议庭重新审查后认为，法院执行部门对本案作出终结执行的处理结果不符合民事诉讼法终结执行的情形，其处理结果欠妥，并依法作出（2018）辽0214执异261号执行裁定：撤销法院（2017）辽0214执726号执行裁定。

【案例点评】

大连市普兰店区林水局申请强制执行某土杂公司恢复林地原状一案历经四次审理，其争议焦点有二：第一，申请行政强制执行的依据没有明确的执行内容，是否可以终结执行；第二，环境行政强制执行权限的分配问题，即环境行政机关可以自行强制执行的案件，可否申请由法院予以强制执行。

首先，依据《民事诉讼法》（2017年）第257条之规定："有下列情形之一的，人民法院裁定终结执行：（一）申请人撤销申请的；（二）据以执行的法律文书被撤销的；（三）作为被执行人的公民死亡，无遗产可供执行，又无义务承担人的；（四）追索赡养费、扶养费、抚育费案件的权利人死亡的；（五）作为被执行人的公民因生活困难无力偿还借款，无收入来源，又丧失劳动能力的；（六）人民法院认为应当终结执行的其他情形”，本案中并未出现以上情形，故普兰店区人民法院不应裁定终结执行。

但是，依据《最高人民法院关于人民法院执行工作若干问题的规定（试行）》（法释〔1998〕15号）第18条[①]的规定，人民法院受理执行案件条件之一为申请执行的法律文书有给付内容，且执行标的和被执行人明确，本案中区林水局行政处罚决定中要求“恢复原状”，但并未明确记载林地原状，且法院在执行中无法查明，属执行内容不明确，普兰店区人民法院不应当受理该强制执行申请。而《最高人民法院关于执行案件立案、结案若干问题的意见》（法发〔2014〕26号）第20条规定，执行实施案件立案后，经审查发现不符合《最高人民法院关于人民法院执行工作若干问题的规定（试行）》第18条规定的受理条件，裁定驳回申请的，以“驳回申请”方式结案。因此，本案中，大连市中级人民法院依法裁定发回重审。而后，大连市普兰店区人民法院经另行组成合议庭重新审查后裁定撤销了（2017）辽0214执726号执行裁定。

其次，依据《行政强制法》第13条与第53条的规定，没有行政强制执行权的机关若需要对其行政决定进行强制执行，必须申请人民法院强制执行。依据《行政诉讼法》（2017年）第97条的规定，公民、法人或者其他组织对行政行为在法定期限内不提起诉讼又不履行的，行政机关可以申请人民法院强制执行，或者依法强制执行。可见，行政机关申请人民法院强制执行，并不以其不具有行政强制执行权为前提。另外，《最高人民法院关于执行〈中华人民共和国行政诉讼法〉若干问题的解释》（法释〔2000〕8号，已失效）第87条曾规定，法律、法规没有赋予行政机关强制执行权，行政机关申请人民法院强制执行的，人民法院应当依法受理。法律、法规规定既可以由行政机关依法强制执行，也可以申请人民法院强制执行，行政机关申请人民法院强制执行的，人民法院可以依法受理。虽然此司法解释已经失效，但从其规定可见相关法理，享有行政执行权的行政机关也可

① 《最高人民法院关于人民法院执行工作若干问题的规定》已于2020年修正，修正后该条款调整为法释〔2020〕21号第16条。

以申请法院强制执行。另外，依据现行有效的《最高人民法院关于适用〈中华人民共和国行政诉讼法〉的解释》（法释〔2018〕1号）第156条的规定，“没有强制执行权的行政机关申请人民法院强制执行其行政行为，应当自被执行人的法定起诉期限届满之日起三个月内提出”，没有再提及享有行政执行权的行政机关是否可以申请法院强制执行的问题。但是，从该司法解释第155条所规定的行政机关根据《行政诉讼法》第97条的规定行政机关申请执行其行政行为应当具备的条件可见，其并未明确规定申请行政强制执行的行政机关必须是不享有行政强制执行权的行政机关。因此，一般而言，享有行政强制执行权的行政机关可以申请法院强制执行。

然而，也有学者认为，“将有限的行政强制执行权交由行政机关实施，可以解决一些由于专业性、技术性较强而不适宜由人民法院执行的具体行政行为的执行问题，同时还可以解决一些因时间限制或者情势紧迫而急需执行具体行政行为的问题”①。因此，《最高人民法院关于违法的建筑物、构筑物、设施等强制拆除问题的批复》（法释〔2013〕5号）明确根据行政强制法和城乡规划法有关规定精神，对涉及违反城乡规划法的违法建筑物、构筑物、设施等的强制拆除，法律已经授予行政机关强制执行权，人民法院不受理环境行政机关提出的非诉行政执行申请。因此，从兼顾行政公正与行政效率角度出发，法律已经授予行政机关强制执行权限的，行政机关应当自行强制执行，但在法律没有明确规定不得申请法院强制执行时，行政机关自行执行存在困难的，也应当有权申请人民法院予以强制执行。

故本案中，普兰店区人民法院执行机关以《行政强制法》第50条规定已经赋予环境行政机关行政强制执行权为由终结执行，缺乏法律依据。区林业水利局向普兰店区人民法院提出书面异议后，该院认为依据《最高人民法院关于违法的建筑物、构筑物、设施等强制拆除问题的批复》（法释〔2013〕5号）“对涉及违反城乡规划法的违法建筑物、构筑物、设施等的强制拆除，法律已经授予行政机关强制执行权，人民法院不受理行政机关提

① 程雁雷，盛建平．我国现行行政强制执行主体及其权限职责．上海政法学院学报，2006(6)：93.

出的非诉行政执行申请”的规定，故本案中林业水利局应当自行强制执行。但由于本案中，区林业水利局申请的是恢复擅自开垦及擅自改变林地用途的1 827平方米林地原状，并非仅有拆除林地上建筑物的行为，还需将被改变用途的林地恢复至林地用途，故本案中不能单独适用法释〔2013〕5号文件。因此，本案中，区林业水利局虽然享有代履行的权力，但仍然可以申请法院强制执行。最终，本案通过普兰店区人民法院重审后，裁定撤销了（2017）辽0214执726号执行裁定书。

综上所述，环境行政机关申请法院行政强制执行时，必须具有明确的执行内容。另外，环境行政机关享有代履行的权力，从行政效率角度出发，环境行政机关对被执行人的情况最为了解，且在环境治理、污染防治、生态修复等方面相较于法院而言更为专业。因此，我们认为在环境行政机关享有自行强制执行权限时，应当自行强制执行，而在其自行强制执行不能实现执行之目的时，再申请法院强制执行。但值得注意的是，就我国现有法律规定而言，在法律没有明确禁止的情况下，享有行政强制执行权的行政机关，可以申请法院强制执行，且享有行政强制执行权的行政机关是否已经自行强制执行，并非申请法院强制执行的前置程序。

案例编号：ZF/2018/014

案例编辑人：丁霖、何璐希

6.2 环境行政强制执行的方式

6.2.1 环境行政代履行

【知识点解析】

我国2011年制定的《行政强制法》第50、51、52条明确规定了代履行制度。环境行政代履行，又称“环境行政代执行”，是指当环境行政相对人拒绝履行环境行政决定设立的义务时，由环境行政机关或者没有利害关系的第三人代替当事人履行行政决定设立的义务，并向当事人收取履行费用的执行方式。它是与执行罚相并列的一种间接强制执行方式，区别在于执行罚作为一种督促的方法，适用于不可替代的义务。环境行政代履行有如下特征。

（1）前提条件。相对人不愿意履行或者没有能力履行，其后果已经或者将造成环境污染或者自然资源、生态破坏的。

（2）适用对象。必须是可以代替履行的义务。代履行一般是非人身方面的义务，如强制拆除污染设备等，对于具有人身属性的义务只能由相对人自己履行。

（3）环境行政代履行中的第三人。第三人必须与当事人没有利害关系。第三人不能与环境行政机关有任何利益关系和隶属关系，也不能与义务人有任何利益关系。

（4）实施主体。可以是环境行政机关自己代替义务人履行。实施主体也可以是受环境行政机关委托的与当事人无关的第三人。

（5）适用范围。一般只适用于当事人不履行的后果已经或将造成环境污染或者自然资源或生态破坏的案件。

环境行政代履行是环境行政强制执行较为有效的一种方式。多部环境单行法赋予了环境行政机关代履行的权限，例如2016年修正的《固体废物污染环境防治法》第55条、第76条，2017年修正的《水污染防治法》第85条、第88条、第90条、第94条等等。

环境行政代履行的目标在于其通过替代性履行方式达到与履行义务相同的状态。第三方主体作为环境行政代履行人的引入，一方面能降低环境行政成本从而提高环境行政效率；另一方面顺应了公私合作行政理念的潮流，体现了国家行政机关进行公共管理的实践进路，在理论与实践上均具有重要的制度价值。随着政府所面对的社会任务日趋多元化，环境行政机关逐渐肩负起日益复杂化与多样化的行政任务，“政府失灵”现象随之产生，协商民主与公众参与在环境行政强制执行中开始扮演起重要角色。环境行政代履行制度即是化解这一现象的良方，允许第三方参与到环境行政事务中，将国家治理理念从“权力行政”转变为“公共治理”。这不仅能让第三方主体充分发挥其在专业知识与效率方面的优势，促进社会分工的优质化，也是一种对传统行政治理的革新，有利于带来更优质的管制决定与治理政策。

【典型案例1】

当阳市环保局“代履行”方式处置危险电子废物[①]

2015年8月，陈某在山东省临沂市向林某（已判刑）非法提供废旧电容约40吨。之后林某将该废旧电容运至湖北省当阳市庙前镇长春村三组张某家旁的空地，伙同徐某、苏某（二人已判刑）进行焚烧。

2015年9月14日，当阳市公安局和当阳市环保局工作人员根据群众举报，在庙前镇长春村三组查处一起违法焚烧废旧电子产品案件，现场查获焚烧后的残留物117.18吨。经鉴定，该废物是“在工业生产、生活和其他活动中产生的废电子电器产品”，该电子垃圾为具有毒性的危险废物。此后，当阳市环保局安排专人负责此批危险废物的转移工作。

2015年11月，当阳市环保局与武汉某环保科技股份有限公司签订处置协议。后于同年11月底前由前述受委托该公司代为完成该批危险废物的现场转移工作。

【案例点评】

本案是环境行政机关委托第三人进行代履行的典型案例。化学物质与固体废弃物所造成的环境污染生态破坏问题具有紧急性，延误处理或者处理不到位都会造成极大的隐患。由此，在环境行政执法中注入环境行政代履行制度具有实践意义。

根据《固体废物污染环境防治法》（2015年）第55条的规定，产生危险废物的单位逾期不处置或者处置不符合国家有关规定的，由所在地县级以上政府环境保护行政主管部门指定单位按照国家有关规定代为处置。本案中，当阳市环保局与第三方武汉某环保科技股份有限公司签订处置协议，

---

① 钟娟．当阳市环保局“代履行”方式处置危险电子废物．(2015-12-01)[2019-06-23]．http://yc.58xw.net/bmxx/2015-12-01/228401.html.

委托该公司代为处置该危险电子废物的做法符合上述法律规定。

环境行政代履行作为间接强制执行措施的一种，具有自身独有的优势。第一，可以弥补限期治理的不足。限期治理曾是我国环境执法中常用的直接强制手段，是指对现已存在的危害环境的污染源和污染严重的区域环境，依法限定当事人在一定期限内治理并达到规定要求的一系列措施。但是实践中迟延履行与拒绝履行的现象使得限期治理并没有发挥出其应有的效果，故当原环保部颁布的《限期治理管理办法（试行）》被废止后，限期治理制度实际已被废除，取而代之的是限制生产、停产整治制度。环境行政代履行有利于提高环境行政执行的效率，促使相对人积极履行义务，同时也体现了间接强制优先的现代行政执行理念。第二，是对公众参与制度的具体体现与完善。随着新公共管理理论、公民社会理论的发展以及政府职能的转变，公众参与对社会问题与法律问题的解决之效果日益凸显。环境行政代履行制度通过引入第三方可以保证环境污染的有效防治，从而保障环境保护有关主管部门职能的有效发挥，维护公众利益。

案例编号：ZF/2015/003

案例编辑人：何璐希

【典型案例 2】

福安市环保局代履行处置危险废物案①

2015 年 9 月初，郑某胜、陶某军等人在福安市赛岐开发区罗江后太原安居轩厂房内经营金属提炼加工厂，并将生产过程中产生的大量废酸溶液存储于厂房内的收集池与罗江后太桥旁铸钢厂边的两个土坑池内。

2016 年 1 月 20、21 日，被告福安市环保局的执法人员到现场调查，并于同月 28、29 日采取应急处置措施，会同公安、检察等部门人员，将涉案总净重 37.291 8 吨的废酸液临时转移至无贮存资质的福安市罗江后太原安居轩厂房内，但未对涉案废酸溶液采取有效防护措施，未设置危废标识，

① 福建省福安市人民法院（2018）闽 0981 行初 71 号行政判决书；福建省宁德市中级人民法院（2019）闽 09 行终 25 号行政判决书.

也未依法进行无害化处理。根据《危险废物鉴别标准》的规定，涉案废酸溶液经宁德市环保局鉴别为危险废物，严重污染环境。2016 年 3 月 24 日，被告将“后太原安居轩厂污染环境案”移送福安市公安局，涉案废酸溶液仍贮存于原安居轩厂房内。

2017 年 9 月 30 日，福安市人民检察院向被告发出检察建议，建议其依法履行法定职责，采取有效措施依法处置危险废物；并建议对后太桥铸钢厂区旁被涉案废酸溶液渗透的土壤依法鉴定并采取措施进行土壤修复工作。2017 年 10 月 25 日、12 月 15 日，被告两次函复福安市检察院，称已请求福安市市政府拨付资金代为处置，并已委托福建力普检测有限公司对后太桥旁铸钢厂区边被涉案废酸溶液渗透的土壤进行检测，检测表明该地块土壤重金属指标符合二类土壤标准。

2018 年 1 月 11 日、4 月 23 日，福安市人民检察院经调查后发现，被告在未加盖保护的废酸溶液存储容器及收集池外设置了危废标识，而涉案废酸溶液仍存储于无贮存资质的厂房内，贮存区域处于半开放状态。2018 年 4 月 25 日，福安市人民检察院向福安市人民法院提起行政公益诉讼。2018 年 5 月 4 日，被告将案涉废酸溶液转移至有贮存资质的宁德市梯次能源科技有限公司，5 月 15 日，请求福安市政府拨付资金代为处置涉案废酸溶液。2018 年 6 月 6 日，被告与福建绿洲固体废物处置有限公司签订《工业危险废物安全处置服务合同书》，由福建绿洲固体废物处置有限公司按危险废物联单转移程序转运、接收废酸溶液及废渣。2018 年 7 月 20 日，净重 37.64 吨的废酸溶液及酸渣全部处置完毕。2018 年 8 月 31 日，被告委托厦门南方海洋经济发展有限公司对原安居轩厂被涉案废酸溶液渗透的土壤进行检测，检测表明该地块土壤重金属指标符合二类土壤标准。

福安市人民检察院以公益诉讼人的身份于 2018 年 4 月 25 日向福安市人民法院以福安市环保局为被告提起公益诉讼。福安市人民法院依法判决确认被告未依法及时处置危险废物的行为违法。被告不服判决向宁德市中级人民法院提起上诉。上诉理由之一为原审判决错误认定福安市环境保护局未依法及时处置危险废物。具体理由包括：(1) 处置涉案危险废物并非上诉人（一审被告）福安市环境保护局的法定职责；（2）福安市检察院在《检察建议书》中认定上诉人（一审被告）是处置危险废物的责任主体，未考虑刑事与行政交叉竞合时行政法律适用的特殊情形；（3）上诉人（一审被告）工作措施合法及时得当。

二审宁德市中级人民法院认为上诉人（一审被告）关于“损害担责”“因污染环境造成损害的，污染者应当承担侵权责任”“涉案废酸处置责任应由污染企业（责任人）承担和处置主体为五名刑事案件被告人”的主张，混淆了环境污染责任主体应承担的行政责任与行政机关依法履行职责的不同法律义务。最终认定，上诉人（一审被告）对案涉废酸负有相应处理处置之法定职责。由于诉讼期间上诉人（一审被告）已经纠正违法行为或穷尽行政手段依法履行职责，相应的不作为违法状态已经消灭，故二审法院分析穷尽行政手段依法履行职责，采用确认违法的时间节点的方式予以裁判，确认上诉人（一审被告）在2017年9月30日至2018年5月4日［即福安市检察院发出检察建议至上诉人（一审被告）将废酸溶液转移至有贮存资质的宁德市梯次能源科技有限公司临时贮存之前］未履行对“后太原安居轩厂污染环境案”危险废物进行相应处理处置之法定职责行为违法。

【案例点评】

本案是环境行政代履行的典型案例，其意义在于审判法院厘定并区分了环境污染责任主体应承担的行政责任与行政机关依法履行职责（环境行政代履行）的不同法律义务。《固体废物污染环境防治法》（2015年）第5条第1款规定，“国家对固体废物污染环境防治实行污染者依法负责的原则”。该法第55条也规定：“产生危险废物的单位，必须按照国家有关规定处置危险废物，不得擅自倾倒、堆放；不处置的，由所在地县级以上地方人民政府环境保护行政主管部门责令限期改正；逾期不处置或者处置不符合国家有关规定的，由所在地县级以上地方人民政府环境保护行政主管部门指定单位按照国家有关规定代为处置，处置费用由产生危险废物的单位承担。”可见，对于危险废物处置的义务人为污染者，本案中，即为郑某胜、陶某军等人。

但是，环境污染责任主体承担的行政责任并不能阻却行政机关依法履行职责的法律义务。依据《环境保护法》(2015年)第10条、《固体废物污染环境防治法》(2015年)第10条第2款，县级以上地方人民政府环境保护主管部门对本行政区域环境保护工作、固体废物污染环境的防治工作实施统一监督管理。此外，《固体废物污染环境防治法》(2015年)第55条也规定了县级以上地方人民政府环境保护主管部门在危险废物处置义务人逾期不处置或者处置不符合国家有关规定的情况下实施代履行的职责。因此，本案中福安市环保局作为县级以上地方人民政府环境保护主管部门依法负有对本行政区域环境保护工作实施统一监督管理，对本行政区域内固体废物污染环境的防治工作实施统一监督管理的法定职责，有义务对逾期不处置或处置不符合国家有关规定的危险废物按照国家有关规定代为处置。

环境行政代履行制度设置的初衷在于使环境行政机关及时制止环境污染责任主体的环境违法行为，并防止环境违法行为损害后果的扩大化。虽然福安市环保局在本案代为履行过程中涉及环境保护行政执法与刑事司法衔接、环境责任人之行政责任与刑事责任的承担，以及刑事附带民事公益诉讼程序处理等多种法律事实，但其并不因案涉多种法律事实而免除自身依法应当履行的法定职责。其应依法履行代为处置危险污染物的法定职责以防止案涉废酸等污染物对环境的进一步危害。

案例编号：ZF/2019/002

案例编辑人：丁霖、何璐希

6.2.2　环境行政强制执行罚

【知识点解析】

《行政强制法》第45条规定："行政机关依法作出金钱给付义务的行政决定，当事人逾期不履行的，行政机关可以依法加处罚款或者滞纳金。"执行罚是在行政相对人拒不履行一种基础决定所确定的义务时，而这种义务又不宜或无法直接执行和代履行时，以增加罚款(金钱给付义务的增加)

的方式迫使行政相对人自我履行该义务。①

根据《行政强制法》第45条的规定，可以判定行政强制执行罚应当属于直接而普遍性的授权。根据该条款，任何依法作出金钱给付义务行政决定的行政机关，在当事人逾期不履行该行政决定时，都有权依法“加处罚款或者滞纳金”。这里当然包括由《行政处罚法》第72条规定的作出“罚款”决定的行政机关。因此，环境行政强制执行罚的主体是作出金钱给付义务行政决定的环境行政机关。

执行罚的实施程序是指行政主体实施执行罚时所应遵守的步骤、时限和顺序等。程序是“法律的生命形式，因而也是法律的内部生命的表现”②。具言之，环境行政执行罚的实施程序如下。

“第一，基础决定。环境行政的基础决定相对于环境行政执行决定而言，系指环境行政机关最先作出的确定当事人原始义务的行政处理决定，如行政机关作出的‘罚款决定’或者‘交纳税费决定’。根据《行政强制法》第34条的规定，‘加处罚款’以基础决定的作出而当事人逾期不履行该决定为前提。”③ 因此，环境行政基础决定是环境行政强制执行罚的前提。

“第二，事先催告。根据《行政强制法》第35条规定，当事人逾期不履行基础决定所规定义务的，行政机关应当事先催告当事人履行义务。

“第三，听取意见。根据《行政强制法》第36条规定，当事人收到催告书后有权进行陈述和申辩。行政机关应当充分听取当事人的意见，对当事人提出的事实、理由和证据，应当进行记录、复核。当事人提出的事实、理由或者证据成立的，行政机关应当采纳。”④

第四，执行决定。根据《行政强制法》第37条和第45条规定，经催告、听取意见后，当事人逾期仍不履行行政决定，且无正当理由的，行政机关可以作出“加处罚款或者滞纳金”的执行罚决定。

① 胡建森．论作为行政执行罚的“加处罚款”．行政法学研究，2016（1）：74.
② 同①76.
③ 同①76.
④ 同①76.

“第五，再次催告。根据《行政强制法》第46条规定：‘加处罚款或者滞纳金’决定作出后，当事人超过30日仍不履行的，行政机关再行催告一次。

“第六，强制执行。当事人超过30日不履行并经环境行政机关再次催告仍不履行的，有强制执行权的行政机关可以自己强制执行，无强制执行权的行政机关可以申请人民法院强制执行。基础决定和执行决定的义务一并执行。”①

环境行政强制执行罚作为环境行政中的间接强制执行行为，是对环境行政相对人进行金钱义务的处罚，具有理论与实践意义。第一，执行罚具有惩罚性，执行罚是对当事人不履行前一个执行义务的惩罚，并不具有赔偿中的等价性。第二，执行罚具有督促作用，执行罚是由于环境行政相对人不履行基础决定的义务而引起的执行决定所规定的一种新义务，目的在于督促其及时履行前一个义务。例如，按日计罚制度。第三，执行罚具有利息功能，环境行政相对人基础决定作出之日起，即意味着该环境罚款或者征收的滞纳金已经属于国家财产，未在规定的期限内履行金钱给付义务，即为损害国家利益。环境罚款或者滞纳金意味着平衡利息损失。②

【典型案例1】

凯里市环境保护局环境行政执行罚案③

2017年9月4日，行政强制执行的被执行人贵州省凯里市某食品有限责任公司经凯里市环境监测站开展的厂界噪声监测结果显示其噪声排放超标，行政强制执行的申请执行人凯里市环境保护局依据《贵州省环境保护条例》第63条的规定向被执行人下达了凯里市环境保护局凯环罚字〔2017〕74号《行政处罚决定书》。被执行人在法定期限内既未申请行政复议又未提起行政诉讼，也不履行处罚决定。

2018年5月18日，申请执行人向被执行人下达了凯环罚字〔2018〕8

① 胡建森．论作为行政执行罚的“加处罚款”．行政法学研究，2016（1）：76－77.

② 同①79.

③ 贵州省凯里市人民法院（2018）黔2601行审12号行政裁定书．

号《督促履行义务催告书》。经书面催告送达后，被执行人仍未按期履行义务。

2018 年 6 月 5 日，申请执行人向贵州省凯里市人民法院提出以下强制执行的请求：(1) 请求强制执行凯里市环境保护局凯环罚字［2017］74 号《行政处罚决定书》中要求被执行人缴纳的罚款本金 12 500 元人民币；(2) 请求强制执行凯里市环境保护局凯环罚字［2017］74 号《行政处罚决定书》中规定被执行人因逾期不缴纳罚款而加处的罚款 12 500 元人民币。

2018 年 7 月 4 日，凯里市人民法院依法作出如下裁定：准予执行凯里市环境保护局于 2017 年 9 月 4 日作出的凯环罚字［2017］74 号《行政处罚决定书》，即：(1) 由被执行人凯里市某食品有限责任公司缴纳罚款本金 12 500 元；(2) 由被执行人凯里市某食品有限责任公司缴纳因逾期未缴纳罚款而加处的罚款 12 500 元。

【案例点评】

本案是环境行政执行罚的典型案例。本案中，凯里市某食品有限责任公司违反《贵州省环境保护条例》第 38 条的规定，厂界噪声监测结果显示噪声排放超标违法事实存在。凯里市环境保护局依照《贵州省环境保护条例》第 63 条的规定作出《行政处罚决定书》，作出对被申请人予以罚款的决定，具有可执行的内容，凯里市某食品有限责任公司应当履行。但是，凯里市某食品有限责任公司在法定期限内不履行处罚决定。根据《行政强制法》第 45 条的规定，行政机关依法作出金钱给付义务的行政决定，当事人逾期不履行的，行政机关可以依法加处罚款或者滞纳金。加处罚款或者滞纳金的数额不得超出金钱给付义务的数额。凯里市某食品有限责任公司经书面催告后，仍未按期履行义务，凯里市环境保护局向贵州省凯里市人民法院申请强制执行，对其逾期未缴纳的罚款额外加处罚款。

本案中由被执行人凯里市某食品有限责任公司缴纳因逾期未缴纳罚款而加处的罚款 12 500 元，具有执行罚的性质。通过对不履行义务的义务人而施加金钱给付义务，有助于敦促义务人凯里市某食品有限责任公司结束违法状态。凯里市环境保护局在依法作出执行罚决定时，依照上述规定对凯里市某食品有限责任公司在执行罚的数额范围内再次加处罚金12 500元的决定符合《行政强制法》第45条的规定。

案例编号：ZF/2018/015

案例编辑人：何璐希

【典型案例2】

兴城市环境保护局环境行政执行罚案[①]

2017年4月5日，申请执行人兴城市环境保护局工作人员对被执行人回甲所经营的兴城市某石材厂进行现场检查后认定，兴城市某石材厂建设项目于2013年10月开始建设，2014年3月开始生产，环保设施已建成，环保设施未经验收，主体工程正式投入生产，违反了《建设项目环境保护管理条例》（1998年）第23条的相关规定。

2017年5月1日，申请执行人作出兴环责改字〔2017〕028号《责令改正违法行为决定书》，责令被执行人停止生产，改正违法行为，次日由回乙签收。2017年5月23日，申请执行人作出兴环罚字〔2017〕027号行政处罚决定，给予被执行人罚款人民币3万元的行政处罚，并于同日向被执行人留置送达。2017年11月14日，申请执行人作出兴环催〔2017〕028号《督促履行义务催告书》，并于次日送达。

2018年1月18日，申请执行人向兴城市人民法院申请强制执行。申请执行人申请强制执行兴环罚字〔2017〕027号行政处罚决定中被执行人回甲欠缴的罚款人民币3万元，及责令停止生产，改正违法行为，并处加处罚款人民币3万元。

针对申请执行人强制执行申请的三项事项，法院认为：（1）有关申请责令停止生产，改正违法行为的强制执行申请。责令改正违法行为系申请执行人于2017年5月1日作出，次日向被执行人送达由回乙签收，该行政命令的作出及送达符合法定程序，应准予执行。（2）有关申请罚款人民币3万元的强制执行申请。申请执行人作出的兴环罚字〔2017〕027号行政处罚

① 辽宁省兴城市人民法院（2018）辽1481行审10号行政裁定书.

决定，对被执行人回甲罚款人民币 3 万元，事实清楚，程序合法，适用法律、法规正确，依法应准予执行。(3) 有关加处罚款人民币 3 万元的强制执行申请。该加处罚款决定因未作出法律文书，未履行向被执行人告知、催告等程序，不符合法律、法规的规定，不利于被执行人权益的维护，视为对被执行人合法权益的损害，应不予准予。

【案例点评】

本案是环境行政执行罚的典型案例。其焦点在于，环境行政执行罚作出之前，环境行政机关应当事先对行政相对人作出催告，未履行催告程序的环境行政执行罚决定不发生法律效力。

本案中，兴城市环境保护局对兴城市某石材厂未经验收环保设施主体工程即投入使用的违法行为，作出《责令改正违法行为决定书》，而后作出行政处罚决定。经催告后兴城市某石材厂仍旧未履行，兴城市环境保护局遂申请法院强制执行《责令改正违法行为决定书》与行政处罚决定，同时加处罚款人民币 3 万元。经兴城市人民法院审查，兴城市环境保护局作出的《责令改正违法行为决定书》与行政处罚决定，符合法定程序，应当准予执行。申请执行人在申请人民法院强制执行前所履行的催告职责是《行政强制法》所规定的，依据《行政强制法》第 53 条、第 54 条的规定，行政相对人在法定期限内不履行、不申请复议与不提起行政诉讼的，没有行政强制执行权的环境行政机关可以自期限届满之日起 3 个月内申请法院强制执行，且行政机关申请人民法院强制执行前，应当催告当事人履行义务。催告书送达 10 日后当事人仍未履行义务的，行政机关可以向所在地有管辖权的人民法院申请强制执行。可见，催告是行政机关行政强制的前置程序，是行政强制程序的一部分。因此，催告应在行政处罚相对人申请行政复议或者提起行政诉讼期限届满后的 3 个月内进行，且应不少于 10 日，过早、过晚均与法相悖。另依据《行政诉讼法》(2017 年) 第 46 条规定，公民、法人或其他组织提起行政诉讼的一般时效为“自知道或者应当知道作出行政行为之日起六个月内”，《行政复议法》第 9 条规定公民、法人或者其他组织提起行政复议的一般时效为“自知道该具体行政行为之日起六十日内”。因此，一般而言，申请执行人发出催告应当在行政行为作出并将行政决定书送达行政相对人之日起6个月后，9个月内作出。

申请人民法院强制执行的催告程序与行政机关自己强制执行中的催告程序并不完全相同，即在申请人民法院强制执行的催告程序中设定了一个期限。“催告书送达十日后当事人仍未履行义务的，行政机关可以向所在地有管辖权的人民法院申请强制执行；执行对象是不动产的，向不动产所在地有管辖权的人民法院申请强制执行。”这里有一个值得探讨的问题，即此处的“十日”期限与催告书中所列的“履行期限”之间的关系是什么。这里的“十日”可以理解为催告书中所列的“履行期限”，也就是说催告书中所列的履行期限不应超过10日。至于这个期限如何计算，可以在行政复议或者行政诉讼期限届满之日的前10日向当事人发出催告书，如果当事人在此10日内不履行义务，若当事人申请救济的期限届满，则行政机关即可从届满之日起向人民法院申请强制执行。当然行政机关也可以在当事人申请行政救济的期限届满后向当事人发出催告书，如果这样，则只有在催告书送达10日后当事人仍未履行义务的情况下，行政机关方可向人民法院申请强制执行。[①] 本案中，申请执行人作出的处罚决定的时间是2017年5月23日，并于同日向被执行人留置送达，而催告书作出的时间是2017年11月14日，同年11月15日向被执行人送达，在11月23日之前（6个月内），系在被执行人起诉期限届满前作出，故法院认为，不符合法律的规定。不予执行申请执行人“加处罚款”的请求，是值得商榷的。

案例编号：ZF/2018/016

案例编辑人：丁霖、何璐希

6.3　环境行政强制措施

根据我国《行政强制法》第2条规定，行政强制措施是指“行政机关在

① 乔晓阳．中华人民共和国行政强制法解读．北京：中国法制出版社，2011：180－181.

行政管理过程中，为制止违法行为、防止证据损毁、避免危害发生、控制危险扩大等情形，依法对公民的人身自由实施暂时性限制，或者对公民、法人或者其他组织的财物实施暂时性控制的行为”，即行政强制措施既包括对人身的强制措施也包括对财产的强制措施，具有强制性、紧急性和临时性。行政强制措施的种类主要包括：（1）限制公民的人身自由；（2）查封场所、设施或者财物；（3）扣押财产；（4）冻结存款、汇款；（5）其他行政强制措施。

环境行政强制措施是指环保机关为制止、预防环境违法行为或者在紧急情况下依法采取的对行政相对人的财产或行为加以限制，使其保持一定状态的各种方式和手段，一般不包括对人身的限制。当前我国尚未对环境行政强制措施进行专门立法，从目前的立法情况来看，环境行政强制措施穿插于《环境保护法》《行政强制法》《行政处罚法》等法律法规中，最主要的环境行政强制措施是查封、扣押。2014 年修订的《环境保护法》第 25 条规定，“企业事业单位和其他生产经营者违反法律法规规定排放污染物，造成或者可能造成严重污染的，县级以上人民政府环境保护主管部门和其他负有环境保护监督管理职责的部门，可以查封、扣押造成污染物排放的设施、设备”。原环境保护部 2014 年发布的《环境保护主管部门实施查封、扣押办法》对查封、扣押的适用情形与程序进一步作出了详细的规定。

6.3.1 查封、扣押措施适用情形

【知识点解析】

依据《环境保护法》第 25 条的规定，企业事业单位和其他生产经营者违反法律法规规定排放污染物，造成或者可能造成严重污染的，可以适用查封、扣押措施。另外，《环境保护主管部门实施查封、扣押办法》第 4 条规定：“排污者有下列情形之一的，环境保护主管部门依法实施查封、扣押：（一）违法排放、倾倒或者处置含传染病病原体的废物、危险废物、含重金属污染物或者持久性有机污染物等有毒物质或者其他有害物质的；

（二）在饮用水水源一级保护区、自然保护区核心区违反法律法规规定排放、倾倒、处置污染物的；（三）违反法律法规规定排放、倾倒化工、制药、石化、印染、电镀、造纸、制革等工业污泥的；（四）通过暗管、渗井、渗坑、灌注或者篡改、伪造监测数据，或者不正常运行防治污染设施等逃避监管的方式违反法律法规规定排放污染物的；（五）较大、重大和特别重大突发环境事件发生后，未按照要求执行停产、停排措施，继续违反法律法规规定排放污染物的；（六）法律、法规规定的其他造成或者可能造成严重污染的违法排污行为。有前款第一项、第二项、第三项、第六项情形之一的，环境保护主管部门可以实施查封、扣押；已造成严重污染或者有前款第四项、第五项情形之一的，环境保护主管部门应当实施查封、扣押。”

该条关于适用查封、扣押的情形是任意性规范与强制性规范的结合，即执法机关在适用查封、扣押的环境行政强制措施时具有一定的裁量权。当发生该条第1款第1项、第2项、第3项及第6项中规定的任意一种情形时，执法机关可以根据案件的具体情况适用查封、扣押的措施，但是在发生该条规定的第1款第4项、第5项的情形及已经造成了严重的污染情况时，环境保护主管部门必须要对涉案主体实施查封、扣押。

【典型案例1】

成都某汽车服务有限公司违法排放有机废气案[①]

成都高新区环境保护与城市综合管理执法局于2018年7月3日对成都某汽车服务有限公司进行调查，发现该公司在从事汽车喷漆活动中会产生含挥发性有机物废气，但该公司的烤漆房未按照规定安装活性炭、吸附棉等污染防治设施对废气进行处理。

成都高新区环境保护与城市综合管理执法局遂依据《环境保护主管部

① 成都高新区环境保护与城市综合管理执法局成高环城查字〔2018〕06003号《关于对成都众和鑫汽车服务有限公司的查封决定公告》.

门实施查封、扣押办法》第4条第1款第4项的规定，对该公司的烤漆房予以查封，查封期限为30日。

【典型案例2】

重庆砼某源建材有限公司私自处置危险废物案[①]

重庆砼某源建材有限公司涉嫌非法处理危险废物，龙泉驿区环境保护局于2017年5月4日决定对涉案的化工包装桶予以查封，查封期限为15日。

【典型案例3】

福建某专用汽车有限公司未按要求安装烟尘净化器案[②]

2017年8月25日，福建省龙岩市环保局环境监察支队执法人员会同经开区环保局到福建某专用汽车公司现场检查时，该公司附件工段正在生产，生产时焊接烟尘未按环评要求配套安装移动式烟尘净化器收集处理。龙岩市环保局遂决定对该公司作出责令改正违法行为决定并对该公司车桥车间4个生产用电开关进行查封。

2017年8月28日龙岩市环保局环境监察支队执法人员再次会同经开区环保局、经开区管委会到某专用汽车公司，发现该公司附件工段仍在生产，生产时焊接烟尘未按环评要求配套安装移动式烟尘净化器收集处理。龙岩市环保局当即向该公司送达了龙环查（扣）字〔2017〕2号《查封（扣押）决定书》，认定该公司未经环保部门审批即投入生产，焊接烟尘未按环评要求配套安装移动式烟尘净化器收集处理。其行为违反了《环境影响评价法》（2016年）第25条及《建设项目环境保护管理条例》（1998年）第16条的规定，依据《环境保护法》（2015年）第25条的规定，对该汽车公司车桥车间4个生产用电开关予以查封。

龙岩市环保局于2017年9月1日、9月4日两次对查封的现场重新进行了勘查，并于2017年9月26日对查封的生产用电开关予以解封。

---

① 四川省成都市龙泉驿区环境保护局《关于对重庆砼科源建材有限公司行政处罚的公告》.

② 福建省龙岩市新罗区人民法院（2018）闽0802行初13号行政判决书.

【典型案例4】

梧州市潘某某违法开设宝石磨盘电镀作坊案[①]

2017年8月29日，广西壮族自治区梧州市环境保护局对潘某某开设的宝石磨盘电镀作坊进行现场检查，发现该作坊存在从事国家明令禁止的“十小”项目中的小电镀的行为，遂依据《环境保护法》（2015年）第25条和《环境保护主管部门实施查封、扣押办法》的规定，对该作坊造成污染物排放的设施、设备予以查封，查封期限自2017年8月29日至2017年9月27日。

【案例点评】

上述四个案例均属于违法排污行为。具体而言，案例1及案例3属于《环境保护主管部门实施查封、扣押办法》第4条第1款第4项中规定的“不正常运行防治污染设施”的情形；案例2属于《环境保护主管部门实施查封、扣押办法》第4条第1款第1项中规定的“违法排放、倾倒或者处置危险废物”的情形；案例4则属于《环境保护主管部门实施查封、扣押办法》第4条第1款第3项中规定的“违反法律法规规定排放、倾倒电镀工业污泥”。环境行政机关有权实施查封、扣押等行政强制措施，以有效、及时制止违法排污的行为，防范可能发生或制止正在发生的环境污染。

查封、扣押属于环境行政机关的行政强制权，可以直接限制公民、法人和其他组织的财产权，故环境行政部门行使该项权力时应该持慎重态度。因此，《环境保护法》（2015年）第25条规定了查封、扣押的适用情形，需要有“造成或者可能造成严重污染的”的损害结果。具体而言，环境行政机关的查封、扣押权应该在以下两种情形下行使：一是危害环境的事实正在发生，不采取紧急措施不足以制止危害的扩大；二是具有危害环境的风险，不采取紧急措施不足以防止危害的发生。因此，环境保护执法部门在采用查封、扣押的强制措施时，应当对污染环境的行为作出正确的评估和预判，对于严重污染环境的行为或有重大风险的情形，应当依法使用该措

---

① 广西壮族自治区梧州市环境保护局梧环封字〔2017〕11号查封决定书.

施，同时也要避免任意扩大查封、扣押的适用范围。

案例 1 编号：ZF/2018/017
案例 2 编号：ZF/2017/018
案例 3 编号：ZF/2018/018
案例 4 编号：ZF/2017/019
案例编辑人：丁霖、侯欣妤

6.3.2 查封、扣押措施例外情形

【知识点解析】

《环境保护主管部门实施查封、扣押办法》第 6 条中规定了在污染者造成或者可能造成严重污染的情况下也可以不适用查封、扣押的三种例外情形，但环境保护主管部门应当按照有关环境保护法律法规予以处罚。该三种情况为：

（1）城镇污水处理、垃圾处理、危险废物处置等公共设施的运营单位；

（2）生产经营业务涉及基本民生、公共利益的；

（3）实施查封、扣押可能影响生产安全的。

这三种情况主要为相关污染主体涉及公共服务领域，如果对其进行查封、扣押会影响到社会生活的正常运转或者生产安全，因此可以不对其设备实行查封、扣押，让其仍然正常运行，但是必须要求其改正违法行为或予以处罚。

【典型案例 1】

某污水处理有限责任公司污水处理厂超标排放被处罚款案①

2016 年 3 月 22 日，北京市环境监察总队发现自动监控系统报警，显示某污水处理有限责任公司在线监测污水排口氨氮日均浓度值为 23.27mg/L，超过城镇污水处理厂基本控制项目排放限值 A 标准出水氨氮执行 8mg/L 的

① 北京市发布 2016 年第一批环境违法十大典型案例之二：被“千里眼”发现的超标排放单位受到查处．来源：【法宝引证码】CLI. C. 61018833.

排放限值。执法人员及时通知该公司立即查找原因，加强治理设施运行，立即改正；同时，将超标数据作为证据传给属地监管部门密云区环保局，责成密云区环保局对该公司的违法违规行为进行查处。

经调查，该污水处理厂属于国家重点监控企业，已按照规定安装并运行了自动监管系统，其监测数据经过了环保部门的有效性审核。[①] 因此，自动监测系统发现该单位数据日均值超标情况，可以作为违法事实的认定依据。密云区环保局依据《北京市水污染防治条例》（2010年）第78条第3款的规定对该公司实施了行政处罚，责令该单位限期治理并处以5万元罚款。

【典型案例2】

某垃圾处理场污染处理设施不合格被责令改正违法行为案[②]

2014年4月12日，湖南省崇阳县环保局对某垃圾处理场进行调查时，发现该垃圾处理场建设项目配套建设的渗滤液处理站未经验收合格，即投入使用；渗滤液处理站污水收集管网存在跑、冒、漏、滴现象，部分污水未经处理直接排放；渗滤液处理站部分设施自2013年8月至今未经许可一直非法闲置。针对上述环境违法行为，2014年5月12日，崇阳县环保局对崇阳县城管局作出崇环违改字〔2014〕014号《责令改正违法行为决定书》，又于2016年1月26日再次对崇阳县环卫局作出崇环违改字〔2016〕5号《责令改正违法行为决定书》。

2016年6月3日，崇阳县环保局向崇阳县环卫局下达了崇环罚告字〔2016〕07号《行政处罚事先（听证）告知书》，以“某垃圾场建设项目的水污染防治设施未经验收，主体工程即正式投入使用；且经现场采样监测，排放的水污染物超过国家或者地方规定的水污染物排放标准”为由，拟对崇阳县环卫局处以罚款人民币20万元。

---

① 根据中办、国办印发的《关于深化环境监测改革提高环境监测数据质量的意见》要求，取消环保部门负责的有效性审核，改由排污单位对自动监测数据质量负责。

② 湖北省崇阳县人民法院（2017）鄂1223行初12号行政判决书.

【案例点评】

上述两个案例分别涉及污水处理厂和垃圾处理场，二者均为城市污染处理的重要设施，在其运行过程中，本身也存在较大的污染环境风险。该类主体的正常运行事关基本民生、公共利益问题，根据《环境保护主管部门实施查封、扣押办法》第 6 条规定，对于该类主体可不适用查封、扣押的措施。又依据《环境保护主管部门实施限制生产、停产整治办法》第 7 条之规定，城镇污水处理、垃圾处理、危险废物处置等公共设施的运营单位，超过污染物排放标准或者超过重点污染物排放总量控制指标排放污染物的，环境保护主管部门应当按照有关环境保护法律法规予以处罚，可以不予实施停产整治。因此，上述案例中的污水处理厂、垃圾处理厂确实存在违法行为而导致环境污染，但因其涉及基本民生和公共利益，为保障其正常运行，在对其的处理上应当以责令改正其违法行为为主，处罚罚金为辅，不宜适用查封、扣押的行政强制措施。

“行政强制不是为了强制而强制，而是着眼于解决问题，在维护行政强制权威的同时，其根本目的在于对公共利益和社会秩序的维护。”① 因此，查封、扣押权的行使也应对遵循比例原则，环境行政机关在实施查封、扣押时，对涉及民事、公共利益、影响安全生产的设施和设备要审慎实施，确保不滥用、不乱用，以免导致新的、更严重的环境风险。

案例 1 编号：ZF/2016/009

案例 2 编号：ZF/2017/020

案例编辑人：丁霖、侯欣妤

6.3.3 查封、扣押措施的延期

【知识点解析】

《环境保护主管部门实施查封、扣押办法》第 15 条规定，“查封、扣押

---

① 环境保护部环境监察局．《中华人民共和国环境保护法》四个配套办法学习读本．北京：中国环境出版社，2015：95.

的期限不得超过三十日；情况复杂的，经本级环境保护主管部门负责人批准可以延长，但延长期限不得超过三十日。法律、法规另有规定的除外。延长查封、扣押的决定应当及时书面告知排污者，并说明理由”，即查封扣押的期限一般为30日，最长不得超过60日（除法律法规另有规定外）。该规定是查封、扣押作为环境行政措施紧急性和临时性的体现，适用查封、扣押的目的在于紧急制止污染环境的行为、防止损害的扩大、防止调查期间证据被人为损毁，其本身并不是对污染环境行为的终局性的惩罚措施，所以对查封、扣押需要设置一定的期限同时其期限也不得任意延长，不能通过无限期的查封、扣押来变相处罚污染主体，也可通过这种方式来防止执法机关通过任意延长查封、扣押的期限对案件处理进行拖延。

【典型案例1】

娄底市环境保护局对无名再生纸厂延长查封决定案①

娄底市环保局于2016年10月8日对无名再生纸厂抄纸机和燃煤锅炉进行了查封，查封期限至2016年11月9日。2016年11月4日，娄底市环保局再次对现场检查发现该厂污染防治设施没有整改到位，11月9日前无法使用。依据《环境保护主管部门实施查封、扣押办法》第15条第1款的规定，决定将查封期延长30日至2016年12月8日。

【典型案例2】

梧州市环境保护局对违法排放水污染物的工具延长扣押期限案②

梧州市环境保护局于2017年7月10日依法对刘某某违法排放水污染物的工具（水泵一台、软管和电线各一捆）予以扣押，扣押期限自2017年7月10日起至2017年8月9日止。由于该工具是办理案件的重要物证，依据《行政强制法》第25条和《环境保护主管部门实施查封、扣押办法》第15条的规定，梧州市环境保护局决定延长对上述物品的扣押期限，延长期限自2017年8月10日起至2017年9月9日止。

---

① 湖南省娄底市环境保护局娄环查延字〔2016〕1号查封延期决定书.

② 广西壮族自治区梧州市环境保护局梧环封延字〔2017〕5号扣押延长期限决定书.

【案例点评】

上述两个案例中，均对查封、扣押的期限延长了30天，案例1依据的理由是涉案场所的污染防治设施没有整改到位，因此需要继续进行查封整改；案例2中依据的理由是扣押的物品是重要证据，因案件办理的需要，对该排放污水的工具延长扣押期限。从法条规定来看，延长查封、扣押的期限的法定情形是“情况复杂”并且需要经过本级环境保护主管部门负责人批准，实践中的情况千差万别，如何界定“情况复杂”需要执法机关根据案件的不同情况作出正确合理的认定。

案例1编号：ZF/2016/010
案例2编号：ZF/2017/021
案例编辑人：侯欣妤

6.3.4 查封、扣押措施的解除

【知识点解析】

《环境保护主管部门实施查封、扣押办法》第18条至第21条对查封、扣押的解除作出了相关的规定。解除分为依申请的解除和依法定情形的解除。

依申请的解除指排污者在查封、扣押期限届满前，可以向决定实施查封、扣押的环境保护主管部门提出解除申请，并附具相关证明材料。环境保护主管部门应当自收到解除查封、扣押申请之日起5个工作日内，组织核查，排污者确已改正违反法律法规规定排放污染物行为的，应当解除查封、扣押；排污者未改正违反法律法规规定排放污染物行为的，应当维持查封、扣押。

依法定情形的解除指环境保护主管部门实施查封、扣押后，应当及时查清事实，有下列情形之一的，应当立即作出解除查封、扣押决定：（1）对违反法律法规规定排放污染物行为已经作出行政处罚或者处理决定，不再需要实施查封、扣押的；（2）查封、扣押期限已经届满的；（3）其他不再需要实施查封、扣押的情形。

查封、扣押措施被解除的，环境保护主管部门应当立即通知排污者，并自解除查封、扣押决定作出之日起3个工作日内送达解除决定。对于扣押措施被解除的，还应当通知排污者领回扣押物；无法通知的，应当进行公告，排污者应当自招领公告发布之日起60日内领回；逾期未领回的，所造成的损失由排污者自行承担。扣押物无法返还的，环境保护主管部门可以委托拍卖机构依法拍卖或者变卖，所得款项上缴国库。

【典型案例1】

因查封期限届满解除对某首饰加工场的查封案[①]

梧州市环境保护局于2016年12月15日依法对某首饰加工场造成污染物排放的设施、设备进行了现场查封（梧环封字〔2016〕3号），查封期限自2016年12月15日起至2017年1月13日止。原查封期限届满后，由于该加工场所私设的排污口尚未封堵，仍存在环境风险隐患的原因，梧州市环保局决定延长对该加工场所设施、设备的查封期限，自2017年1月14日起至2017年2月12日止。2017年2月13日，查封期限届满，根据《行政强制法》第28条和《环境保护主管部门实施查封、扣押办法》第20条第2项的规定，梧州市环保局解除了对该加工场所设施、设备的查封。

【典型案例2】

因整改完毕解除对某新型墙体材料有限公司设施设备的查封案[②]

台山市环境保护局于2018年1月19日，以《台山市环境保护局查封（扣押）决定书》（台环查扣〔2018〕第2号）对台山市某新型墙体材料有限公司的设施设备予以查封。后根据调查处理结果，该公司已落实整改措施，并停止违法行为。台山市环境保护局遂决定对该公司被查封的设施设备自2018年1月30日起全部解除查封措施。

【案例点评】

解除查封、扣押是对相对人财物暂时限制的解除，案例1属于根据《环

① 广西壮族自治区梧州市环境保护局梧环解字〔2017〕3号解除查封决定书.

② 广东省台山市环境保护局台环解查扣〔2018〕2号解除查封决定书.

境保护主管部门实施查封、扣押办法》第 20 条第 2 项的规定“查封、扣押期限已经届满”的情形。案例 2 则属于排污者确已改正违法排污行为的情形。由于查封、扣押是一个临时性的行为，其后会存在一个与之相关的行政处理的决定，当期限届满、后续行为已经作出或者没有必要再进行查封、扣押时，应当及时解除查封扣押，减少对相对人财产的限制。

案例 1 编号：ZF/2017/022

案例 2 编号：ZF/2018/019

案例编辑人：侯欣妤

6.3.5 擅自损毁封条行为的处理

【知识点解析】

《环境保护主管部门实施查封、扣押办法》第 23 条规定：“环境保护主管部门对查封后的设施、设备应当定期检视其封存情况。排污者阻碍执法、擅自损毁封条、变更查封状态或者隐藏、转移、变卖、启用已查封的设施、设备的，环境保护主管部门应当依据《中华人民共和国治安管理处罚法》等法律法规及时提请公安机关依法处理。”该规定为查封、扣押权的行使提供了法律制度上的保障。

但是《环境保护主管部门实施查封、扣押办法》第 23 条第 2 款中规定的违法情形与《治安管理处罚法》并不能完全得到衔接，对于擅自损毁封条的行为在《治安管理处罚法》中没有对应的处罚条款，实践中公安机关应对擅自毁损封条的相关案件的方式也不完全一致。

《环境保护法》以及《治安管理处罚法》均未明确擅自损毁封条等环境违法行为的法律责任，且实践中也存在对该行为不予处罚、延期查封、罚款、行政拘留等多种惩处方式。“2015 年至 2016 年的环境执法数据显示，环保部门办理的涉及擅自损毁封条的案件中，有 95%的案件被移送公安机关，且已经有 49%的涉案当事人被处以行政拘留。可见，即使公安机关与环境保护机关在擅自损毁封条等环境违法行为法律责任认定上尚未达成一致，但就执法实践而言，已有近半数涉及擅自损毁封条案件设施当事人被处以行政拘留。”①

【典型案例 1】

北京某装饰工程有限公司私自损毁封条、恢复生产案②

北京某装饰工程有限公司在家居生产过程中不安装使用污染防治设施，致使挥发性有机废气未经处理直接排入大气环境，对周围大气环境造成污染。北京市大兴区环境保护局对该公司底漆车间进行了现场查封，并且对其负责人进行了调查询问。2015 年 4 月 9 日，复查中发现该公司工作人员擅自损毁封条，开启底漆车间并现场进行生产作业，大兴区环境保护局向该公司下发了《行政处罚事先告知书》和《行政处罚听证告知书》，其后针对该单位涉嫌违法排放大气污染物召开了重大行政处罚案件领导小组集体讨论，决定责令该单位停止喷漆工艺，处罚款 5 万元整。复查后，大兴区环境保护局同时将该公司擅自毁损封条的行为提请当地公安机关处理，但是公安机关认为该单位行为不符合治安管理处罚条件。

【典型案例 2】

某豆制品加工厂擅自损毁封条案③

某豆制品加工厂主营豆制品加工，年生产量约 500 吨，排放废水 2 000 吨。该豆制品加工厂没有环保验收手续，将生产过程中产生的废水直排入河，于洪环保分局于 2015 年 4 月 12 日对该豆制品加工厂下达《行政处罚决定书》，处以 5 万元罚款。4 月 26 日，于洪环保分局现场检查时发现该豆制品加工厂又擅自恢复生产，违法排放污染物。4 月 27 日，于洪环保分局联合公安机关和所在地大兴街道相关人员依法查封其生产锅炉设备。5 月 12 日，于洪环保分局环境监察人员现场检查时发现配电箱上的查封封条被撕。由于于洪区环保局和公检法四部门建立了联席工作机制，并成立了驻环保

① 竺效，丁霖．论擅自损毁封条等环境违法行为的法律责任：兼论《查封扣押办法》第 23 条第 2 款与《治安管理处罚法》的衔接．中国地质大学学报（社会科学版），2017（5）：53－63.

② 环境保护部环境监察局．《中华人民共和国环境保护法》四个配套办法典型案例解析．北京：中国环境出版社，2015：56.

③ 张辉．环境保护查封扣押中封条损毁的法律问题探析．环境保护，2016（5）：54.

局警务工作站，最终撕封条违法者被公安机关处以5日行政拘留的行政处罚。

【案例点评】[①]

上述两个案例中的违法行为均是擅自撕毁封条，但其处置结果并不相同。依据《环境保护主管部门实施查封、扣押办法》第23条的规定，排污者擅自损毁封条、变更查封状态或者隐藏、转移、变卖、启用已查封的设施、设备的行为，其侵犯的客体是行政执法机关的行政执法活动，侵犯的对象是被行政执法机关在办案过程中依法查封、扣押的财物。物品一经查封，封条连同被查封的物品即成为一个整体，处于环保部门的掌握控制之中。排污者未经查封机关批准不得私自去封、使用或者变卖。对于已经依法查封的财物，未经行政执法机关的同意，任何人不得随意变动、处置，否则就侵犯了执法机关的办案权。[②]

《环境保护法》(2015年)第25条明确了查封、扣押两种形式的行政强制措施权，规定了查封、扣押权实施的主体、对象和条件。但对于查封、扣押权行使的保障，《环境保护法》未作出规定。为更好地实施查封、扣押措施，环境保护部发布了《环境保护主管部门实施查封、扣押办法》。为了确保查封、扣押权的行使，维护环境行政执法部门的权威，《环境保护主管部门实施查封、扣押办法》第23条第2款规定："排污者阻碍执法、擅自损毁封条、变更查封状态或者隐藏、转移、变卖、启用已查封的设施、设备的，环境保护主管部门应当依据《中华人民共和国治安管理处罚法》等法律法规及时提请公安机关依法处理。"该条款规定了"提请公安机关依法处理"的执法机制，为查封、扣押权的行使提供了制度保障。

为了避免排污者"门前贴封条、门后照生产"的情形，《环境保护主管部门实施查封、扣押办法》第23条规定环境保护部门应定期检视查封后的

---

① 竺效，丁霖．论擅自损毁封条等环境违法行为的法律责任：兼论《查封扣押办法》第23条第2款与《治安管理处罚法》的衔接．中国地质大学学报（社会科学版），2017（5）：53-63.

② 环境保护部环境监察局．新《环境保护法》四个配套办法释义．北京：中国民主法制出版社，2015：124-125.

设备、设施的封存情况，若发现排污者“阻碍执法、擅自损毁封条、变更查封状态或者隐藏、转移、变卖、启用已查封的设施、设备的”，则依据《环境保护主管部门实施查封、扣押办法》第23条第2款的规定，及时提请公安机关依据《治安管理处罚法》（2013年）第50条、第60条规定，对排污者处以行政拘留，并处罚款，以此维护行政强制措施的严肃性。

分析法条可知，《治安管理处罚法》与《环境保护主管部门实施查封、扣押办法》第23条第2款所规定的违法行为相关的，仅有第50条第1款第2项以及第60条第1款第1项规定的两种情形。

《治安管理处罚法》第50条第1款第2项规定的阻碍执行职务行为属于妨碍公务的行为。它是指阻碍国家机关工作人员依法执行职务，未使用暴力、威胁方法的。此行为的阻碍对象需是“正在执行职务的工作人员”，即在“从准备执行公务开始到执行行为最终完成的整个过程”中以“无理纠缠、吵闹、谩骂等”行为阻碍国家机关工作人员执行职务的行为。就环保部门行使查封权而言，从环保部门现场检查，作出查封决定，再到环境行政工作人员到现场查封排污者造成污染物排放的设施、设备的过程，属于国家环境行政工作人员执行职务的行为。但《环境保护主管部门实施查封、扣押办法》第23条第2款规定的违法行为中，擅自损毁封条、变更查封状态或隐藏、转移、变卖、启用已查封的设施、设备的行为，是在国家环境行政工作人员执行职务之后发生的，不在其执行职务过程之中，且并未与国家环境行政工作人员发生正面冲突，仅对被查封的设施、设备产生影响。因此，《环境保护主管部门实施查封、扣押办法》第23条第2款中仅有阻碍执法的行为适用《治安管理处罚法》第50条第1款第2项的规定。

《治安管理处罚法》（2013年）第60条第1款第1项规定的隐藏、转移、变卖或者损毁行政执法机关依法扣押、查封、冻结的财物行为，直接“侵犯行政执法机关的正常活动，行为侵犯对象是已被行政执法机关依法查封、扣押、冻结的财物”。仅就此而言，擅自损毁封条、变更查封状态或隐藏、转移、变卖、启用已查封的设施、设备的行为均是对环境行政机关正常活动的侵犯，对已被环境行政执法机关依法查封的造成污染物排放的设备、设施的侵犯。然而，该行为的客观方面表现为“未经法定机关批准，无视国家机关采取的强制措施，对已被扣押、查封、冻结的财产予以隐藏、转移、变卖或损毁”。该条款的适用仅限于“隐藏、转移、变卖、损毁”已查封设施、设备四种行为。因此，对于《环境保护主管部门实施查封、扣押办法》第23条第2款规定的擅自损毁封条、变更查封状态、启用已查封的设施、设备三种行为，不能直接适用《治安管理处罚法》第60条第1款第1项的规定。

因此，《环境保护主管部门实施查封、扣押办法》第23条第2款中规定的7个独立违法行为，即排污者阻碍执法，擅自损毁封条，变更查封状态，隐藏已查封的设施、设备，转移已查封的设施、设备，变卖已查封的设施、设备，启用已查封的设施、设备，并不能完全概括为《治安管理处罚法》所规定的这两种行为。事实上，《治安管理处罚法》并未规定对擅自损毁封条、变更查封状态以及启用已查封的设施、设备三种违法行为的处罚。故在《环境保护法》与《治安管理处罚法》没有对擅自损毁封条、变更查封状态以及启用已查封的设施、设备三种行为规定处以行政拘留的情况下，根据环境保护机关的立法与执法意图，《环境保护主管部门实施查封、扣押办法》第23条第2款的释义，对这三种违法行为处以行政拘留，并处罚款，尚无法律依据。故环保执法机关依据《环境保护主管部门实施查封、扣押办法》第23条第2款将违法者移送公安机关后，仅有部分行为能依法得以惩处，而擅自损毁封条、变更查封状态，以及启用已查封的设施、设备三种行为（以下简称“擅自损毁封条等环境违法行为”）成为漏网之鱼。

由此可见，上述两个案件的案情十分相似，但却有不同的处理结果。在案例1中，涉案当事人被环保局查封生产锅炉设备后撕毁封条，由于当地环保局和公检法四部门建立了联席工作机制并成立了驻环保局警务工作站，最终撕封条违法者被公安机关处以5日行政拘留的行政处罚。而案例2中，涉事当事人擅自损毁封条，开启底漆车间并现场进行生产作业，公安机关却认为该行为不符合治安拘留条件，不予接收两个案件中涉事当事人。

我们认为，擅自损毁封条等环境违法行为与阻碍执法以及隐藏、转移、变卖已查封的设施、设备行为过错相当。虽然《环境保护法》《治安管理处罚法》未明确规定擅自损毁封条行为如何处置，但在其他领域单行法、司法解释中已有对擅自损毁封条行为的规制。《消防法》（2021年）第64条规定："违反本法规定，有下列行为之一，尚不构成犯罪的，处十日以上十五日以下拘留，可以并处五百元以下罚款；情节较轻的，处警告或者五百元以下罚款：……（六）擅自拆封或者使用被消防救援机构查封的场所、部位的。"该法对擅自拆封、启用已查封场所、部位，明确了行政处罚措施，即对擅自损毁封条，启用已查封设施、设备的行为要处以行政拘留，只有情节较轻的处以警告或罚款。因此，无论从其过错程度而言，还是从其他领域的立法经验分析，擅自损毁封条的行为与阻碍执法、隐藏、转移、变卖、毁损已被查封财物等行为的过错相当，故在"过罚相当"原则的指导下，其处罚方式也应与《治安管理处罚法》第50条、第60条的规定一致，一般处以行政拘留，情节较轻的仅处以警告或罚款。结合环境行政执法实践分析，大部分擅自损毁封条的行为都被处以行政拘留，为保持执法的连贯性、权威性，打击环境违法行为，擅自损毁封条等环境违法行为应当被处以行政拘留的处罚。

案例1编号：ZF/2015/004
案例2编号：ZF/2015/005
案例编辑人：竺效、丁霖、侯欣妤

第 7 章　环境行政执法程序

7.1　简易程序

【知识点解析】

环境行政处罚中的简易程序是指环境保护行政机关对符合法定条件的环境行政处罚事项，当场进行处罚的环境行政处罚程序。它具有以下三个特点：（1）必须符合一定的条件，即违法事实确凿，有法定依据，适用较轻的处罚。（2）程序简单，可不适用调查取证制度，当场处罚。（3）不同于一般程序、听证程序，比较简单、方便。

根据《行政处罚法》及《环境行政处罚办法》规定，适用简易程序必须符合以下三个条件。

（1）违法事实确凿。它包括两层含义：1）有证据证明环境行政违法事实存在；2）证明违法事实的证据应当充分。

（2）有法定依据。即在违法事实确凿的情况下，该违法行为还必须是法律明确规定应予处罚的行为。

（3）罚款数额较小或者是警告处罚。即对公民处以 50 元以下、对法人或者其他组织处以 1 000 元以下罚款或者警告的行政处罚。

以上三个条件同时具备才能适用简易程序。

【典型案例】

湖南某市农业农村局对露天焚烧违法行为实施行政处罚案[①]

2019年5月23日，湖南某市农业农村局执法人员与新洲镇干部进行露天焚烧农作物秸秆巡查时，在新洲镇青山峪村13组，发现梁某正在自家的承包地里露天焚烧秸秆。该市农业农村局认为，梁某的露天焚烧农作物秸秆的行为违反了《大气污染防治法》第77条的规定，依据《大气污染防治法》第119条的规定，鉴于当事人能主动消除危害后果，依法减轻行政处罚，该局对梁某实施简易程序，责令改正并处罚款50元的行政处罚。该行政处罚决定当场执行，处罚文书梁某当场签收。

【案例点评】

《大气污染防治法》第77条规定："省、自治区、直辖市人民政府应当划定区域，禁止露天焚烧秸秆、落叶等产生烟尘污染的物质。"露天焚烧秸秆、落叶等产生烟尘污染的物质，将会给大气环境和人体健康带来严重危害。露天秸秆焚烧区的划定权限在省级人民政府。该法第119条第1款规定："违反本法规定，在人口集中地区对树木、花草喷洒剧毒、高毒农药，或者露天焚烧秸秆、落叶等产生烟尘污染的物质的，由县级以上地方人民政府确定的监督管理部门责令改正，并可以处五百元以上二千元以下的罚款。"

行政处罚的一般程序有严格的程序要求，要求满足立案、调查、审查等程序。行政处罚设立简易程序，适用于违法事实确凿并有法定依据、处罚较轻的行为，由执法人员当场作出行政处罚决定。本案中，梁某在自家承包地中露天焚烧秸秆，违法事实清楚也有法定依据，符合简易程序适用条件。

结合本案有两处需要说明的问题：一是环境执法部门，二是处罚的自由裁量权。首先，针对露天焚烧秸秆的环境违法行为，《大气污染防治法》第119条规定的环境行政执法机构是"县级以上人民政府确定的监督管理部

---

① 湖南省津市市农业农村局（2019）〔农环〕简罚4号当场处罚决定书.

门”，本案中的执法部门是农业农村局，实践中也有执法部门是生态环境局，这需结合地方“三定方案”来确定执法部门。其次是处罚额度的裁量问题。《大气污染防治法》第 119 条规定的处罚幅度是 500 元至 2 000 元，本案则是低于该处罚额度的 50 元。在有法律规定的情况下，处罚额度能否低于底线，笔者认为，《行政处罚法》（2017 年）第 27 条规定：“当事人有下列情形之一的，应当依法从轻或者减轻行政处罚：（一）主动消除或者减轻违法行为危害后果的；（二）受他人胁迫有违法行为的；（三）配合行政机关查处违法行为有立功表现的；（四）其他依法从轻或者减轻行政处罚的。违法行为轻微并及时纠正，没有造成危害后果的，不予行政处罚。”本案中，梁某能主动消除危害后果，符合《行政处罚法》（2017 年）第 27 条规定的减轻行政处罚情形，环境行政执法部门在法定处罚度内低于处罚底线对行政相对人实施处罚，符合《行政处罚法》（2017 年）的规定，也最大限度体现了行政执法“过罚相当”原则，并能更好地实现处罚与教育的相结合。

案例编号：ZF/2019/003

案件编辑人：宋海鸥

7.2 一般程序

【知识点解析】

环境行政执法程序中的一般程序也称普通程序，是指生态环境行政机关在实施行政处罚时应遵循的基本程序，是环境行政处罚中最完整、适用最广泛的法定程序。它具有如下三个特点。

第一，一般程序是环境行政处罚的基础程序。一般程序是任何环境行政处罚均可以适用的程序，因而也是简易程序的基础。

第二，一般程序具有完整性。根据《行政处罚法》的规定，环境行政机关在实施行政处罚适用一般程序时，必须经过立案调查、审核、事先告知、听证、决定和送达等程序。因此，一般程序与简易程序相比，具有其完整性和严谨性。

第三，一般程序具有公正性。一般程序要求，环境行政机关在作出行政处罚决定之前，必须告知当事人处罚的事实、理由和依据，并必须听取当事人的陈述或申辩。通过听证程序可使当事人充分发表自己的意见，有利于防止行政处罚的不公正，有效地保护相对人的合法权益。

根据《行政处罚法》《环境行政处罚办法》规定，一般程序包括：立案、调查、案件审查、行政处罚决定、送达。

7.2.1　立案审查的时限

【知识点解析】

立案是指环境行政机关发现或者受理举报有关环境行政违法行为、事件或者涉嫌违法情况后，经初步审查，认为确有违法事实和需要给予行政处罚时所作出的提起行政处罚程序、登记案件的决定。

根据《环境行政处罚办法》第22条的规定，立案应具备如下四个条件：第一，有涉嫌违反环境保护法律、法规和规章的行为；第二，依法应当或者可以给予行政处罚；第三，属于本机关管辖；第四，违法行为发生之日起到被发现之日止未超过2年，法律另有规定的除外。违法行为处于连续或继续状态的，从行为终了之日起计算（符合追究行政责任的法定时效）。

值得注意的是，《环境行政处罚办法》第23条规定："对已经立案的案件，根据新情况发现不符合第二十二条立案条件的，应当撤销立案。"这一规定严格限制了撤销立案的条件，有利于防止立案后由于某种干扰或其他原因随意撤销案件的"人情执法"。

立案审查的期限是7个工作日。立案应当由环境保护行政机关的法制工作机构（或专人）负责，从发现违法行为或接到举报之日起7个工作日内决定是否立案（《环境行政处罚办法》第22条）。遇到紧急情况，经环境行政机关主管领导批准，可先行调查取证，并在7个工作日内决定是否立案和补办立案登记手续（《环境行政处罚办法》第24条）。

【典型案例】

甘肃某锑业有限责任公司诉某市环境保护局行政处罚超期立案案[①]

经审理查明，2015 年 11 月 23 日原告甘肃某锑业有限责任公司尾矿库发生泄漏，造成跨甘肃、陕西、四川三省的突发环境事件，对沿线部分群众生产生活用水造成了很大影响，并直接威胁到四川省广元市西湾水厂供水安全。事件发生后，环保部、水利部、住房和城乡建设部迅速派出工作组和专家组赶赴现场，协调指导地方做好应急应对工作。通过甘肃、陕西、四川三省的共同努力，事件得到了妥善处置，保障了沿线群众生产生活用水安全。环保部启动重大突发环境事件调查程序，成立联合调查组深入开展工作，到 2016 年 7 月，形成了《甘肃某锑业有限责任公司“11·23”尾矿库泄漏次生重大突发环境事件调查报告》，认定“甘肃某锑业有限公司存在尾矿库排水井建设施工严重违法违规、尾矿库安全设施管理混乱，有关地方政府及部门存在未认真履行日常管理职责、事件应对不力，有关第三方安全评价机构存在违规开展尾矿库安全现状评价等与事件的发生和发展有直接关系的问题”。因此，认定此次事件是一起因原告尾矿库泄漏责任事故次生的重大突发环境事件，多名责任人已经按工程重大安全事故罪被追究刑事责任，相关环保公益组织也及时跟进提起环境民事公益诉讼。

2016 年 7 月 18 日，甘肃省环保厅向某市政府下发了《甘肃省环境保护厅关于督促整改甘肃某锑业有限责任公司尾矿库泄漏次生重大突发环境事件中违法违规问题的监察建议函》，被告某市环保局根据上级要求，在事隔近一年后，于 2017 年 6 月 1 日对“11·23”事件和之前的“采取临时停产措施，存在弄虚作假行为”进行立案调查，并收集、复印了部分环保部联合调查组的调查材料和西和县环保局的相关行政法律文书，于 2017 年 8 月 8 日向原告送达了行政处罚、听证告知书，并于同年 11 月 10 日举行了行政处罚听证会，11 月 13 日作出陇环罚字〔2017〕7 号《行政处罚决定书》。

原告不服，向法院起诉，提出被告存在多处程序违法，其中之一是

① 甘肃矿区人民法院（2018）甘 95 行初 1 号行政判决书．

“立案期限严重超出法律规定期限”。法院审理后认为，甘肃省环保厅2016年7月18日下发了《甘肃省环境保护厅关于督促整改甘肃某锑业有限责任公司尾矿库泄漏次生重大突发环境事件中违法违规问题的监察建议函》，被告对原告“弄虚作假”行为和“11·23”事件的立案时间为2017年6月1日，已远远超过7日的法定期限，且不存在超期的法定事由，明显违反立案时间法律规定。一审判决撤销被告作出的《行政处罚决定书》。

【案例点评】

立案是行政处罚的开始，意味着行政执法活动从此刻开始要受制于行政程序的约束。对于涉嫌违反环境法律、法规和规章的行为是否符合法律规定的立案条件，需要通过立案审查来判断。为防止案件久拖不决，提高行政机关工作效率，《环境行政处罚办法》第22条规定的立案审查期限是7个工作日，即：“环境保护主管部门对涉嫌违反环境保护法律、法规和规章的违法行为，应当进行初步审查，并在7个工作日内决定是否立案。经审查，符合下列四项条件的，予以立案：（一）有涉嫌违反环境保护法律、法规和规章的行为；（二）依法应当或者可以给予行政处罚；（三）属于本机关管辖；（四）违法行为发生之日起到被发现之日止未超过2年，法律另有规定的除外。违法行为处于连续或继续状态的，从行为终了之日起计算。”立案审查期限是从环境执法检查发现或者通过接到举报、控告、移送、交办环境违法行为线索的第二日起算，至第八个工作日结束，在此期间需完成立案审查工作。

本案中，甘肃省环保厅向某市政府下发《甘肃省环境保护厅关于督促整改甘肃某锑业有限责任公司尾矿库泄漏次生重大突发环境事件中违法违规问题的监察建议函》的日期是2016年7月18日，某市环保局根据上级要求对“11·23”事件和之前企业“采取临时停产措施，存在弄虚作假行为”进行立案调查的时间是2017年6月1日。被告某市环保局根据“上级要求”进行立案，其提出的证据材料中未明确该“上级”是甘肃省环保厅还是某市政府，因此法院将“上级”交办的时间认定为2016年7月18日，即甘肃省环保厅向某市政府发文的时间，并无不妥。被告某市环保局在时隔近一年之后启动立案调查程序，超过了法定的立案审查期限，属于程序违法。

案例编号：ZF/2018/020

案件编辑人：宋海鸥

7.2.2 立案与调查取证环节的次序

【知识点解析】

立案是一般程序的开始，是调查取证的前期手续。立案是在对行政相对人可能存在的违法行为进行初步了解的基础上的活动，调查取证则是案件承办人员依照法定程序对案件事实调查核实、收集证据材料的活动。调查是行使行政处罚权的第一个关键环节，没有调查就没有证据，没有证据就不能处罚。所以，调查是环境行政机关行使处罚权必不可少的手段和步骤。调查的主要任务是全面收集证据，为客观分析判断证据、弄清案情打下基础。“先立案后调查”是行政执法的程序性要求。

【典型案例 1】

某纤维公司诉某市环保局行政处罚立案程序违法案[1]

2010 年 9 月 13 日，被告某市环保局向原告某纤维公司发出《关于纳入污染源在线监控企业配合实施监控系统建设的通知》，要求原告在 2010 年 11 月 1 日前完成站房及配套设施建设。2011 年 3 月 31 日，被告发现原告未按照规定的时限建设安装自动监控设备及配套设施，配合自动监控系统联网，遂发出《责令改正违法行为决定书》，责令原告于 2011 年 4 月 30 日前完成建设、安装自动监控设备及其配套设施。

2011 年 5 月 18 日，被告针对该公司前述环境违法行为进行调查，并于 2011 年 5 月 24 日作出立案登记。

2011 年 6 月 29 日，被告作出《行政处罚决定书》，认定原告实施了未按照规定的时限建设、安装自动监控设备及其配套设施，配合自动监控系统联网的违法行为，依据《污染源自动监控管理办法》第 16 条的规定，决

① 广东省珠海市中级人民法院珠中法（2012）行终字第 6 号行政判决书.

定对其处罚款1万元。原告于2011年8月16日提出行政复议申请。2011年9月29日，某市人民政府作出珠府行复〔2011〕85号《行政复议决定书》，决定维持被告作出的珠环罚字〔2011〕18号行政处罚决定。2011年10月26日，原告向一审法院提起行政诉讼。

一审法院认为本案现有的证据表明，被告在2011年3月已经发现原告涉嫌实施环境违法行为，但被告未在7个工作日内登记立案就进行调查、处理，违反了《环境行政处罚办法》第22条的规定。判决撤销被告于2011年6月29日作出的珠环罚字〔2011〕18号行政处罚决定。后被告上诉，二审法院维持原判。

【典型案例2】

某公司诉高新区环保局行政处罚立案程序违法案①

2017年7月5日，被告高新区环保局在对高新区企业例行检查时，发现原告某公司未依法向环保部门提交建设项目环境影响评价文件，擅自投入生产（使用），违反了《环境保护法》（2015年）和《环境影响评价法》（2016年）的规定，于2017年7月6日立案。2017年8月8日，被告向原告作出安高新环责改字〔2017〕39号《责令改正违法行为决定书》和《行政处罚事先（听证）告知书》。2017年8月19日，被告作出安高新环罚字〔2017〕7号《行政处罚决定书》，依据《环境影响评价法》（2016年）第31条第1款的规定对原告未依法提交建设项目环境影响评价文件，擅自投入生产（使用）的违法行为处以罚款176 000元的行政处罚，并责令“恢复土地原状”。

法院审理查明，被告对原告涉嫌违反环境影响评价案的立案时间为2017年7月6日，2017年7月5日被告出具的案件调查报告处理意见一栏记载为“根据该单位违法情节，经我局会议研究决定，按照该单位建设项目总投资额2%给予处罚，我局决定对该单位处罚款人民币壹拾柒万陆千元整，责令该单位限期恢复土地原状”，法院认为，该行为属于先处罚后调查，违反《环境行政处罚办法》先立案后作处理决定的规定。

① 安康铁路运输法院（2017）陕7101行初138号行政判决书．

【案例点评】

环境行政处罚是具有重要程序性的行政行为，意味着环境行政机关在行政执法活动中应当遵守《环境行政处罚办法》第26条的规定："环境保护主管部门对登记立案的环境违法行为，应当指定专人负责，及时组织调查取证。"

立案审查是对案件材料的初步审查，此时环境保护行政主管部门一般通过举报、媒体报道、其他机关移送等途径发现了违法线索，但调查取证工作一般还尚未进行，环境违法行为的真实性、具体情节尚不明确，也没有充分的证据支持。行政处罚案件一般遵循的是"先立案，后调查取证"的程序。但遇到紧急情况，若不立即调查取证，则可能导致证据灭失等不利后果。《环境行政处罚办法》第24条规定："对需要立即查处的环境违法行为，可以先行调查取证，并在7个工作日内决定是否立案和补办立案手续。"因此，为了在查清案件事实的基础上准确适用法律，从而作出正确的处罚决定，环境执法主体应当尽快调查取证，以固定证据。经环境行政机关主管领导批准，可先行调查取证，后补办立案登记手续。但是，环境执法主体先行调查的，必须在7个工作日内决定是否立案和补办立案手续。这不仅体现了环境保护部门工作的程序性，也体现了工作的规范性。因此，案例1被告珠海市环保局无法证明案件属于"紧急情况"，也未能遵守"先立案，后调查取证"的次序，属于程序违法。案例2中，被告在立案前的调查报告中记载处罚决定事项，属于先处罚后调查，违反行政处罚的程序性规定。

案例1编号：ZF/2012/001

案例2编号：ZF/2017/023

案件编辑人：宋海鸥

7.2.3 行政机关的权利告知义务

【知识点解析】

"说明理由，告知权利"是环境保护行政机关实施行政处罚过程中，必须履行的一项程序性义务。“说明理由，告知权利”是通过送达《行政处罚事先告知书》等形式来实现的。即环境保护行政机关必须在《行政处罚决定书》送达之前向当事人说明作出行政处罚决定的事实、理由及法律依据，并告知当事人有权为自己辩解、陈述事实并提出证据。

《行政处罚法》第44条规定：“行政机关在作出行政处罚决定之前，应当告知当事人拟作出的行政处罚内容及事实、理由、依据，并告知当事人依法享有的陈述、申辩、要求听证等权利。”该法第45条第1款规定：“当事人有权进行陈述和申辩。行政机关必须充分听取当事人的意见，对当事人提出的事实、理由和证据，应当进行复核；当事人提出的事实、理由或者证据成立的，行政机关应当采纳。”该法第62条还规定：“行政机关及其执法人员在作出行政处罚决定之前，未依照本法第四十四条、第四十五条的规定向当事人告知拟作出的行政处罚内容及事实、理由和依据，或者拒绝听取当事人的陈述、申辩，不得作出行政处罚决定；当事人明确放弃陈述或者申辩权利的除外。”

【典型案例1】

行政机关因未告知行政相对人权利义务导致行政处罚被撤销案[①]

2014年6月23日，某县环境保护局对原告的生产场所进行环保调查。2014年7月7日，某县国土资源局以原告擅自开采矿产资源为由，向原告送达《责令停止违法行为通知书》。2014年11月10日，某县国土资源局以采矿许可证到期为由，告知原告自行撤离生产设备，恢复治理矿山环境、复垦土地。2014年8月26日，被告某县人民政府召集执法部门和原告的法定代表人参加约谈会。2014年11月12日，被告根据某县国土资源局、某县环境保护局、某县安全生产监督管理局提供的材料和请示，作出黎府发〔2014〕21号决定。该决定认定：某县高枧宏发砖厂等12家企业（其中某县城规划区关闭违法生产企业名单中有原告的砖厂）无顶轮窑，生产工艺装备落后，未办理环评审批手续，未建污染防治设施，生产废气直接排放；

① 贵州省从江县人民法院（2015）从行初字第6号行政判决书.

未办理矿山临时用地手续，采矿许可证、安全生产许可证到期，目前仍然生产，遂决定：(1) 各企业务必在2014年11月15日前自行停止所有生产活动，于2014年11月25日前拆除生产设施设备，否则，由此造成的损失自行承担；(2) 供电部门于2014年11月15日前停止供电。决定下发后，原告不服，致函写信向被告及其主管部门反映情况和诉求，被告及其主管部门亦作了答复，原告仍不服，拒不执行决定书所确定的义务。为此，被告组织员工对原告生产场所停止供电。原告认为被告这一行政行为不合理、不合法，于2015年1月29日提起行政诉讼。请求撤销被告于2014年11月12日作出的黎府发〔2014〕21号决定。

法院审理后认为，被告对原告作出停止生产活动、限期拆除设施设备的决定，并组织员工对原告生产场所进行停电，该行政行为系行政处罚，不属行政强制措施。被告认定原告生产设施无顶轮窑，生产工艺装备落后，未办理环评审批手续，未建污染防治设施，生产废气直接排放，未办理矿山临时用地手续，采矿许可证、安全生产许可证到期，未有充分证据佐证，属主要证据不足，事实不清；被告作出行政处罚决定之前，未向原告告知处罚的事实、理由和依据，未告知听证权利，其行为与《行政处罚法》(2009年) 第42条规定的“行政机关作出责令停产停业、吊销许可证或者执照、较大数额罚款等行政处罚决定之前，应当告知当事人有要求举行听证的权利”和第31条规定的“行政机关在作出行政处罚决定之前，应当告知当事人作出行政处罚决定的事实、理由及依据，并告知当事人依法享有的权利”相悖，属程序违法。被告作出的黎府发〔2014〕21号决定未适用具体的法律法规条款，属适用法律法规不正确。基于被告作出的行政处罚事实不清、程序违法、适用法律法规不正确，依照《行政诉讼法》(2015年) 第70条第1款第1、2、3项之规定，判决撤销被告某县人民政府于2014年11月12日作出的黎府发〔2014〕21号决定，由被告重新作出具体行政行为。

【典型案例2】

行政机关因未告知行政相对人权利义务导致行政处罚被撤销案[①]

上诉人（原审原告）吴某某系广州某砂锅粥店经营者，2007年起开始经营至今。2013年5月7日，由于未办理环保审批手续，油烟、噪声污染扰民，被上诉人（原审被告）广州市某区环境保护局发出《责令停止环境违法行为通知书》责令上诉人对存在的问题进行整改，并采取措施，立即停止环境违法行为。2013年7月9日、16日，被上诉人又两次对该店进行现场执法检查，并于同年7月16日向上诉人发出《责令限期改正通知书》，责令上诉人必须于2013年8月17日前采取有效整改措施，补办环保审批手续。[②]整改期限未届满，被上诉人于同年7月22日，依据《建设项目环境保护管理条例》(1998年）第28条的规定，对上诉人作出“责令停止餐饮项目的生产”的《行政处理决定书》。

吴某某不服行政处理决定，提起行政诉讼。一审法院审理后认为，被告广州市某区环境保护局“责令停止餐饮项目的生产”符合《建设项目环境保护管理条例》(1998年）的规定；在此之前被告于2013年7月16日作出的《责令限期改正通知书》责令原告吴某某必须于2013年8月17日前采取有效整改措施，补办环保审批手续，虽然该行政命令期限未到，但与后来的责令停产的行政命令并不矛盾，故判决驳回原告的诉讼请求。

原告不服，提起上诉。二审法院审理后认为，无论是《行政处罚法》还是《环境行政处罚办法》对行政处罚种类的规定，都将责令停产停业视为行政处罚的种类之一；被上诉人在《行政处理决定书》中告知上诉人提起行政复议和行政诉讼的救济途径、申请强制执行的依据等形式要件均符合《行政处罚法》(2009年）的规定，因此“责令停止餐饮项目的生产”是行政处罚，而非行政命令。本案中，行政机关在作出责令停产停业的行政处罚决定之前，应当告知当事人有要求听证的权利，而被上诉人在作出行

① 广东省广州市中级人民法院（2014）穗中法行终字第315号行政判决书.

② 该案当时适用的是2003年的《环境影响评价法》.

政处罚时没有告知上诉人听证的权利，程序违法，故撤销被上诉人的《行政处理决定书》。

【案例点评】

陈述和申辩权的含义包括：（1）陈述和申辩是当事人法定的权利，当事人对被告知行政处罚的事实、理由和依据有权进行质证；（2）环境行政机关有义务听取当事人的陈述和申辩，并对当事人提出的事实、理由和证据进行复核，采纳其合理的内容；（3）环境行政机关未经当事人陈述、申辩，不得作出行政处罚决定，当事人放弃陈述或者申辩权利的除外。行政处罚是行政机关或其他行政主体依法定职权和程序对违反行政法律规范的行政相对人给予行政制裁的具体行政行为，它是由特定的行政主体实施的，以直接限制剥夺行政相对人的人身权、财产权为内容的制裁措施，带有制裁性、惩戒性，行政机关在实施行政处罚时应当听取当事人的陈述和申辩，以保障相对人的合法权益。案例 1 中，被告对原告作出停止生产活动、限期拆除设施设备的决定，并组织员工对原告生产场所进行停电，该行政行为系行政处罚，被告应当根据《行政处罚法》的规定告知原告处罚的内容、依据及其相应的陈述、申辩权利，否则不得作出行政处罚决定。

陈述和申辩是《行政处罚法》赋予当事人的一项最主要、最基本的权利，是当事人依法保护自身合法权益不受环境行政机关非法侵犯，同时制约环境行政机关滥用处罚权的有效措施和重要保证。听证是当事人对行政行为不服时，行使陈述、申辩权的重要途径。《行政处罚法》（2009 年）第 42 条规定："行政机关作出责令停产停业、吊销许可证或者执照、较大数额罚款等行政处罚决定之前，应当告知当事人有要求举行听证的权利；当事人要求听证的，行政机关应当组织听证。"案例 2 中法院认为环保部门对行政相对人作出的"责令停止餐饮项目的生产"的行政行为，在性质上属于行政处罚，而非行政命令；该事项对当事人的权利有重大影响，应当遵循《行政处罚法》（2009 年）中关于事先告知当事人有申请听证的权利的规定。

听证程序是行政处罚一般程序中的特殊程序，该程序的启动一般情况下需满足两个条件：一是行政处罚决定事项属于对当事人权益有重大影响的诸如责令停产停业、吊销许可证性质的证件、较大数额罚款；二是当事人提出听证的申请。在听证程序启动方面，环保部《环境行政处罚听证程序规定》第6条有例外规定，即环境保护主管部门认为案件重大疑难的，经商当事人同意，可以组织听证。

案例1编号：ZF/2015/006

案例2编号：ZF/2014/005

案件编辑人：宋海鸥

7.2.4　重大、复杂行政处罚案件的集体决议制

【知识点解析】

《行政处罚法》第57条第2款规定："对情节复杂或者重大违法行为给予行政处罚，行政机关负责人应当集体讨论决定。"对于情节复杂或者重大的违法行为，考虑到这类案件情节的复杂性或行为人违法行为的严重性以及有可能给予较重的行政处罚等因素，为了防止行政处罚决定错误，维护相对人合法权益不受侵犯，对于此类案件应当采取更为审慎的态度，通过严格的审查与讨论，在一定程度上保障处罚的正确性，降低行政机关诉争的风险。

需要注意的是，《行政处罚法》规定要由行政机关的负责人集体讨论。针对当下环境行政执法体制改革中垂直改革的现实，一些地方的改革方案中将行政处罚权上收，原县（区）级环保机构变为市级环保机构的派出机构，因而不具有独立的行政处罚权。对此，重大、复杂行政处罚案件是否需要由作出行政处罚决定的行政机关负责人集体讨论的问题，我们认为，行政机关的派出机构依然属于行政机关，其负责人对重大、复杂行政处罚案件的集体讨论，不违背《行政处罚法》立法原则。

【典型案例】

贵州某木业公司诉某县环保局行政处罚未经集体决议案[①]

原告贵州某木业公司系2008年在某县境内登记成立的木材加工企业，

① 贵州省黔南自治州中级人民法院（2016）黔27行终81号行政判决书.

已取得木材经营加工许可证，主要从事指接板、木制混凝土模板等木材加工，原告自建成投产以来每年均向被告某县环保局缴纳排污费，但未办理相关环评手续。2014 年 9 月 9 日，被告为督促建设项目抓紧在新修订的《环境保护法》正式实施前完善建设项目环境影响评价手续，向包括原告在内的某县境内建设项目及企业发出黎环通（2014）24 号《关于在新修订〈中华人民共和国环境保护法〉正式实施前完善环境影响评价手续的通知》，要求各企业在 2014 年 11 月 30 日前到环保局完善环评手续，逾期将一律停建、停产等，并就办理环评手续等所需要的材料一并作为附件予以明确。该通知于 2014 年 9 月 12 日送达给原告法定代表人李某某，但原告未按通知要求办理。被告 2015 年 4 月 24 日对原告立案调查，在调查过程中发现原告于 2007 年开工建设，2008 年投入生产，主要生产指接板，年产量 1 万立方米，未办理任何环境评价手续，2013 年建成简易水膜除尘设施，该设施未经环保部门验收已投入使用。被告以原告行为违反《建设项目环境保护管理条例》的规定，于 2015 年 5 月 19 作出黎环罚字（2015）3 号《行政处罚决定书》，决定对原告处以停止生产的行政处罚。原告不服该行政处罚向一审法院提起诉讼，该院于 2015 年 11 月 30 日作出（2015）福环行初字第 1 号《行政判决书》，以被告作出的黎环罚字（2015）3 号《行政处罚决定书》，未经过行政机关负责人集体讨论，违反法定程序为由，判决撤销被告 2015 年 5 月 19 日作出的黎环罚字（2015）3 号《行政处罚决定书》，责令被告对原告未办理环评手续，环保设施未经环保部门验收已投入使用的行为重新作出行政行为。后被告不服向法院提出上诉，二审法院驳回上诉，维持原判。

【案例点评】

行政机关的行政管理活动通过其实施的行政行为来实现，具体包括实体和程序两个方面。实体部分涉及行政相对人的权利义务，程序部分则是行政机关实施行政行为的步骤、方式、时限。由于在行政管理活动中，行政机关与行政相对人地位上不平等，需要由法律对行政机关的活动予以规范，因此形成了法定行政程序。行政机关在行政管理中要受到法定程序的羁束，否则属于程序违法。

本案中，某县环保局对行政相对人处以停止生产的行政处罚，对行政相对人的权利将产生重大影响，属于处罚较重的案件，某县环保局未按照《行政处罚法》(2009年）中“对情节复杂或者重大违法行为给予较重的行政处罚，行政机关的负责人应当集体讨论决定”的规定，属于未按照法律规定的步骤实施行政管理，属于程序违法。

关于集体讨论的次数，法律并未作具体规定。在实务中，有些地方的环境保护机构从更谨慎的角度出发，在行政处罚事先告知书下发前进行第一次集体讨论，在行政处罚决定书下发前进行第二次集体讨论，这是对《行政处罚法》规定的集体讨论制度的遵守。关于集体讨论应当在行政处罚作出前的哪个环节进行，我们认为应当在拟听证告知书发出后行政处罚决定作出之前进行。

本案还有一点需提醒的是，某县环保局在二审中提交案件经过集体讨论的证据，但因其未在一审规定的举证期限内举证，根据《最高人民法院关于行政诉讼证据若干问题的规定》，“被告不提供或者无正当理由逾期提供证据的，视为被诉具体行政行为没有相应的证据”，被法院判决承担举证不能的后果。行政机关在行政诉讼中应当遵守举证责任的分配规则，并承担举证不能的不利后果。

案例编号：ZF/2016/011

案件编辑人：宋海鸥

7.2.5 行政处罚文书送达的方式

【知识点解析】

行政处罚文书的送达指环境行政机关依照法定程序，将行政处罚决定书送交被处罚人的行政执法活动。行政处罚文书需要送达当事人，才能使当事人知晓行政行为的具体内容，才能开始计算当事人提起行政复议或者行政诉讼的起始时间。《行政处罚法》规定，行政处罚决定书应当在宣布后当场交付当事人。当事人不在场的，行政机关应当在7日内依照《民事诉讼法》的有关规定，将行政处罚决定书送达当事人。环境行政处罚决定书的送达方式如表 7－1 所示。

表 7－1　　　　环境行政处罚决定书的送达方式

直接送达	行政机关执行送达任务的人员将处罚决定书交给受送达人（当事人，下同）本人，受送达单位法定代表人、负责人签收，或者受送达人的同住成年家属签收，或者受送达人的指定的代收人签收，称为直接送达。
留置送达	向法人或者其他组织送达诉讼文书，应当由法人的法定代表人、该组织的主要负责人或者办公室、收发室、值班室等负责收件的人签收或者盖章，拒绝签收或者盖章的，适用留置送达。《民事诉讼法》第 86 条规定的有关基层组织和所在单位的代表，可以是受送达人住所地的居民委员会、村民委员会的工作人员以及受送达人所在单位的工作人员。
邮寄送达	邮寄送达是指因受送达人不在实施处罚的行政机关辖区内或直接送达有困难的，通过邮局将处罚决定书用挂号邮寄给受送达人。送达日期以受送达人在挂号回执上注明的收件日期为准。邮寄未有回音的，自邮寄之日起 3 个月期满之日为送达日期。
委托送达	委托送达是指上级环保部门直接送达行政处罚文书有困难的，委托地方环保部门代为送达行政处罚文书。委托送达应当办理书面委托手续。
转交送达	转交送达是作出行政处罚决定的机关基于受送达人的有关情况而将需送达的行政处罚法律文书交有关机关、单位转交受送达人的送达方式。负责转交的机关、单位在收到行政处罚法律文书后，必须立即交受送达人签收，受送达人在送达回证上注明的签收日期为送达日期。
公告送达	公告送达是指在受送达人下落不明或者用其他方式无法送达的情况下采用的一种送达方式。公告应当载明受送达人享有的权利及对处罚决定不服的救济方式。公告期限满 60 日视为送达。
公证送达	公证送达是指由公证人员现场作证以证明送达程序完成的事实的送达方式。

【典型案例 1】

某区环保局因送达方式不合法致行政处罚决定法院不予强制执行案[①]

申请执行人某区环保局对被执行人某公司的仓储场进行现场检查，发现仓储场从事进口废旧塑料项目，该项目未向环保部门报批建设项目环境影响评价文件，且未经建设项目竣工环境保护验收，擅自投入使用。申请执行人遂依据《建设项目环境保护管理条例》（1998 年）第 28 条责令被执

① 天津铁路运输法院（2016）津 8601 行审 8 号行政裁定书．

行人该项目立即停止生产，并对被执行人处以人民币10万元的罚款。

因被执行人在法定期限内未申请行政复议，也未提起行政诉讼，又不履行行政处罚决定，申请执行人向甲区人民法院申请强制执行该行政处罚决定。

法院经审查查明，申请执行人直接采取报纸公告的形式向被执行人送达了行政处罚听证告知书，行政处罚决定书同样直接采取公告形式送达。被执行人认为其未收到上述文书，申请执行人公告送达方式违法，行政处罚决定无效。对此，申请执行人认为，被执行人在现场检查中暴力抗法且威胁执法人员人身安全，其迫不得已才公告送达行政处罚听证告知书和行政处罚决定书。因申请执行人未提供证据证明送达方式合法，法院不予强制执行。

【典型案例2】

某县环保局因送达方式不合法致行政处理决定被撤销案①

一审法院经审理查明：被告某县环境保护局根据该县人民政府办公室海府办（2014）10号《关于印发〈某县公平水库库区、莲花山埔仔洞区域、县城北部区域水源地环境污染整治工作方案〉的通知》，其执行人员于2014年6月10日发现原告未报批环评，擅自建设养猪场并投入养殖，并向原告发出海环通字（2014）185号《责令限期改正违法行为通知书》。2014年7月13日，被告向原告发出海环违告（2014）第110号《责令改正违法行为告知书》，责令停止养殖，告知原告有陈述和申辩、听证的权利。被告认为原告违反了《广东省建设项目环境保护管理条例》（2012年）第3条“项目的建设必须执行建设项目环境影响报告的报审制度”和第14条“建设单位必须在建设项目可行性研究阶段，完成环境影响报告的报审；不设立可行性研究阶段的，在项目定址或设计前完成环境影响报告的报审”的规定，根据《广东省建设项目环境保护管理条例》（2012年）第27条“未经报审环境影响报告，擅自进行建设，或瞒报、假报建设项目有关情况致使环境影响报告失实的，由环保部门根据不同情节责令限期改正，停止施工或停

① 广东省汕尾市中级人民法院（2016）粤15行终15号行政判决书.

止生产、运行使用；逾期不改正的，可以处五万元以上二十万元以下的罚款，对建设单位直接负责的主管人员和其他直接责任人员，依法给予处分”的规定，于2014年7月29日作出了海环违决字（2014）110号《责令改正违法行为决定书》，责令原告停止养殖。

又查明，被告作出的海环违告（2014）第110号《责令改正违法行为告知书》、海环违决字（2014）110号《责令改正违法行为决定书》的送达回证受送达人栏没有签名或盖章，在不能直接送达理由栏也没有记载说明。一审法院遂判决撤销被告作出的《责令改正违法行为决定书》。后被告不服上诉，二审维持原判。

【案例点评】

送达方式有直接送达、留置送达、邮寄送达、委托送达、转交送达、公告送达、公证送达7种送达方式，这一顺序安排上也隐含了立法者对送达方式优先性选择的倾向性意见。送达是行政相对人知晓行政行为的方式，该方式使用不当，势必影响行政行为的效力。

《最高人民法院关于执行〈中华人民共和国行政诉讼法〉若干问题的解释》(法释〔2000〕8号）第97条规定：“人民法院审理行政案件，除依照行政诉讼法和本解释外，可以参照民事诉讼的有关规定。”《行政处罚法》(2009年）第40条规定：“行政处罚决定书应当在宣告后当场交付当事人；当事人不在场的，行政机关应当在七日内依照民事诉讼法的有关规定，将行政处罚决定书送达当事人。”根据《民事诉讼法》（2013年）和《最高人民法院关于适用〈中华人民共和国民事诉讼法〉若干问题的意见解释》（法释〔2015〕5号）(已失效）关于送达的有关规定，送达法律文书可以采用直接送达、留置送达、委托送达、转交送达、邮寄送达和公告送达的方式。因此，根据上述规定，受送达人是法人或者其他组织的，生态环境部门送达的行政处罚文书应当由法人的法定代表人、其他组织的主要负责人或者该法人、组织的办公室、收发室、值班室等负责收件的人签收或盖章；受送达人拒绝签收的，送达人应当邀请有关人员到现场见证，说明情况，并在送达回执上记明拒收理由和日期，把行政处罚决定文书留置受送达人处，即视为送达；直接送达行政处罚文书有困难的，可以委托受送达人所在地生态环境部门代为送达；或者邮寄送达；上述送达方式无法实现的，才可用公告送达。

案例1中被执行人某公司并非下落不明，申请执行人某区环保局在未穷尽其他送达方式的情况下采用直接公告送达，违反了《民事诉讼法》（2013年）第92条的规定，故该案中的公告送达不能证明环保部门已经告知相对人实施行政处罚的事实、理由、依据及告知相对人有陈述、申辩的权利，相应行政处罚告知书及行政处罚决定书等法律文书不能视为送达。

留置送达，依据《民事诉讼法》（2013年）第86条的规定是指："受送达人或者他的同住成年家属拒绝接收诉讼文书的，送达人可以邀请有关基层组织或者所在单位的代表到场，说明情况，在送达回执上记明拒收事由和日期，由送达人、见证人签名或者盖章，把诉讼文书留在受送达人的住所；也可以把诉讼文书留在受送达人的住所，并采用拍照、录像等方式记录送达过程，即视为送达。"案例2中，被告虽然称《责令限期改正违法行为通知书》《责令限期改正违法行为告知书》《责令限期改正违法行为决定书》已联合送达当事人，但原告主张被告留置送达时自始至终没有通知原告，被告也没有提供相应的视频和照片，送达回证上既没有原告签名，也没有说明无法送达的理由，所以被告送达程序违法。

案例2中，法院以判决形式撤销了《责令限期改正违法行为决定书》，由于该《责令限期改正违法行为决定书》未按照法定方式送达，实质未生效，故笔者对法院撤销一未生效的行政行为存异议。送达是行政行为生效的前提，即通过送达行为使行政相对人知晓行政行为的具体内容，进而对之产生行政法的拘束力。既然要求行政相对人或第三人遵从行政行为的内容，那就必须使行政相对人或第三人知晓行政行为的内容。否则，遵从就无从谈起。故此，拘束力应自送达之日或自相对人和第三人知晓之日起生效。[①] 未采取合法送达方式视为未送达，则行政行为尚未生效。从法理角度

---

① 杨登峰．对未送达行政行为作出撤销判决还是确认未生效．政治与法律，2016（3）：92.

分析，法院撤销行政行为的前提是该行政行为有效，但对于未送达的行政行为本身未生效，采取判决撤销的方式与行政行为效力存在矛盾。因此我们认为，法院若能作出行政行为“未生效”判决可能对双方当事人都有利：一是行政机关可以完善送达方式使行政行为生效；二是行政机关无须重新履行程序实施行政行为，提高工作效率，降低行政执法成本。

案例 1 编号：ZF/2016/012

案例 2 编号：ZF/2016/013

案件编辑人：宋海鸥

7.3 听证程序

【知识点解析】

环境行政处罚听证是指生态环境主管部门作出行政处罚决定前，告知当事人查明的违法事实、处罚依据和拟作出的处罚种类和幅度，并依当事人申请召开听证会听取其陈述、申辩意见。《行政处罚法》（2009 年）第 42 条、第 43 条对行政处罚听证的范围、程序作了概括性规定。结合环境执法的具体实际，原环境保护部将《行政处罚法》（2009 年）的概括性规定进一步细化，于 2010 年 12 月 27 日发布了《环境行政处罚听证程序规定》（以下简称《听证程序规定》）。

听证程序是一般程序中的一个特别程序，是生态环境行政机关在作出行政处罚决定之前，公开举行由利害关系人参加的听证会，广泛听取当事人的陈述、申辩与质证的过程。听证程序的作用在于通过公开、公正的程序形式将环境行政处罚建立在合法、公正的基础上，以避免行政处罚决定给行政相对人带来不利的影响。

7.3.1 听证通知书的送达时间

【知识点解析】

《行政处罚法》第 64 条第 2 项规定：“行政机关应当在举行听证的七日

前，通知当事人及有关人员听证的时间、地点”。

根据《听证程序规定》，环境保护主管部门接到行政相对人的听证申请后决定听证的，“《行政处罚听证通知书》应当载明下列事项，并在举行听证会的7日前送达当事人和第三人：（一）当事人的姓名或者名称；（二）听证案由；（三）举行听证会的时间、地点；（四）公开举行听证与否及不公开听证的理由；（五）听证主持人、听证员、记录员的姓名、单位、职务等信息；（六）委托代理权、对听证主持人和听证员的回避申请权等权利；（七）提前办理授权委托手续、携带证据材料、通知证人出席等注意事项；（八）环境保护主管部门名称和作出日期，并盖有环境保护主管部门印章”。

提前告知申请人听证会相关项，便于申请人提前着手准备，对维护申请人合法权益意义重大。

【典型案例1】

淄博市环境保护局听证通知书迟延送达案[①]

2015年7月22日，被告淄博市某环境保护局接到群众投诉，反映原告淄博某养猪专业合作社排放养殖废水进入河道，被告经现场检查后，发现原告存在擅自将沉淀池内养殖废水排入河道的情况，遂对原告进行立案调查。2015年8月3日，被告对该案进行集体讨论后，作出行政处罚事先告知书、听证告知书并送达原告。被告收到原告的听证申请后，于2015年8月11日作出听证通知书（8月12日将该听证通知书送达原告），决定于2015年8月17日10时举行听证。2015年8月17日10时至10时30分，被告对该案举行听证会，并形成听证笔录。2015年9月1日，对原告作出博环罚字〔2015〕第19号《行政处罚决定书》，对原告作出立即停止生产，并处以10万元罚款的处罚。原告不服，于2016年2月24日向法院提起行政诉讼。

一审法院审理后认为，被告向原告送达听证通知书的时间距听证时间不足7日，不符合《行政处罚法》（2009年）第42条第1款第2项关于行政机关应当在听证的7日前通知当事人举行听证的时间、地点的规定。鉴于

① 山东省淄博市中级人民法院（2016）鲁03行终270号行政判决书.

上诉人已委托代理人参加听证会并充分发表意见，未对上诉人权利产生实际影响，该违法行为不足以导致行政行为被撤销，但依法应确认被告组织听证程序违法。上诉人以该程序违法，应撤销行政处罚决定为由上诉，二审法院判决驳回上诉维持原判。

【典型案例2】

陕西省某区环保局因听证通知书送达迟延行政处罚决定被撤销案[①]

经审理查明，原告某建筑工程有限公司成立于2015年3月13日，经营范围为“土石方开挖、管道工程、市政工程、道路桥梁工程；建材水泥制品的销售。（依法须经批准的项目，经相关部门批准后方可开展经营活动）”。在未办理环评审批手续的情况下，于2015年6月份左右开始生产水泥制品，在行政处罚决定书送达前一直在生产。2017年7月5日，被告陕西某区环保局在对高新区企业例行检查时，发现原告未依法向环保部门提交建设项目环境影响评价文件，擅自投入生产（使用），违反了《环境保护法》（2015年）第61条和《环境影响评价法》（2016年）第25条之规定，于2017年7月6日立案。2017年8月8日，被告向原告作出安高新环责改字［2017］39号《责令改正违法行为决定书》，责令原告：（1）立即停止违法行为；（2）自觉接受行政处罚；（3）责令恢复原状。同日向原告作出安高新环罚告字［2017］23号《行政处罚事先（听证）告知书》，被告拟对原告作出如下行政处罚：（1）罚款人民币176 000元整；（2）责令原告于2017年8月15日前恢复厂区原状。被告作出以上两份文书后于2017年8月10日以邮寄送达方式送达原告法定代表人冯某某，冯某某于2017年8月11日签收。2017年8月14日，冯某某向被告书面提出听证要求。2017年8月15日被告作出安高新环听通字［2017］1号《行政处罚听证通知书》，决定于2017年8月18日15时00分在高新区创业大厦531会议室举行听证会，并于当日送达冯某某。2017年8月18日，冯某某于15时21分到达会场，被告认为原告听证人员冯某某无故迟到，亦未申请延期，依据《听证程序

① 安康铁路运输法院（2017）陕7101行初138号行政判决书.

规定》第40条第1款第3项的规定，决定终止听证。2017年8月19日，被告作出安高新环罚字［2017］7号《行政处罚决定书》，对原告处以如下行政处罚："1. 罚款人民币壹拾柒万陆千元整；2. 责令你单位于2017年8月28日前恢复土地原状。"原告不服该行政处罚决定，遂向法院提起行政诉讼。

一审法院认为，被告2017年8月19日作出的安高新环罚字［2017］7号《行政处罚决定书》存在程序违法，理由是：原告法定代表人在收到《行政处罚事先（听证）告知书》后，在8月14日向被告提交了听证申请书，被告于8月15日向原告发出听证通知书，通知其于2017年8月18日15时00分在高新区创业大厦531会议室举行听证会，违反了《行政处罚法》（2009年）第42条第1款第2项"行政机关应当在听证的七日前，通知当事人举行听证的时间、地点"的规定。综上，被告某区环境保护局作出的该处罚决定从职权、程序和实体处理上都有与法律规定相悖的地方，应予撤销。

【案例点评】

行政处罚中的听证程序是参与式民主的体现，其本质是行政机关在作出影响行政相对人合法权利的行政行为之前，与行政相对人进行协商的过程。通过听证程序的设置逐渐消除或减少行政机关与行政相对人在地位上的不平等，以"权利制约行政权"，防范行政权的滥用。听证程序中，申请人有权自己或者委托律师出席，与行政机关就事实认定、执法程序、适用法律等方面展开平等论辩，行政机关在听取行政相对人的陈述和申辩后应重新审视作出处罚的依据，以维护当事人的合法权益。

行政机关决定召开听证会后，对听证会事项提前7日通知申请人，其目的在于保护申请人的合法权益，即申请人有时间为参与听证会做准备，包括人员准备、资料准备。听证程序不是也不应当"走过场"，但在"重实体，轻程序"思想的影响下，行政机关及其工作人员在告知听证程序时敷衍了事的情况时有发生。案例中行政机关未提前7日通知申请人听证会具体事项，违背了行政行为正当程序的要求，在一定程度上属于行政行为的"滥用"。

实践中有一种提法：行政机关虽然未遵守提前7日告知听证会具体事项的规定，但申请人如期参加听证并进行陈述申辩的，行政机关违法情节轻微，对申请人权利没有影响。针对这一提法，我们认为，程序正义才能保证实体正义，即使申请人如期参加听证并进行陈述申辩，也不能据此改变行政机关程序违法的事实，有违立法精神和立法目的，与依法行政的要求相背离。

案例1编号：ZF/2016/014

案例2编号：ZF/2017/024

案件编辑人：宋海鸥

7.3.2 听证会的人员组成

【知识点解析】

《听证程序规定》详细规定了听证人员的组成。生态环境主管部门指定1名听证主持人和1名记录员具体承担听证工作，必要时可以指定听证员协助听证主持人。听证主持人、听证员和记录员应当是非本案调查人员。涉及专业知识的听证案件，可以邀请有关专家担任听证员。如果存在下列情形之一的，听证主持人、听证员、记录员应当自行回避，当事人也有权申请其回避：（1）是本案调查人员或者调查人员的近亲属；（2）是本案当事人或者当事人的近亲属；（3）是当事人的代理人或者当事人代理人的近亲属；（4）是本案的证人、鉴定人、监测人员；（5）与本案有直接利害关系；（6）与听证事项有其他关系，可能影响公正听证的。

【典型案例】

合肥某商贸有限公司第一分公司诉合肥市某区环保局听证程序违法案[①]

被告合肥市某区环保局于2013年4月16日检查原告合肥某商贸有限公司第一分公司时发现其存在未提供环评文件及批复意见、厂区未实行雨污分流、未建设污水处理设施、该项目未通过环保部门验收等行为。2013年4

① 安徽省合肥市中级人民法院（2014）合行终133号行政裁定书.

月17日，被告的调查人员董某、刘某、李某，对原告行政主管张某进行询问，调查该单位在位于黄巷村的搅拌站内从事沥青生产的情况，张某称其设备均系租赁合肥某沥青有限公司。同日，被告向原告发出《行政执法责令改正通知书》，认为原告违反了《水污染防治法》（2008年）第17条，《环境影响评价法》（2002年）第22条，《建设项目环境保护管理条例》（1998年）第16条、第23条的规定，责令原告自收到该通知书之日起至2013年5月2日，按下列要求改正并接受复查：（1）提供环评文件及批复意见；（2）建设配套污染防治设施，实行雨污分流；（3）通过环保部门验收。

2013年5月23日，被告的调查人员刘某、李某、董某、江某询问张某，原告在收到《行政执法责令改正通知书》后是否按期限改正，张某确认未予改正。2013年7月2日，被告由送达人祁某向原告送达《行政处罚事先告知书》，内容为：因该单位配套的水污染防治设施未经验收，逾期亦未按要求改正，违反了《水污染防治法》（2008年）第17条的规定，根据该法第71条的规定，拟对其作出如下行政处罚：（1）责令立即改正环境违法行为；（2）罚款35万元。若对上述处罚意见持有异议，可在接到本告知书之日起7日内提出陈述与申辩。同日，被告由送达人祁某向原告送达《行政处罚听证权利告知书》。2013年7月9日，被告举行听证会，听证主持人为江某，听证员为范某，记录员为王某，当事人为原告合肥某商贸有限公司第一分公司，本案调查人员为刘某、董某、祁某，在听证笔录的签字中，"听证员签字"一栏均显示为祁某。2013年10月21日，被告作出包环罚字〔2013〕019号《行政处罚决定书》，决定对其处以罚款25万元。原告不服诉至法院。

一审法院认为：被告对原告作出包环罚字〔2013〕019号《行政处罚决定书》的具体行政行为存在违法情形，依法应予撤销，原因之一是本案中听证主持人、听证员均系本案调查人员，违反了《听证程序规定》第8条、第11条的规定，致使当事人依法享有的听证权受到影响。因此，涉案行政处罚听证程序违法。

【案例点评】

听证程序是行政处罚一般程序中针对特别事项听取当事人陈述申辩的一个特别程序。《听证程序规定》将“规范环境行政处罚听证程序，监督和保障环境保护主管部门依法实施行政处罚，保护公民、法人和其他组织的合法权益”作为听证程序设置的目的。为保障当事人享有的知情权、陈述申辩权、听证申请权、质证权等权利，《听证程序规定》明确了听证告知、听证申请、听证通知和听证会举行等程序。

在个案裁决型的听证程序中，作为参与主体的个人以谋求自由状态和合法权益的实现为目的，其中个人处于消极地位时的程序参与行为体现出明显的防御特点。[①] 因此听证申请人与行政机关在听证程序中形成了对抗关系：申请人目的在于消除或减弱行政处罚，行政机关目的则在于表达行政处罚的合法性与合理性。由于听证程序的对抗性质，听证主持人处于居中裁决的地位，听证申请人与案件调查人员形成了利益冲突的两方。因行政机关的强制地位，为了保障听证程序的公正性，避免“既当裁判员又当运动员”，《听证程序规定》明确界定了听证程序中听证主持人、听证员和记录员不得是本案调查人员，否则当事人可申请回避或者相关人员自行回避。本案中，案件调查人员同时作为听证员，一是违背了行政机关查处分离原则，二是难以保障当事人在听证程序中被公平对待，因此无法保证结果的公平。

案例编号：ZF/2014/006

案件编辑人：宋海鸥

① 石肖雪．作为沟通过程的行政听证．法学家，2018（5）：44－60.

第 8 章　环境行政执法证据的搜集与使用

8.1　调查询问笔录

【知识点解析】

调查询问笔录是在指环境行政执法过程中，办案人员就案件涉及的具体问题对当事人及其工作人员或者其他有关人员询问时的记载，是一种证据性文书。调查询问笔录是环境行政执法中的证据之一。从证据种类上讲，调查询问笔录可能属于当事人陈述，如对企业负责人的调查询问笔录；也可能属于证人证言，如对污染受害者的调查询问笔录。

调查询问笔录通常是一对一的，即一份笔录仅针对一个人，必要时可增加询问次数，每一次询问均应制作调查询问笔录；如果涉及多人，应分别制作调查询问笔录。随着移动执法技术的提升，调查询问笔录的记录方式除了传统的手工记载，也可以使用电脑打字的方式。但无论何种方式，调查询问笔录的主要内容应包括以下几方面。

第一，生态环境部门名称、文书名称。

第二，询问的起止时间、地点。

第三，询问人、记录人基本信息，如姓名、执法证号、工作单位。

第四，被询问人的基本信息，如姓名、年龄、居民身份证号、工作单位、职务、电话、地址、邮政编码等，以及与本案关系，与本案关系是指被询问人在本案中的身份，如有违法嫌疑单位的工作人员、污染受害人、证人等。

第五，向当事人出示执法证件、表明身份的记录和当事人的确认记录，如“我们是××环境保护局的行政执法人员，这是我们的执法证件（向当事人出示证件，并记录持证人员姓名和执法证件号），请过目确认”和“我确认”。

第六，告知当事人申请回避权利和配合调查义务的记录，如：“今天我们依法进行检查并了解有关情况，你应当配合调查，如实回答询问和提供材料，不得拒绝、阻碍、隐瞒或者提供虚假情况。如果你认为我们与本案有利害关系，可能影响公正办案，可以申请我们回避，并说明理由”。

第七，询问内容。包括反映本案事实的时间、地点、行为、情节、动机、后果等。

第八，被询问人对笔录的审阅确认意见，如注明“以上笔录已阅无误”，并逐页签名、注明日期。被询问人拒不审阅确认或者拒不签名的，由记录人予以注明。

第九，询问人、记录人的逐页签名，并注明日期。

第十，有其他参加人的，填写其他参加人姓名、工作单位；无工作单位的，填写居住地址。其他参加人也逐页签名，并注明日期。

8.2 现场检查（勘察）笔录

【知识点解析】

现场检查（勘察）笔录是指环境行政执法人员对有关物品、场所等进行检查、勘察时当场制作的反映案件情况的文字记录，如现场检查笔录、现场勘察笔录等。现场检查是生态环境主管部门的常规活动，通过现场检查活动发现排污者可能存在的环境违法问题，是发现和获取证据的重要手段。对发现的问题以笔录形式记载，对排污者违法行为的具体表现、手段、过程予以固定，对正确处理环境违法案件有重要作用。同时，笔录的制作也能体现出其检查（勘察）过程是否符合法定程序，对维护行政相对人权利也有重要意义。

现场检查（勘察）笔录应是对现场情况的客观记载，其记载内容如下。

第一，生态环境主管部门名称、文书名称。

第二，准确的现场检查（勘察）起止时间、地点。

第三，检查（勘察）人、记录人基本信息，如姓名、执法证号、工作单位。

第四，被检查（勘察）人、当时在场的现场负责人的基本信息。

第五，向现场负责人出示执法证件、表明身份的记录和现场负责人的确认记录。

第六，告知现场检查人申请回避权利和配合调查义务的记录。

第七，现场情况，包括有关的设施物品名称、数据、位置、状态、完好程度等，可附示意图，属生产经营场所的，还应有方位图。

第八，执法人员现场采样取证的，应在现场检查（勘察）笔录中载明采样情况，包括采样人员、采样地点等采样信息。

第九，被检查（勘察）人对笔录的审阅确认意见，并逐页签名、注明日期。如被检查人拒绝签字的，应由行政执法人员在笔录中注明情况，并请在场人签名。

第十，检查（勘察）人、记录人的逐页签名，并注明日期。

【典型案例】

现场检查笔录缺少必要记载事项，据此作出的责令停产整治决定被确认违法案①

2012年10月25日，上诉人（一审被告）株洲市环境保护局对株洲市各县市、云龙示范区环境保护局、各分局、各有关工业企业发布了《关于工业污水排放执行标准有关事项的通知》，要求污水排放在2013年3月31日前达到《污水综合排放标准》（GB 8978—1996）及相关行业标准一级标准。2016年11月7日，上诉人的执法人员到被上诉人（一审原告）株洲市某漂洗厂进行检查，上诉人的工作人员在被上诉人正在生产的总排口处采

① 湖南省株洲市中级人民法院（2018）湘02行终39号行政判决书．

取了水样送株洲市环境监测中心站检测，监测结果为原告总排口水样的SS和CODcr（化学需氧量）不符合《污水综合排放标准》（GB 8978—1996）一级标准。上诉人于2016年11月17日对被上诉人进行了环境违法行为立案，同年11月18日被上诉人向上诉人送达了《责令停产整治事先告知书》，告知了其享有陈述、申辩权及申请听证的权利，上诉人于2016年12月1日对被上诉人作出株环停字［2016］L－9号《责令停产整治决定书》，并于12月9日送达被上诉人。

法院认为，本案系环境保护行政处罚案，争议的焦点为上诉人株洲市环境保护局作出的株环停字［2016］L－9号《责令停产整治决定书》是否合法。本案中，《环境现场监察文书》和《监测报告》是上诉人作出《责令停产整治决定书》的两份主要证据。经审查，《环境现场监察文书》未注明是在何处取样、如何取样。上诉人在庭审中称："对被上诉人的排污取样系第三方株洲市环境监测中心站的工作人员韩某某所为。"但未提供证据证明。另上诉人提供的2016年12月9日对龙泉洗水工业园二期污水站刘某某、龙泉洗水工业园管委会龙某某的调查询问笔录，均只能证明在龙泉洗水工业园污水站采取水样，而不能证实所取水样是从被上诉人排污口处所取，且对此被上诉人亦不予认可。故上诉人作出株环停字〔2016〕L－9号《责令停产整治决定书》的主要证据不足。

根据《行政诉讼法》（2015年）第70条第1项规定，行政行为主要证据不足的，人民法院判决撤销或者部分撤销。因考虑到被上诉人系漂洗排污企业，且株洲市已经建成新的园区供被上诉人搬迁生产经营，如果撤销上诉人作出的《责令停产整治决定书》将会给社会公共利益造成重大损害。故依据《行政诉讼法》（2015年）第74条第1款第1项之规定，确认上诉人作出的《责令停产整治决定书》的行政行为违法。

【案例点评】

现场检查（勘察）笔录是环境行政执法人员对有关物品、场所等进检查、勘察时当场制作的反映案件情况的文字记录。实务中，执法人员对现场检查（勘察）笔录制作中常出现的问题包括：重要内容漏记；检查地点不具体；涉案的违法物质数量未载明；物品方位未载明；书写格式不统一规范；当事人签名不规范；等等。《环境行政处罚办法》第34条规定，需要取样的，应当制作取样记录或者将取样过程记入现场检查（勘察）笔录，可以采取拍照、录像或者其他方式记录取样情况。

取样应符合环境监测技术规范，只有取样程序合法才能保障环境监测报告的合法性。本案中由于现场检查笔录对在何处取样、如何取样未记录，也缺乏能够证明样本采集地的其他证据，因此环境监测报告的程序合法性难以证明。

案例编号：ZF/2018/021

案例编辑人：宋海鸥

8.3　环境监测（检测）报告

【知识点解析】

广义上的环境监测是为了追踪污染物种类、浓度的变化而在一定时期内对污染进行的重复测定；狭义上的环境监测则是为了判断污染物是否达到环境标准或评价环境管理和控制系统的效果而进行的定期测定。环境监测是间断或者连续测定环境中污染物的种类、浓度，观察分析其变化和对环境影响的过程。[①] 环境监测报告是环境监测过程的数据呈现，是环境监测的结果。

《环境行政处罚办法》第32条规定，“环境行政处罚证据，主要有书证、物证、证人证言、视听资料和计算机数据、当事人陈述、监测报告和其他鉴定结论、现场检查（勘察）笔录等形式”。这是首次立法明文规定环境监测报告是环境行政执法中的一种证据类型。但是关于环境监测报告在证据种类中的归属，《最高人民法院关于审理环境侵权责任纠纷案件适用法律若干问题的解释》（法释〔2015〕12号）第8条规定，“对查明环境污染案件事实

① 矫彩山．环境监测．哈尔滨：哈尔滨工程大学出版社，2006：1.

的专门性问题，可以委托具备相关资格的司法鉴定机构出具鉴定意见或者由国务院环境保护主管部门推荐的机构出具检验报告、检测报告、评估报告或者监测数据”，似乎将之界定为“鉴定意见”，但我们倾向于认为，环境监测报告属于“书证”，因环境监测报告通过记录在载体上的具体内容来反映采样获取样本中所含监测因子的种类、浓度等内容，与书证的内涵相符。

8.3.1 环境监测报告的形式合法要件

【知识点解析】

证据必须依照法律规定的程序取得，并符合法律要求的形式。证据的合法性要求：一是证据必须符合法定形式；二是证据的取得必须符合法律、法规、司法解释及规章的要求。环境监测报告是环境监测机构有资质的工作人员运用自己的专业知识和技能，通过专业设备对样品进行分析的结果，从证据角度出发也应当具备合法要件，包括监测机构及从业人员有资质、监测设备经校验等方面。

【典型案例】

某公司诉如东县环境保护局环境监测报告程序非法案①

2015 年 3 月 20 日，被告如东县环境保护局对原告某公司进行检查，发现原告正在进行亚磷酸项目生产，而废气处理设施的引风机电机损坏，废气处理设施停运。检查时风向为西风，厂界下风向有异味，监测人员按技术规范要求在原告厂界下风向采集气样；同月 26 日，如东县环境监测站出具 34 号监测报告，结果显示原告厂界下风向采集的气样浓度分别为 $26mg/m^3$、$25mg/m^3$、$23mg/m^3$，超过《恶臭污染物排放标准》(GB 14554—93) 表 1 中二级标准。

被告对原告上述违法行为于 2015 年 4 月 27 日作出了东环改字［2015］13 号《责令改正违法行为决定书》，责令原告自接到该决定之日起立即恢复废气处理设施正常运行，并停止超标排放臭气的行为，2015 年 6 月 15 日，

① 江苏省高级人民法院（2016）苏行申 1788 号行政裁定书.

被告以原告在亚磷酸项目正常生产的情况下，蒸馏车间的废气处理装置引风机停运的行为违反了《大气污染防治法》（2000 年）第 12 条的规定，作出了东环罚字［2015］49 号《行政处罚决定书》。此后，原告就上述行政行为向法院提起了行政诉讼，其中理由之一是监测报告程序非法。

法院审理后认为，如东县环境监测站取得了权威部门颁布的资质认定计量认证证书，在认定的检测能力表中有臭气浓度检测项目，监测人员也有相应的资质，其采样监测程序是合法的，根据监测结果出具的监测报告可以作为判定原告是否存在违法行为的依据。

【案例点评】

环境监测报告作为证据使用应具备的合法要件包括：（1）监测机构应具备环境监测的能力及国家计量认证（CMA）证书；（2）采样及监测人员应有相应的资质；（3）监测设备经计量检定或校准；（4）有监测项目的名称、委托单位、监测时间、监测点位、监测方法、检测仪器、检测分析结果等内容；（5）有监测报告的编制、审核、签发等人员的签名和监测机构的盖章等内容。

本案中，如东县环境监测站受如东县环保局委托实施环境监测活动，如东县环境监测站具有计量认证证书，监测人员也有相应的资质；监测人员在厂界下风向侧取样，符合《恶臭污染物排放标准》中规定的监测采样标准，采样方法亦正确和规范，故采样监测程序是合法的。根据三次取样监测结果，取最大测定值 26mg/m^3，超过标准值 20mg/m^3。如东县环保局所依据的环境监测报告形式合法，监测机构采用了规定的监测方法，符合证据合法性特征，得到了法院的支持。

案例编号：ZF/2016/015

案例编辑人：宋海鸥

8.3.2　环境监测报告应采用标准规定的测定方法

【知识点解析】

环境监测方法标准又称方法标准，是指对环保领域内以采样、分析、测定等方法为对象所制定的统一技术规定。环境质量标准及污染物排放标准中对污染物数值大小的判断需与相应的测定方法相结合，且每一种污染物的测定方法是通过环境标准加以规范的，以保障环境监测数据评判标准的统一，进而保障环境质量的评价标准的统一。被环境质量标准和污染物排放标准等强制性标准引用的方法标准具有强制性。如《制浆造纸工业水污染物排放标准》（GB 3544—2008）规定："5.3 对企业污染物排放情况进行监测的频次、采样时间等要求，按国家有关污染源监测技术规范的规定执行……5.5 对企业排放水污染物浓度的测定采用表 4 所列的方法标准。"

截至目前，有关水、空气、土壤、固体废物等环境要素测定的环境监测方法标准和监测规范累计超过 500 项，其中相关的监测技术规范超过 40 项，其中常用的环境监测技术规范如表 8－1 所示：

表 8－1　　常用的环境监测技术规范

序号	标准名称	标准号	实施日期
1	环境振动监测技术规范	HJ 918—2017	2018－04－01
2	环境二噁英类监测技术规范	HJ 916—2017	2018－04－01
3	恶臭污染环境监测技术规范	HJ 905—2017	2018－03－01
4	环境空气质量手工监测技术规范	HJ 194—2017 （代替 HJ/T 194—2005）	2018－04－01
5	环境噪声监测技术规范 城市声环境常规监测	HJ 640—2012	2013－03－01
6	固定源废气监测技术规范	HJ/T 397—2007	2008－03－01
7	固定污染源烟气（SO_2、NO_x、颗粒物）排放连续监测技术规范	HJ 75—2017	2018－03－01
8	土壤环境监测技术规范	HJ/T 166—2004	2004－12－09
9	地表水和污水监测技术规范	HJ/T 91—2002	2003－01－01

【典型案例】

福建省晋江市某真空镀膜厂与晋江市环境保护局行政复议案①

2018年4月3日，行政复议被申请人晋江市环境保护局在现场检查中发现行政复议申请人晋江市永和镇某真空镀膜厂真空镀膜工序未在密闭的空间中进行，导致部分有机废气未经收集处理后直接排放至外环境。被申请人依法于2018年5月30日向申请人送达《晋江市环境保护局行政处罚事先告知书》，申请人于同年5月31日向被申请人提出“真空镀膜的工艺流程是把空气通过机械泵压缩排出，所排出的也是空气，不存在有机废气，所用真空泵专用油，其作用是机械循环润滑没有排出，所以对环境不存在污染”的陈述和申辩意见，并提供泉州安嘉环境检测有限公司检测报告证明本项目不存在有机废气排放。但该申辩意见被申请人没有采纳，2018年7月20日，被申请人依据《大气污染防治法》（2015年）第108条的相关规定，作出罚款2万元的行政处罚决定。

被申请人于2018年11月23日委托福建省劲安节能监测技术有限公司对申请人现场进行补充监测的《检测报告》（劲安［2018］第112303号）显示现场有机废气的浓度和标准值相差较大，但能够证明申请人存在真空镀膜工序未在密闭的空间中进行，导致有机废气未经收集处理后直接排放至外环境的违法事实。且该《检测报告》显示的浓度降低因素众多，主要存在以下原因：（1）经被申请人多次现场检查后，申请人生产数量明显下降，导致有机废气的排放下降；（2）被申请人系2018年4月3日对申请人立案调查，当时正处于炎热夏季，增高了聚氯乙烯薄膜原料在镀膜机内的生产温度，所以产生的有机废气较多，足以对周围环境产生影响，现《检测报告》系11月23日进行采样，采样时季节及周围环境与立案调查时的实际情况差异较大，无法切实模拟及证明立案调查时有机废气的排放浓度，但确可证明申请人真空镀膜工序产生有机废气的违法事实。

复议机关经审查认为：

---

① 福建省泉州市生态环境局泉环保法〔2019〕5号行政复议决定书.

（1）对申请人自行委托泉州安嘉环境检测有限公司出具的《检测报告》（泉安嘉测［2018］083005号）不予认定。理由如下：1）环境空气非甲烷总烃的采样方法错误，应适用HJ 604—2017《环境空气　总烃、甲烷和非甲烷总烃的测定　直接进样-气相色谱法》；2）车间内无组织排放源非甲烷总烃的监测方法错误，应适用《环境保护部办公厅关于加强固定污染源废气挥发性有机物监测工作的通知》（环办监测函［2018］123号）附件2《固定污染源废气挥发性有机物监测技术规定（试行）》。

（2）对被申请人委托福建省劲安节能监测技术有限公司出具的《检测报告》（劲安［2018］第112303号）不予认定。理由如下：1）测量值为瞬时浓度，不是1小时平均浓度，不符合《环境保护部办公厅关于加强固定污染源废气挥发性有机物监测工作的通知》（环办监测函［2018］123号）附件2《固定污染源废气挥发性有机物监测技术规定（试行）》的规定；2）监测采样时无组织排放源的工况记录（信息）不具体；3）每个监测点采一次样（一个浓度值），其代表性不强。

（3）根据《泉州市环境监测站监测报告单》（泉环站督［2019］气1号）结果显示，申请人4个厂界监控点和3个厂区生产设施外监测点的非甲烷总烃浓度均可以达到《大气污染物综合排放标准》（GB 16297—1996）表2的无组织排放监控浓度限值要求。被申请人关于立案调查与采样时季节温度影响监测结果的答复意见，没有监测数据等依据支撑，不予认可。

最终，复议机关依据《行政复议法》第28条第3项的规定，撤销被申请人作出的《行政处罚决定书》（闽泉环罚［2018］361号）。

【案例点评】

作为环境法律体系中的技术性规范，环境标准是国家环境管理的技术基础，是判断排污者是否存在违法行为的依据之一，因此环境标准在企业的环境管理中具有重要的意义。在环境纠纷中，争执双方为了证明自己主张的正确，都会出示各自的“证据”。这些“证据”旨在证明环境已经或者没有受到污染，或者证明排污是合法的或是违法的。确认这些“证据”是否为合法证据，就成了解决环境纠纷的先决条件。

合法的证据必须与“污染物排放标准”中所列的限额数值具有可比性，而可比性只有当两者建立在同一基础上、同一方法上时才成立。因为污染物排放标准是以环境基础标准、环境监测方法标准和环境标准样品标准为根据而确定的，只有当争执双方出示的证据也是以环境基础标准、环境监测方法标准和环境标准样品标准为根据而确定时，两者才有可比性。因此，判断争执双方所出示的“证据”是否是合法证据的办法只能是：检定它们是否是按环境监测方法标准规定的方法去抽样、分析、试验、计算的。如果是，则是合法证据；否则，这些“证据”没有任何法律意义。

本案的关键问题在于环境监测方法标准的适用。环境监测方法标准与环境质量标准和污染物排放标准紧密联系，每一种污染物的测定均需有配套的方法标准，而且必须全国统一，才能得出正确的标准数值，否则就不可能在同一水平上对环境质量作出评价，对污染物排放作出判断。被环境质量标准和污染物排放标准等强制性标准引用的方法标准具有强制性。

本案中，由于车间内无组织排放源非甲烷总烃的监测方法在案件发生时尚无可用的国家标准①，复议机关以原环境保护部办公厅发布的《固定污染源废气挥发性有机物监测技术规定（试行）》作为检测机构对车间挥发性有机废气的监测方法标准，并无不当。

案例编号：ZF/2018/022

案例编辑人：宋海鸥

8.3.3　环境监测的取样程序应通过载体记录

【知识点解析】

环境监测报告是环境行政执法过程中的常用证据，其目的在于证明排污者实施了排放污染物的行为以及其排污行为超过了或未超过相应的环境标准。作为重要的环境行政执法证据之一，环境监测报告应具备主体合法、

① 生态环境部发布的固定污染源废气非甲烷总烃连续监测标准《固定污染源废气非甲烷总烃连续监测系统技术要求及检测方法》（HJ1013—2018）的实施日期是 2019 年 7 月 1 日．

形式合法及程序合法等合法性要件，具体如下。

第一，作出环境监测报告的环境监测机构符合法律的规定，即具有符合要求的环境监测资质；

第二，环境监测报告符合法律规定的形式要件，即具有CMA认证、监测字号、委托机构、三级审核情况等；

第三，环境监测报告对应的样本的收集过程、提取手段和方法符合法律法规的规定。《环境行政处罚办法》第34条规定："需要取样的，应当制作取样记录或者将取样过程记入现场检查（勘察）笔录，可以采取拍照、录像或者其他方式记录取样情况。"

《工业污染源现场检查技术规范》（HJ 606—2011）"5.2.2 现场采样"规定："现场采样取证应由县级以上环境保护行政主管部门所属环境监测机构、环境监察机构或其他具有环境监测资质的机构承担。采样人员可通过摄影、摄像等方式对采样地点、采样过程进行记录，与样品一同作为检查证据。""5.2.3 采样记录与标志"规定："现场采样取证应填写采样记录。采样记录应一式两份，第一份随样品送检，第二份留存环境监察机构备查。排污者代表对样品和采样记录核对无误后在采样记录上签字盖章确认。"

环境监测的取样程序合法是环境监测报告合法的前提，在监测机构合法、监测方法合法的条件下，要保障环境监测报告合法并能作为证据使用，其取样过程应通过载体记录、固定。

【典型案例】

海南某水务有限公司诉海南省儋州市生态环境保护局环境监测取样程序不合法案①

一审法院查明，2013年6月5日，海南省环境监测中心站出具琼环监字［2013］第152号《监测报告》（以下简称"152号《监测报告》"），载明2013年5月22日儋州市污水处理一厂出口排放的废水悬浮物平均值12mg/L，LAS平均值0.09mg/L，粪大肠菌群平均值2.7×10^4个/L，氨氮

① 海南省第二中级人民法院（2016）琼97行终45号行政判决书.

平均值4.50mg/L，总氮平均值10.5mg/L，石油类平均值0.01mg/L，动植物油平均值0.01mg/L，烷基汞平均值0.000 03L。被告儋州市国土环境资源局[①]根据上述152号《监测报告》，认为原告某水务有限公司污水处理厂涉嫌违法排放水污染物，于2013年9月1日立案查处，后于2014年6月16日作出儋土环资罚决字［2014］46号《行政处罚决定书》[②]，认定原告2013年5月22日排放的废水中粪大肠菌群数27 000个/L，超过《城镇污水处理厂污染物排放标准》（GB 18918—2002）表1一级B标准限值1.7倍，违反了《水污染防治法》（2008年）规定，对原告处以27 174元的罚款。

关于152号《监测报告》能否作为处罚依据的问题。一审法院认为，被告作出46号处罚决定的主要证据是152号《监测报告》。该监测报告系由海南省环境监测中心站根据儋州市环境资源监测站送检样品进行监测分析并作出。原告认为儋州市国土环境资源局取样程序不合法，监测结果不真实，对此，被告依法应承担举证证明责任。环境保护部《环境行政处罚办法》第34条规定，“需要取样的，应当制作取样记录或者将取样过程记入现场检查（勘察）笔录，可以采取拍照、录像或者其他方式记录取样情况”。据此，采样是本案监测的必经程序。但被告未能提供采样记录或采样过程等相关证据，无法证明其采样程序合法，进而无法证明送检样品的真实性，直接影响监测结果的真实性。同时，152号《监测报告》首页说明，由委托

① 在本案二审审理过程中，因行政管理体制的调整，儋州市国土环境资源局按职能分立为儋州市国土资源局和儋州市生态环境保护局，该两个新单位于2016年4月1日启用印章，儋州市国土环境资源局印章废止。2016年6月24日，儋州市国土资源局和儋州市生态环境保护局分别向二审法院发出儋国土资函［2016］166号《儋州市国土资源局关于海南桑德水务有限公司系列案件被告更名情况说明的函》和儋环函［2016］92号《儋州市生态环境保护局关于海南桑德水务有限公司系列案件被告更名情况说明的函》，函告二审法院原儋州市国土环境资源局作出的环境处罚行为法律后果按部门职能划分由儋州市生态环境保护局承担。

② 2014年1月7日，儋州市国土环境资源局以桑德水务儋州分公司为行政相对人作出儋土环资罚决字［2014］2号《行政处罚决定书》，并于同年3月31日向法院申请强制执行，后以处罚对象不当为由撤回强制执行申请。2014年4月16日，儋州市国土环境资源局以处罚主体不具备法人资格为由作出儋土环资［2014］117号《关于撤销行政处罚决定书的通知》，撤销了上述儋土环资罚决字［2014］2号《行政处罚决定书》，于2014年4月16日，儋州市国土环境资源局又以上述违法排放事实为由拟对桑德水务公司作出儋土环资罚决字［2014］46号《行政处罚决定书》。

单位自行采集的样品，仅对送检样品监测数据负责，不对样品来源负责。根据《环境行政处罚办法》第46条规定，被告应对违法事实是否清楚、证据是否确凿、调查取证是否符合法定程序等内容进行审查。被告在没有收集确凿证据证实样品来源真实可靠的情况下，仅以海南省环境监测中心站出具的152号《监测报告》就认定原告超标排放废水，主要证据不足。故判决46号处罚决定主要证据不足，且程序违法，处罚不当，依法应予撤销。后被告提起上诉，二审法院维持原判。

【案例点评】

海南某水务有限公司诉海南省儋州市生态环境保护局环保行政处罚案曾被最高人民法院列入2017年环境资源刑事、民事、行政十大典型案例。环境行政处罚是环境行政机关实施的行政行为。行政机关应当依法行政，依法行政是行政机关行使公权力过程中需遵循的基本原则。

根据《环境行政处罚办法》第32条的规定，环境监测报告经环保行政主管部门审查属实，可以作为查处环境违法行为的证据。因此，环境监测站出具的监测数据，是环境保护主管部门监督管理环境的依据，具有执法监督和仲裁的法律效力。本案中，环保局与环境监测站在水质监测方面是委托与被委托的关系，环保局对环境监测站出具的环境监测报告具有审查义务。监测报告作为证据是否具有效力，关键是监测资质、监测程序、监测结论是否合法。监测资质的合法性体现在是否经过实验室认可和计量认证。监测程序的合法性体现在监测主体、监测方法、监测能力的合法性。环境监测人员现场监测必须两人以上，衡量采样是否合法有效的根本尺度是看采样是否符合环境监测方法标准；监测方法使用能力认证验证的方法；监测能力不能超出认证的能力范围，超出能力范围的可以分包给有监测能力的部门监测。监测结论是否合法体现在分析、审核、签发人员签名和监测部门的盖章。

本案中儋州环保局认定某水务公司存在环境违法行为的证据是152号《监测报告》，环保局缺乏对环境监测取样过程合法的证明，不仅违反了《环境行政处罚办法》“需要取样的，应当制作取样记录或者将取样过程记入现场检查（勘察）笔录，可以采取拍照、录像或者其他方式记录取样情况”的规定，也有违依法行政的原则。国务院办公厅发布的《关于全面推行行政执法公示制度执法全过程记录制度重大执法决定法制审核制度的指导意见》（国办发〔2018〕118 号，以下简称“三项制度”）中指出：“行政执法全过程记录是行政执法活动合法有效的重要保证。行政执法机关要通过文字、音像等记录形式，对行政执法的启动、调查取证、审核决定、送达执行等全部过程进行记录，并全面系统归档保存，做到执法全过程留痕和可回溯管理。”“三项制度”要求环境执法机构工作人员在调查取证过程中，如实记录与监测（检测）取样有关的活动，能够形成与监测报告相互印证的证据链，有效避免本案中取样过程证据未留痕的问题。

案例编号：ZF/2016/002

案例编辑人：宋海鸥

8.3.4　环境监测（检测）报告是否需要送达

【知识点解析】

环境监测（检测）报告指具有资质的监测（检测）机构，按照有关环境监测技术规范，运用物理、化学、生物、遥感等技术，对各环境要素的状况、污染物排放状况进行定性、定量分析后得出的数据报告和书面结论，如水、气、声等环境监测（检测）报告。通常情况下，按照上述要求，生态环境主管部门所属的环境监测机构出具的报告称为环境监测报告，其他具有相应资质的社会环境检测机构出具的报告为环境检测报告。

环境监测（检测）报告可以作为认定环境违法行为的证据，但它本身并不属于环境行政处罚的法律文书。《行政处罚法》第 44 条规定，“行政机关在作出行政处罚决定之前，应当告知当事人拟作出的行政处罚内容及事实、理由、依据，并告知当事人依法享有的陈述、申辩、要求听证等权利”，因此环境监测报告的结果应当告知当事人。目前，法律、行政法规以及生态环境部的部门规章均无环境监测报告需送达当事人的规定，如果地方性法规、政府规章对此相关问题有规定，则应遵守其规定。

【典型案例1】

作为证据的环境监测报告是否需要送达行政处罚相对人？[①]

2016年4月18日，被告枣庄环保局的执法人员对原告某公司排气筒外排废气进行监测，检查时原告处于正常生产状态，污染治理设施正常运行，未安装自动监控系统，污染物处于正常排放状态。监测视频显示，原告的工作人员王某在监测现场。被告现场监测原告排气筒外排废气，并制作《污染物现场监察记录表》，原告的工作人员王某在听证会上承认通过电子设备在该记录表上签名。烟气（废气）污染物测试原始记录表显示，三次测试二氧化硫实测浓度分别为158mg/m^3、160mg/m^3、177mg/m^3，平均浓度为165mg/m^3，氮氧化合物实测浓度分别为113mg/m^3、113mg/m^3、114mg/m^3，平均浓度为113mg/m^3。2016年4月25日，枣庄市环境监测站作出枣环（监）字2016年第54号《监测报告》，该监测报告中详细载明了样品类别、监测项目、委托单位、监测时间、采样孔位、监测方法、监测结果等内容以及有监测报告的编制、审核、批准等人员的签名。监测结果为：被告于2016年4月18日依据《固定源废气监测技术规范》对原告锅炉废气进行监测，烟气（废气）污染物测试原始记录表显示，二氧化硫实测浓度165mg/m^3，折算浓度367mg/m^3；氮氧化合物实测浓度113mg/m^3，折算浓度251mg/m^3。该监测报告加盖枣庄市环境监测站公章，枣庄市环境监测站具有国家计量认证标志（CMA）和监测字号，并提供检验监测机构资质认定书。

针对原告提出的行政处罚依据的环境监测报告未送达原告属于程序违法的问题，法院认为，原告认为被告应当将行政处罚所依据的监测报告送达原告，因被告在对原告法定代表人进行调查询问时、通过向原告送达《责令改正违法行为决定书》及《行政处罚事先（听证）告知书》时均将监测报告结果告知原告，且对该监测报告送达问题没有法律规定，故原告对此所提异议不能成立。

---

① 山东省枣庄市中级人民法院（2017）鲁04行终68号行政判决书.

【典型案例2】

环境监测报告未送达当事人，据此作出的责令停产整治决定被确认违法案①

2012年10月25日，被告株洲市环境保护局对株洲市各县市、云龙示范区环境保护局、各分局、各有关工业企业发布了《关于工业污水排放执行标准有关事项的通知》，要求污水排放在2013年3月31日前达到《污水综合排放标准》(GB 8978—1996)及相关行业标准一级标准。2016年11月7日，被告的执法人员到原告株洲市某漂洗厂进行检查，被告的工作人员在原告正在生产的总排口采取了水样送株洲市环境监测中心站检测，监测结果为原告总排口水样的SS和COD_{cr}（化学需氧量）不符合《污水综合排放标准》(GB 8978—1996)一级标准。被告于2016年11月17日对原告进行了环境违法行为立案，11月18日向原告送达了《责令停产整治事先告知书》，告知了其享有陈述、申辩权及申请听证的权利，被告于2016年12月1日对原告作出株环停字［2016］L－9号《责令停产整治决定书》，并于同年12月9日送达原告。原告不服，提起诉讼。一审法院审理后认为，2012年10月25日被告发布的《关于工业污水排放执行标准有关事项的通知》，要求污水排放达到一级排放标准。但被告于2014年颁发给原告的《排放污染物许可证》是三级排放标准。被告以原告排出的废水未达到一级排放标准，超标排放为由作出《责令停产整治决定书》，明显不当。故判被告作出的《责令停产整治决定书》违法。

被告不服，提起上诉。二审法院审理后认为，本案系环境保护行政处罚案，争议的焦点为上诉人株洲市环境保护局作出的株环停字［2016］L－9号《责令停产整治决定书》是否合法。本案中《监测报告》系上诉人认定被上诉人排污是否超标的重要依据。《湖南省行政程序规定》(2008年)第71条规定："作为行政执法决定依据的证据应当查证属实。当事人有权对作为定案依据的证据发表意见，提出异议。未经当事人发表意见的证据不能

① 湖南省株洲市中级人民法院(2018)湘02行终39号行政判决书.

作为行政执法决定的依据。”根据该规定，上诉人应当将《监测报告》送达给被上诉人。本案中，《监测报告》没有送达给被上诉人，剥夺了被上诉人申辩、陈述权利，违反程序正当原则。故上诉人作出株环停字［2016］L-9号《责令停产整治决定书》的主要证据不足。

根据《行政诉讼法》（2015年）第70条第1项规定，行政行为主要证据不足的，人民法院判决撤销或者部分撤销。因考虑到被上诉人系漂洗排污企业，且该市已经建成新的园区供被上诉人搬迁生产经营，如果撤销上诉人作出的《责令停产整治决定书》将会给社会公共利益造成重大损害。故依据《行政诉讼法》（1989年）第74条第1款第1项之规定，确认上诉人作出的《责令停产整治决定书》的行政行为违法。

【案例点评】

《行政处罚法》（2009年）第30条规定：“公民、法人或者其他组织违反行政管理秩序的行为，依法应当给予行政处罚的，行政机关必须查明事实；违法事实不清的，不得给予行政处罚。”《限制生产、停产整治办法》第9条规定：“环境保护主管部门在作出限制生产、停产整治决定前，应当做好调查取证工作。责令限制生产、停产整治的证据包括现场检查笔录、调查询问笔录、环境监测报告、视听资料、证人证言和其他证明材料。”此外，《行政处罚法》（2009年）和《环境行政处罚办法》均规定了行政处罚决定应当送达，《环境行政处罚办法》在案件材料“归档顺序”中明确了行政处罚事先告知书、听证告知书、听证通知书等法律文书的送达，并未规定证据之一的环境监测报告的送达。因此，案例1中被告在对原告法定代表人进行调查询问时、通过向原告送达《责令改正违法行为决定书》及《行政处罚事先（听证）告知书》时均将监测报告结果告知，不违反法律规定。

《环境行政处罚办法》规定，证据应当符合法律、法规、规章和最高人民法院有关行政执法和行政诉讼证据的规定，并经查证属实才能作为认定事实的依据。案例2中，地方政府规章《湖南省行政程序规定》（2008年）第71条不仅规定要对作为行政执法依据的证据查证属实，还规定当事人有权对作为定案依据的证据发表意见，提出异议，未经当事人发表意见的证据不能作为行政执法决定的依据。由于案例2中认定当事人超标排放的环境监测报告未送达当事人，未经当事人发表意见，与地方政府规章《湖南省行政程序规定》的要求不符，故法院判决亦符合法律规定。

案例1编号：ZF/2017/025

案例2编号：ZF/2018/021

案例编辑人：宋海鸥

8.4　自动监测数据

【知识点解析】

自动监测数据是指通过重点排污单位在其污染源自动监控设施中呈现的排放数据。污染源自动监控设施是指在污染源现场安装的用于监控、监测污染物排放的在线自动监测仪、流量（速）计、污染治理设施运行记录仪和数据采集传输仪器、仪表、传感器等设施，是污染防治设施的组成部分。重点排污单位名录，由设区的市级以上地方人民政府生态环境主管部门根据本行政区域的环境容量、重点污染物排放总量控制指标的要求以及排污单位排放污染物的种类、数量和浓度等因素，商同级有关部门确定。

《环境行政处罚办法》第36条规定："环境保护主管部门可以利用在线监控或者其他技术监控手段收集违法行为证据。经环境保护主管部门认定的有效性数据，可以作为认定违法事实的证据。"①

安装自动在线监控设备并保证其正常运行是重点排污单位的义务。《环境保护法》中规定："重点排污单位应当按照国家有关规定和监测规范安装使用监测设备，保证监测设备正常运行，保存原始监测记录。"《大气污染防治法》《水污染防治法》中进一步明确，排污单位应当对监测数据的真实性和准确性负责。取消有效性审核后，自动监测数据应由企业依法落实主

① 2017年9月21日，在中共中央办公厅、国务院办公厅印发的《关于深化环境监测改革提高环境监测数据质量的意见》中，取消了环保部门的数据有效性审核。

体责任，由重点排污单位按照标准、规范要求，自行或委托第三方通过开展比对监测、定期检定和校准校验等方式，保证自动监测设备正常运行，监测数据真实准确。

关于在线监测数据能否作为证据使用问题，2016 年 11 月，国务院办公厅发布的《控制污染物排放许可制实施方案》中规定，“企事业单位在线监测数据可以作为环境保护部门监管执法的依据”。2017 年 9 月 21 日，中共中央办公厅、国务院办公厅印发《关于深化环境监测改革提高环境监测数据质量的意见》，规定“自动监测数据可作为环境行政处罚等监管执法的依据”。此外，《环境保护税法》第 10 条在明确应税污染物计算办法时，“纳税人安装使用符合国家规定和监测规范的污染物自动监测设备的，按照污染物自动监测数据计算”，排在了四种计算办法的第一位。因此，在线监测数据可以作为处罚依据，这已被法律或者规范性文件确认。

【典型案例 1】

自动监测数据需与相关证据相互印证案[①]

根据 2016 年第 1086、第 1087 期《某市重点污染源超标预警专报》和 2016 年 4 月 11 日、2016 年 4 月 18 日、2016 年 4 月 26 日、2016 年 5 月 3 日《某市重点污染源超标预警专报》显示的原告某焦化有限公司 4 月份焦炉二氧化硫超标排放的数据，被告某市环境保护局于 2016 年 5 月 5 日对原告进行了现场勘察。

2016 年 5 月 8 日，被告对原告进行立案。在被告调查期间，原告于 2016 年 5 月 19 日委托河南某检测技术服务有限公司对焦炉烟气脱硫塔废气排放出口进行了检测，结果为二氧化硫并未超标排放。根据该检测结果，原告于 2016 年 5 月 30 日向被告提出《关于尽快对烟气脱硫工程验收及在线数据确认的情况报告》，认为原告投资 1 680 万元新上了烟气脱硫工程，2016 年 3 月正式投入运行，现运行正常稳定。经手工检测，原告焦炉废气中的二氧化硫排

① 河南省安阳市中级人民法院（2017）豫 05 行终 94 号行政判决书.

放已达标，请求被告对原告脱硫工程给予验收并对在线数据与实际检测数据不符的情况给予确认。被告于2016年6月23日向原告送达《行政处罚（听证）事先告知书》，并于2016年7月12日举行了听证会，原告委托代理人林某某和徐某某参加。2016年7月19日，被告作出林环罚字〔2016〕23号《行政处罚决定书》，查明：原告2016年4月焦炉大气污染物二氧化硫超标排放，违反了《大气污染防治法》（2016年）第18条的规定，违法行为裁量阶次为严重。以上事实有调查询问笔录、现场检查（勘察）笔录、某省环境监控中心《某市某焦化有限公司废气脱硫排放口自动监控设施审核意见》、《国家重点监控企业污染源自动监测设备监督考核合格标志》、《某市某焦化有限公司焦炉除尘排放口自动监控设备正常运行证明》以及《某市重点污染源超标预警专报》等为证。被告依据《大气污染防治法》（2016年）第99条第2项，按照某省环境保护厅《大气污染防治行政处罚裁量标准》，责令原告改正违法行为并处以罚款50万元。

本案中，被告提交的某省环境监控中心《某焦化有限公司废气脱硫排放口自动监控设施审核意见》、《国家重点监控企业污染源自动监测设备监督考核合格标志》、《某市重点污染源超标预警专报》以及中科天融（北京）科技有限公司某服务站《某市某焦化有限公司焦炉烟气脱硫后自动监控设备正常运行证明》和在线监测数据等证据彼此相互印证，可以证明原告2016年3月份焦炉大气污染物二氧化硫超标排放。原告虽主张其2016年3月份焦炉大气污染物二氧化硫排放在线监测数据与事实不符，并以第三方机构对原告其他月份焦炉大气污染物二氧化硫排放监测结果及原告更换在线监测设备后焦炉大气污染物二氧化硫排放监测结果证明其主张，但原告未能证明其原有的在线监测设备在2016年3月份运行期间存在问题，且该在线监测设备系其通过与中科天融（北京）科技有限公司签订设计、制造、安装服务合同而取得。故原告主张被诉处罚决定认定事实不清、证据不足的理由不能成立，法院不予支持。

【典型案例 2】

山东某污水处理有限公司诉山东济宁某环境保护局自动监测数据异议案①

2017 年 6 月 2 日，某市环境自动监测监控平台监测到原告山东某污水处理有限公司外排废水在线数据总磷浓度为 1.4mg/L。2017 年 6 月 8 日，某市环境保护局对被告山东济宁某环境保护局下达了污染源在线监控数据超标企业报告单。6 月 12 日，被告对原告山东某污水处理有限公司立案查处。经调查询问后，确认原告超标排放情况，并于当日下达济任环违改字［2017］3021 号《责令改正违法行为决定书》，责令原告立即改正违法行为。2017 年 6 月 22 日，被告向原告下发了济任环罚告字［2017］651 号《行政处罚事先告知书》，并告知其享有陈述申辩的权利。在听取了原告的陈述申辩后，被告认为原告的陈述申辩理由不能成立，并于 2017 年 7 月 5 日作出本案被诉的济任环罚字［2017］第 651 号《行政处罚决定书》，内容为："2017 年 6 月 2 日在线数据显示，你单位外排废水总磷浓度为 1.4mg/L，超标 1.8 倍，涉嫌不正常使用水污染处理设施一案，已调查终结。以上违法事实有调查询问笔录、现场检查（勘察）笔录在线数据为证。你单位的行为违反了《水污染防治法》（2008 年）第 9 条'排放水污染物，不得超过国家或者地方规定的水污染物排放标准和重点水污染物排放总量控制指标'之规定，我局已于 2017 年 6 月 22 日以《行政处罚事先告知书》告知你单位违法事实、处罚依据和拟作出的处罚决定，并告知你单位有权进行陈述申辩。你单位在法定期限内提出了陈述申辩，我单位未予采取。依据《水污染防治法》（2008 年）第 74 条'违反本法规定，排放水污染物超过国家或者地方规定的水污染物排放标准，或者超过重点水污染物排放总量控制指标的，由县级以上人民政府环境保护主管部门按照权限责令限期治理，处应缴纳排污费数额二倍以上五倍以下的罚款'之规定，我局对你单位作出如下行政处罚：（1）立即改正环境违法行为；（2）罚款人民币壹万陆仟柒佰零捌元整。……"

① 山东省济宁市中级人民法院（2018）鲁 08 行终 67 号行政判决书.

原告不服，向被告所属的某市某区人民政府提出行政复议申请，该人民政府于2017年10月25日作出行政复议决定，维持了被告某市某区环保局作出的行政处罚决定，原告对复议决定不服，以认定事实不清、程序错误为由诉至法院。一审法院驳回原告诉讼请求，二审法院维持原判。

【案例点评】

虽然自动监测数据可以作为处罚依据，这已被法律或者规范性文件确认，但仅有污染源自动监测数据而缺乏其他证据的印证，以此认定企业存在环境违法行为是不充分的。自动监测数据作为执法依据，与环境监测数据作为证据相比较，其来源也应以具有计量认证为前提，这才能保证数据的科学、客观、公正、可信。然而我国目前尚未有专门针对自动监测设施的计量标准，也难以对装置在使用过程中的效果进行监控，因此要认定自动监测数据的证据效力，需从设备检定、数据生成规范、数据提取规范等多个角度取证。因此，我们认同环境保护部办公厅《关于自动在线监控数据应用于环境行政执法有关问题的复函》（环办环监函〔2016〕1506号）中规定的："污染源自动在线监控数据与其他有关证据共同构成证据链，可以应用于环境行政执法"的处理方法。如果超标数据与现场检查获取的证据形成证据链，证明排污单位确实存在污染物排放超标违法行为时，自动监测数据可作为环境行政处罚的依据。

污染源自动在线监测数据对环境管理机构而言，属于"预警"信息，即当发现自动在线监测数据超标时，则排污单位存在超标排污的可能，环境管理机构需要通过实测等方式作为补充证据，从而与自动监测数据相印证。

案例1中，某市环保局提交的某省环境监控中心《某市某焦化有限公司废气脱硫排放口自动监控设施审核意见》、《国家重点监控企业污染源自动监测设备监督考核合格标志》、《某市重点污染源超标预警专报》以及中科天融（北京）科技有限公司某服务站《某市某焦化有限公司焦炉烟气脱硫后自动监控设备正常运行证明》和在线监测数据等证据彼此相互印证，因此可以证明某焦化有限公司2016年3月份焦炉大气污染物二氧化硫超标排放。

案例2中，济宁市环境自动监测监控平台监测到上诉人外排废水在线数据总磷浓度为1.4mg/L，后济宁市环境保护局对被上诉人下达了污染源在线监控数据超标企业报告单。随后被上诉人根据在线数据对上诉人违法排污案立案查处。被上诉人持有效执法证件的工作人员向被上诉人运营工作负责人员调查询问并制作笔录，确认了上诉人超标排放情况，即原告的超标排放的行为通过调查询问笔录确认，与在线监测数据形成了证据链，因此该案被告据此认定原告存在环境违法行为并作出相应的行政处罚并无不当。

案例1编号：ZF/2017/026

案例2编号：ZF/2018/023

案例编辑人：宋海鸥

附录 1：往年国家司法考试环境真题汇总表

年份	题号	题目	官方标准答案	涉及法条提示	知识点链接
2006 年	2006 年卷一第 76 题	76. 某节目演出组到某山区演出，该地属自然保护区范围。演出组在某一天然景点搭设了一座栈桥，为运送演出设备在区内修建了一条简易公路。区内环境和植被因此遭受一定程度的毁坏。演出计划得到了主管部门和当地政府批准，演出组并已付钱请当地人承担恢复原貌工作。关于该事件的下列哪些意见是错误的？ A. 演出组在该自然保护区内景点修建的是临时建筑物，其影响环境的行为不受我国环境保护法的约束 B. 演出组为了演出需要而搭设栈桥，不属于工业性项目，也没有排放污染，环境保护管理部门无须过问 C. 演出组的行为即使对当地环境有影响，也不构成跨区环境问题，不属于国务院环境保护行政主管部门的监管范围 D. 对于该演出组的上述行为，我国法律目前没有可适用的处罚规定	ABCD	1989 年《环境保护法》第 6 条、第 7 条第 1 款、第 38 条	3.1 环境行政执法主体概述 3.2 环境行政执法主体的类型
2007 年	2007 年卷一第 28 题	28. 根据《环境保护法》的规定，下列哪一项是县级以上人民政府环境保护行政主管部门的职权？ A. 对国家环境质量标准中未作规定的项目，制定地方环境质量标准 B. 对国家污染物排放标准中未作规定的项目，制定地方污染物排放标准；对国家污染物排放标准中已作规定的项目，制定严于国家污染物排放标准的地方污染物排放标准	D	1989 年《环境保护法》第 9 条、第 10 条、第 11 条第 2 款、第 12 条	3.2 环境行政执法主体的类型

续表

年份	题号	题目	官方标准答案	涉及法条提示	知识点链接
2007年	2007年卷一第28题	C. 定期发布环境状况公报 D. 会同有关部门对管辖范围内的环境状况进行调查和评价，拟订环境保护规划	D	1989年《环境保护法》第9条、第10条、第11条第2款、第12条	3.2 环境行政执法主体的类型
2008年四川	2008年卷一第95题	95. 杨某个人独资开办的造纸厂由于没有配置污水处理设备，将含有挥发酚等有毒物质的污水排入引黄干渠，曾受到当地环保部门处罚。某日，污水池决口，大量污水流入与引黄干渠一闸之隔的壕沟。杨某派工人将闸门提起，使壕沟里的污水经引黄干渠流入水库。引黄管理局发现后要求该厂立即清污，但未及时通知水库管委会和自来水公司。两个小时后，库中41万方饮用水被污染。被污染的库水进入城市供水系统，致城市供水中断三天。水库经济损失24.6万元，自来水公司清除污染费用4.34万元，营业损失10.96万元。请回答以下95～97题： 95. 环境保护行政主管部门有权对该厂采取的行政处罚是： A. 收取超标排污费，并罚款 B. 作出限期治理决定 C. 责令安装使用污水处理设备 D. 责令其停业或关闭	AC	1989年《环境保护法》第28条第1款、第39条	4.5责令关闭
2008年	2008年卷一第77题	77. 某造纸厂已取得排污许可证，并缴纳了排污费。但环保局检测发现，造纸厂所排污水中多项污染物指标超出了省级水污染物排放标准。根据《环境保护法》的规定，下列哪些选项是正确的？	BC	1989年《环境保护法》第10条、第28条、第38条、第39条	4.5责令关闭

续表

年份	题号	题目	官方标准答案	涉及法条提示	知识点链接
2008年	2008年卷一第77题	A. 该厂拥有排污许可证并缴纳了排污费，所排污水虽然超出了省级水污染物排放标准，但未超过国家标准，故不违法 B. 该厂应缴纳超标排污费，并治理污染 C. 环保局有权对该厂进行罚款 D. 环保局有权责令该厂停业或关闭	BC	1989年《环境保护法》第10条、第28条、第38条、第39条	4.5责令关闭
2011年	2011年卷一第73题	73. 中央直接管辖的某大型国有企业在某县境内设立的工厂发生剧毒物质大量泄漏事故，该县张县长提出的下列哪些意见符合《环境保护法》的规定？ A. 要求该企业立即采取措施控制泄漏，并及时通报污染地区的单位和居民 B. 县环保局应立即上报市政府，请市政府采取有效措施紧急疏散群众 C. 建议省政府对该企业作出限期治理的决定 D. 该企业如未在限期内完成治理任务，县政府将处以罚款，并报省政府批准责令该工厂关闭	ABC	1989年《环境保护法》第29条、第31条第1款、第32条、第39条第2款	4.5责令关闭
2013年	2013年卷一第31题	31. 某央企位于某省的一家工厂，因严重污染环境，被责令限期治理。该厂逾期仍未完成治理任务，被责令停业。关于对该厂污染治理的行政处理的权限，下列哪一说法是正确的？ A. 由所在市环保主管部门责令限期治理，省政府责令停业 B. 由省政府责令限期治理，国务院责令停业 C. 由省政府责令限期治理，省政府责令停业并报国务院批准 D. 由国家环保主管部门责令限期治理，国务院责令停业	C	1989年《环境保护法》第29条、第39条	3.1环境行政执法主体概述 5.1环境行政命令概述 4.5责令关闭

附录2：典型案例信息索引表

案例编号	典型案例信息来源
ZF/2017/001	（典型案例第十四期）较大环境行政处罚案例（长沙市生态环境局）
ZF/0000/001	编写案例
ZF/2016/001	广西壮族自治区北海市海城区人民法院（2016）桂0502行初50号行政判决书
ZF/2014/001	山东省济南市中级人民法院（2014）济行终字第310号行政判决书
ZF/2017/002	我省公布上半年全省环境行政处罚优秀案例（浙江生态环保新闻网）
ZF/2018/001	我省公布上半年全省环境行政处罚优秀案例（浙江生态环保新闻网）
ZF/2016/002	海南省第二中级人民法院（2016）琼97行终45号行政判决书
ZF/2018/002	我省公布上半年全省环境行政处罚优秀案例（浙江生态环保新闻网）
ZF/2017/003	北京市公布十起环境污染典型案例（搜狐新闻）
ZF/0000/002	编写案例
ZF/0000/003	编写案例
ZF/0000/004	编写案例
ZF/0000/005	编写案例
ZF/0000/006	编写案例
ZF/2017/004	北京市2017年固定源环境行政处罚超1.8亿 发布十起环保、公安联合执法典型案例（北京市生态环境局）
ZF/2016/003	临邑县环境保护局依法取缔一家土制木炭加工作坊（德州齐鲁网）
ZF/2017/005	环境保护部环法〔2017〕108号行政处罚决定书
ZF/2015/001	山东省济宁市中级人民法院（2015）济行终字第83号行政判决书
ZF/2014/002	湖北省咸宁市中级人民法院（2014）鄂咸宁中行终字第27号行政判决书
ZF/2014/003	江苏省苏州市姑苏区人民法院（2014）姑苏环行初字第1号行政判决书
ZF/2017/006	湖北省宜昌市点军区人民法院（2017）鄂0504行初1号行政判决书
ZF/2017/007	浙江省衢州市柯城区人民法院（2017）浙0802行初79号行政判决书
ZF/2018/003	湖南省长沙市中级人民法院（2018）湘01行终426号行政判决书

续表

案例编号	典型案例信息来源
ZF/2018/004	福建省莆田市中级人民法院（2018）闽 03 行终 289 号行政判决书
ZF/2016/004	江苏省高级人民法院（2016）苏行终 1192 号行政判决书
ZF/2018/005	湖北省某市某区人民法院（2018）鄂 0116 行初 57 号行政判决书
ZF/2018/006	福建省某市中级人民法院（2018）闽 03 行终 95 号行政判决书
ZF/2018/007	辽宁省大连市中级人民法院（2018）辽 02 行终 120 号行政判决书
ZF/2017/008	重庆市涪陵区人民法院（2017）渝 0102 行初 130 号行政判决书
ZF/2015/002	广东省某县人民法院（2015）云郁法行初字第 28 号行政判决书
ZF/2018/008	浙江省某市中级人民法院（2018）浙 08 行终 57 号行政判决书
ZF/2017/009	湖北省某县人民法院（2017）鄂 2828 行初 9 号行政判决书
ZF/2016/005	山东省莒南县人民法院（2016）鲁 1327 行初 42 号行政判决书
ZF/2018/009	南漳县环境保护局行政处罚决定书（南漳县人民政府网站）
ZF/2019/001	贵阳市生态环境局筑环修罚字〔2019〕14 号行政处罚决定书
ZF/2017/010	昆明市轨道交通 5 号线工程未批先建 遭市环保局处罚
ZF/2018/010	菏泽机场未批先建罚款 1 989 万元 环保部重新受理
ZF/2017/011	每天 100 万 一企业累计被罚 2 300 万 程序违法 法院判环保局撤销罚单（《春城晚报》2018 年 11 月 3 日第 4 版）
ZF/2018/011	金平县环境保护局金环责停字〔2018〕01 号责令停产整治决定书
ZF/0000/007	编写案例
ZF/2016/006	环境保护部环法〔2016〕99 号行政处罚决定书
ZF/2018/012	玉田县公安局查处一起拒不执行紧急状态下的决定、命令案（搜狐网）
ZF/2017/012	广东省珠海市人民政府珠府行复〔2017〕314 号行政复议决定书（环保）
ZF/2011/001	行政机关作出《责令改正违法行为决定书》具体行政行为的性质：新侨公司诉市环保局行政命令案（张潮鸿）
ZF/2017/013	江西省于都县人民法院（2017）赣 0731 行初 138 号行政判决书
ZF/2011/002	责令改正违法行为是行政处罚还是行政命令（十九）（北京市司法局）
ZF/2017/014	广东省珠海市金湾区人民法院（2017）粤 0404 行初 286 号行政判决书
ZF/2016/007	广东省珠海市中级人民法院（2016）粤 0402 行审 241 号行政裁定书

续表

案例编号	典型案例信息来源
ZF/2016/008	广东省环境保护厅粤环违改字〔2016〕2号责令改正违法行为决定书
ZF/2017/015	浙江省杭州市西湖区人民法院（2017）浙0106行初217号行政判决书
ZF/2014/004	砖厂成为水源地先拆除还是先补偿
ZF/2013/001	动感酒吧诉武威市凉州区环境保护局环保行政命令案
ZF/2017/016	江西省高级人民法院（2017）赣行申315号行政裁定书
ZF/2017/017	印江土家族苗族自治县人民法院（2018）黔0625行审4号行政裁定书
ZF/2018/013	浙江省杭州市萧山区人民法院（2018）浙0109执2250号行政裁定书
ZF/2018/014	辽宁省大连市普兰店区人民法院（2018）辽0214执异92号行政裁定书；辽宁省大连市中级人民法院（2018）辽02执复292号行政裁定书；辽宁省大连市普兰店区人民法院（2018）辽0214执异261号行政裁定书
ZF/2015/003	当阳市环保局“代履行”方式处置危险电子废物（钟娟）
ZF/2019/002	福建省福安市人民法院（2018）闽0981行初71号行政判决书；福建省宁德市中级人民法院（2019）闽09行终25号行政判决书
ZF/2018/015	贵州省凯里市人民法院（2018）黔2601行审12号行政裁定书
ZF/2018/016	辽宁省兴城市人民法院（2018）辽1481行审10号行政裁定书
ZF/2018/017	成都高新区环境保护与城市综合管理执法局成高环城查字〔2018〕06003号《关于对成都众和鑫汽车服务有限公司的查封决定公告》
ZF/2017/018	四川省成都市龙泉驿区环境保护局《关于对重庆砼科源建材有限公司行政处罚的公告》
ZF/2018/018	福建省龙岩市新罗区人民法院（2018）闽0802行初13号行政判决书
ZF/2017/019	广西壮族自治区梧州市环境保护局梧环封字〔2017〕11号查封决定书
ZF/2016/009	北京市发布2016年第一批环境违法十大典型案例之二：被“千里眼”发现的超标排放单位受到查处．来源：【法宝引证码】CLI. C. 61018833
ZF/2017/020	湖北省崇阳县人民法院（2017）鄂1223行初12号行政判决书
ZF/2016/010	湖南省娄底市环境保护局娄环查延字〔2016〕1号查封延期决定书
ZF/2017/021	广西壮族自治区梧州市环境保护局梧环封延字〔2017〕5号扣押延长期限决定书
ZF/2017/022	广西壮族自治区梧州市环境保护局梧环解字〔2017〕3号解除查封决定书

续表

案例编号	典型案例信息来源
ZF/2018/019	广东省台山市环境保护局台环解查扣〔2018〕2号解除查封决定书
ZF/2015/004	环境保护部环境监察局．《中华人民共和国环境保护法》四个配套办法典型案例解析．北京：中国环境出版社，2015：56
ZF/2015/005	张辉．环境保护查封扣押中封条损毁的法律问题探析．环境保护，2016（5）：54
ZF/2019/003	湖南省津市市农业农村局（2019）〔农环〕简罚4号当场处罚决定书
ZF/2018/020	甘肃矿区人民法院（2018）甘95行初1号行政判决书
ZF/2012/001	广东省珠海市中级人民法院珠中法（2012）行终字第6号行政判决书
ZF/2017/023	安康铁路运输法院（2017）陕7101行初138号行政判决书
ZF/2015/006	贵州省从江县人民法院（2015）从行初字第6号行政判决书
ZF/2014/005	广东省广州市中级人民法院（2014）穗中法行终字第315号行政判决书
ZF/2016/011	贵州省黔南自治州中级人民法院（2016）黔27行终81号行政判决书
ZF/2016/012	天津铁路运输法院（2016）津8601行审8号行政裁定书
ZF/2016/013	广东省汕尾市中级人民法院（2016）粤15行终15号行政判决书
ZF/2016/014	山东省淄博市中级人民法院（2016）鲁03行终270号行政判决书
ZF/2017/024	安康铁路运输法院（2017）陕7101行初138号行政判决书
ZF/2014/006	安徽省合肥市中级人民法院（2014）合行终133号行政裁定书
ZF/2018/021	湖南省株洲市中级人民法院（2018）湘02行终39号行政判决书
ZF/2016/015	江苏省高级人民法院（2016）苏行申1788号行政裁定书
ZF/2018/022	福建省泉州市生态环境局泉环保法〔2019〕5号行政复议决定书
ZF/2017/025	山东省枣庄市中级人民法院（2017）鲁04行终68号行政判决书
ZF/2017/026	河南省安阳市中级人民法院（2017）豫05行终94号行政判决书
ZF/2018/023	山东省济宁市中级人民法院（2018）鲁08行终67号行政判决书

图书在版编目（CIP）数据

环境行政执法实案释法/竺效主编．--北京：中国人民大学出版社，2022.6

法律职业通用案例教材/王轶总主编

ISBN 978-7-300-30632-2

Ⅰ．①环…　Ⅱ．①竺…　Ⅲ．①环境保护法-行政执法-法律解释-中国-教材　Ⅳ．①D922.680.5

中国版本图书馆 CIP 数据核字（2022）第 087397 号

法律职业通用案例教材

总主编　王　轶

环境行政执法实案释法

主　编　竺　效

副主编　曹晓凡　宋海鸥　曹　炜　丁　霖　杨　帆

Huanjing Xingzheng Zhifa Shi'an Shifa

出版发行	中国人民大学出版社		
社　址	北京中关村大街 31 号	邮政编码	100080
电　话	010－62511242（总编室）		010－62511770（质管部）
	010－82501766（邮购部）		010－62514148（门市部）
	010－62515195（发行公司）		010－62515275（盗版举报）
网　址	http://www.crup.com.cn		
经　销	新华书店		
印　刷	唐山玺诚印务有限公司		
规　格	170 mm×228 mm　16 开本	版　次	2022 年 6 月第 1 版
印　张	14.75 插页 1	印　次	2023 年 3 月第 2 次印刷
字　数	204 000	定　价	49.00 元

《　　　　　》※任课教师调查问卷

为了能更好地为您提供优秀的教材及良好的服务，也为了进一步提高我社法学教材出版的质量，希望您能协助我们完成本次小问卷，完成后您可以在我社网站中选择与您教学相关的1本教材作为今后的备选教材，我们会及时为您邮寄送达！如果您不方便邮寄，也可以申请加入我社的**法学教师QQ群：83961183（申请时请注明法学教师）**，然后下载本问卷填写，并发往我们指定的邮箱（cruplaw@163.com）。

邮寄地址：北京市海淀区中关村大街31号中国人民大学出版社806室收

邮　　编：100080

再次感谢您在百忙中抽出时间为我们填写这份调查问卷，您的举手之劳，将使我们获益匪浅！

基本信息及联系方式：※

姓名：＿＿＿＿＿＿ 性别：＿＿＿＿＿ 课程：＿＿＿＿＿＿＿＿＿＿

任教学校：＿＿＿＿＿＿＿＿＿＿＿ 院系（所）：＿＿＿＿＿＿＿＿

邮寄地址：＿＿＿＿＿＿＿＿＿＿＿ 邮编：＿＿＿＿＿＿＿＿＿＿

电话（办公）：＿＿＿＿＿ 手机：＿＿＿＿＿ 电子邮件：＿＿＿＿＿

调查问卷：※

1. 您认为图书的哪类特性对您选用教材最有影响力？（　　）（可多选，按重要性排序）

   A. 各级规划教材、获奖教材　　B. 知名作者教材

   C. 完善的配套资源　　D. 自编教材

   E. 行政命令

2. 在教材配套资源中，您最需要哪些？（　　）（可多选，按重要性排序）

   A. 电子教案　　B. 教学案例

   C. 教学视频　　D. 配套习题、模拟试卷

3. 您对于本书的评价如何？（　　）

   A. 该书目前仍符合教学要求，表现不错将继续采用

   B. 该书的配套资源需要改进，才会继续使用

   C. 该书需要在内容或实例更新再版后才能满足我的教学，才会继续使用

   D. 该书与同类教材差距很大，不准备继续采用了

4. 从您的教学出发，谈谈对本书的改进建议：＿＿＿＿＿＿＿＿＿＿

＿＿＿＿＿＿＿＿＿＿＿＿＿＿＿＿＿＿＿＿＿＿＿＿＿＿＿＿＿＿

＿＿＿＿＿＿＿＿＿＿＿＿＿＿＿＿＿＿＿＿＿＿＿＿＿＿＿＿＿＿

选题征集：如果您有好的选题或出版需求，欢迎您联系我们：

联系人：黄　强　宁丹丽　联系电话：010-62515955/5536

索取样书：书名：＿＿＿＿＿＿＿＿＿＿＿＿＿＿＿＿＿＿＿＿＿

书号：＿＿＿＿＿＿＿＿＿＿＿＿＿＿＿＿＿＿＿＿＿＿＿＿＿

备注：※ 为必填项。